权威·前沿·原创

皮书系列为

“十二五”“十三五”国家重点图书出版规划项目

中国大数据发展报告 No.3

ANNUAL REPORT ON THE DEVELOPMENT OF BIG DATA IN CHINA No.3

主　　编／连玉明
执行主编／张　涛　宋希贤　龙荣远

社会科学文献出版社
SOCIAL SCIENCES ACADEMIC PRESS (CHINA)

图书在版编目(CIP)数据

中国大数据发展报告. No. 3 / 连玉明主编. --北京：社会科学文献出版社，2019.5

（大数据蓝皮书）

ISBN 978-7-5201-4621-0

Ⅰ.①中… Ⅱ.①连… Ⅲ.①数据管理-研究报告-中国 Ⅳ.①F279.23

中国版本图书馆CIP数据核字（2019）第059194号

大数据蓝皮书
中国大数据发展报告 No. 3

主　　编 / 连玉明
执行主编 / 张　涛　宋希贤　龙荣远

出 版 人 / 谢寿光
责任编辑 / 吴　敏

出　　版 / 社会科学文献出版社 · 皮书出版分社（010）59367127
地址：北京市北三环中路甲29号院华龙大厦　邮编：100029
网址：www.ssap.com.cn
发　　行 / 市场营销中心（010）59367081　59367083
印　　装 / 天津千鹤文化传播有限公司

规　　格 / 开　本：787mm×1092mm　1/16
印　张：22.5　字　数：337千字
版　　次 / 2019年5月第1版　2019年5月第1次印刷
书　　号 / ISBN 978-7-5201-4621-0
定　　价 / 128.00元

本书如有印装质量问题，请与读者服务中心（010-59367028）联系

大数据战略重点实验室重点研究项目
基于大数据的城市科学研究北京市重点实验室重点研究项目
北京国际城市文化交流基金会智库工程出版基金资助项目

大数据战略重点实验室成立于2015年4月，是贵阳市人民政府和北京市科学技术委员会共建的跨学科、专业性、国际化、开放型研究平台，是中国大数据发展新型高端智库。

大数据战略重点实验室依托北京国际城市发展研究院和贵阳创新驱动发展战略研究院建立了大数据战略重点实验室北京研发中心和贵阳研发中心，建设贵州省块数据理论与应用创新研究基地、贵州省城市空间决策大数据应用创新研究基地和贵州省文化大数据创新研究基地，并建立了中央党校研究基地、全国科学技术名词审定委员会研究基地、浙江大学研究基地、中国政法大学研究基地和中国（绵阳）科技城研究基地，构建了“两中心、三平台、五基地”的研究新体系和区域协同创新新格局。

大数据战略重点实验室研究出版的《块数据：大数据时代真正到来的标志》《块数据2.0：大数据时代的范式革命》《块数据3.0：秩序互联网与主权区块链》《块数据4.0：人工智能时代的激活数据学》《块数据5.0：数据社会学的理论与方法》《数权法1.0：数权的理论基础》是大数据发展理论和实践的重大创新成果，在国内外具有较大影响。

大数据战略重点实验室中央党校研究基地是贵阳市人民政府与中共中央党校共建的跨区域协同创新研究平台。基地充分发挥中央党校的战略优势、政策优势、人才优势、理论优势和京筑创新驱动区域合作平台优势，共建公共政策大数据分析北京市重点实验室，开发公共政策大数据智库服务平台，研究大数据与公共政策重大课题。通过五年的努力，建设成为国内一流水平和较大国际影响力的公共政策大数据新型战略智库。

大数据战略重点实验室全国科学技术名词审定委员会研究基地是贵阳市人民政府与全国科学技术名词审定委员会共建的跨区域协同创新研究平台。基地充分发挥首都科技创新资源优势和京筑创新驱动区域合作平台优势，依托全国科学技术名词审定委员会组建大数据战略咨询委员会，指导贵阳大数据发展理论研究和实践应用，编纂出版《大数据百科全书》，开发大数据百科网络共享服务平台，推进大数据新名词的审定、发布和应用。通过五年的努力，建设成为国内一流水平和较大国际影响力的大数据百科研究中心。

大数据战略重点实验室浙江大学研究基地是贵阳市人民政府与浙江大学共建的跨区域协同创新研究平台。基地充分发挥浙江大学学科、专业、人才优势，共建大数据金融风险防控重点实验室，开发推广大数据金融风险防控系统，研究大数据金融风险防控领域的重大课题，开展大数据金融和互联网金融培训。通过五年的努力，建设成为国内一流水平和较大国际影响力的大数据金融风险防控理论研究中心、应用创新平台和人才培养基地。

大数据战略重点实验室中国政法大学研究基地是贵阳市人民政府与中国政法大学共建的跨区域协同创新研究平台。基地充分发挥中国政法大学的理论研究和学术创新优势，为国家大数据综合试验区建设提供法律智库服务，共建“中国政法大学数权法研究中心”和“中国政法大学政法大数据研究中心”，通过理论创新和应用创新抢占数权法理论研究和应用研究制高点，委托开展大数据地方立法及其大数据法律研究、培训和咨询服务。通过五年的努力，建设成为国内一流水平和较大国际影响力的大数据立法及大数据法律研究新型战略智库。

大数据战略重点实验室中国（绵阳）科技城研究基地是贵阳市人民政府与绵阳市人民政府共建的跨区域协同创新研究平台。基地充分发挥中国（绵阳）科技城的科技创新优势和军民融合基础要素优势，实现国家大数据（贵州）综合试验区和成德绵国家全面创新改革试验区两个国家级试验区的高位对接。主要任务是共建军民融合大数据工程技术研究中心，共创国家军民融合大数据创新中心，开发应用军民融合大数据应用创新平台，共同举办军民融合创新论坛，共同培养大数据专业人才。通过五年的努力，建设成为国际领先和国内一流的具有军民融合特点的大数据战略智库、大数据工程研究中心、大数据创新中心、大数据应用创新平台和大数据人才培养基地。

大数据蓝皮书编委会

主编简介

连玉明 工学博士、教授。现任全国政协委员、北京国际城市发展研究院院长。

连玉明教授是我国著名城市专家，北京市朝阳区政协副主席，贵阳市委、市政府首席战略顾问。兼任北京市人民政府专家咨询委员会委员、北京市社会科学界联合会副主席、京津冀协同发展研究基地首席专家、基于大数据的城市科学研究北京市重点实验室主任。研究领域为城市学、决策学和社会学。主要代表作有《城市的觉醒》《首都战略定位》《重新认识世界城市》等多部专著。

2014 年 3 月，连玉明教授在贵阳市挂职市长助理，兼任贵阳创新驱动发展战略研究院院长、大数据战略重点实验室主任，主攻大数据战略研究。主要代表作有《块数据：大数据时代真正到来的标志》《块数据 2.0：大数据时代的范式革命》《块数据 3.0：秩序互联网与主权区块链》《块数据 4.0：人工智能时代的激活数据学》《块数据 5.0：数据社会学的理论与方法》等。

2017 年 3 月，连玉明教授首提“数权法”，主持研究数权法理论，2018 年 12 月研究出版全球第一部《数权法 1.0：数权的理论基础》专著，现兼任中国政法大学数权法研究中心主任。

摘　要

数字政府建设正当其时。大数据时代，国家治理体系和治理能力现代化的建设获得了新的驱动力，以互联网、大数据、人工智能为代表的新一代信息技术正推动国家治理形态朝着网络化、数字化和智能化方向转变，法治政府、虚拟政府、智慧政府成为发展趋势。为推进实施国家大数据战略、加快建设数字中国，《中国大数据发展报告 No. 3》以数字政府为首要着力点，深入研判其理论基础、指数评价、政策法规、综合问题及实践经验，总结提炼实现法治、共治、自治、善治、德治的现代化国家治理新路，以期为数字经济和数字社会繁荣提供支撑，进一步为我国提升国家竞争力以及参与全球治理打好基础。

本书的第一部分是总报告，该报告认为治理科技是下一步政府转型的重要推力，驱动了政府组织再造、政社关系重塑、决策机制优化、政务流程简化，成为世界各国一致的战略选择。块数据等数字治理理论认为，数字政府实质上是基于数据治理与治理数据基础的政府治理创新，它是实现国家治理体系与治理能力现代化建设的关键路径。在今后的实践中，政府需要加快应用新技术以推动自身的数字化、网络化、智能化转型，同时还需会同市场及社会共同处理好治理理念、产业体系、法律法规等重点问题，加快迎接数字文明新时代的到来。

第二部分是指数评价篇，结合国家大数据战略实施进程，大数据发展指数延续并在前两版指标体系的基础上作了完善与创新，形成了大数据发展指数 3.0。同时，本书不仅连续三年对地区大数据发展情况进行全面、持续、深入的评估，而且尝试构建地方金融稳定指数，对地方金融风险做出识别和预警。

此外，政策法规篇试析了大数据管理机构设置与职能配置、大数据开放共享标准体系和健康医疗大数据标准体系建设、欧盟《一般数据保护条例（GDPR)》对中国的启示。综合篇研究和讨论了数权法对推进互联网全球治理的特殊意义、数权法的逻辑起点——“数据人”假设、数权制度的国际比较以及大数据百科全书的语言特色与技术规范。案例篇则重点梳理了浙江“最多跑一次”、江苏“不见面审批”、贵阳大数据政务服务升级、开封“互联网+政务服务”、北京朝阳“全网通办”等政府治理的典型样本，为地方数字政府建设提供有益参考。

关键词： 国家大数据战略　数字政府　数权法　大数据标准体系

中国大数据发展十大趋势

一　5G 商用创造数字经济发展新风口

随着 2018 年 6 月首个 5G 国际标准版本发布，世界主要国家纷纷投入相关产业的布局。在 2018 年，全球共有 72 家运营商展开了 5G 测试，我国三大运营商也选取了北京、深圳、雄安、贵阳等 18 个试点城市展开了测试工作，并实现了全球首个 5G 通话。而 2019 年，国内各地正陆续启动预商用，2020 年将实现全面商用，2025 年中国有望培育出 4.3 亿用户的全球最大 5G 市场。如果说 2G/3G/4G 网络主要的连接对象是人，那么 5G 网络连接的主要终端则是物，随着超高、可靠、低时延的通信网络建成，诸如无人驾驶、无人机送货、智慧家庭等万物互联的新业态将不断涌现。由于 5G 网络的运营需构架在新的基站上，未来中国在两到三年内将迎来大规模的信息基础设施换代，并创造出数字经济发展的下一个风口。

二　中国开启数字贸易规则新探索

在互联网诞生之前，港口是世界贸易的重要节点，它既是交通物流枢纽，又是商贸集散地。而迈入互联网时代，综合保税区、中转物流、在线外贸综合服务平台等手段又加速推进了港区的一体化联动，商贸集散地自此可以和传统港口分离，转移到具有商业基础和贸易更便利的地方。目前，全球贸易中有 50% 以上已实现数字化，预计今后 10～15 年，数字贸易将呈 25% 左右的高速增长。目前，我国已成为全球规模最大、最具活力的数字贸易市场，2018 年中国跨境进口零售电商交易规模或超 616.4 亿美元，同时网络游戏、在线出境游、数字音乐、数字文学等新业态出口规模也在逐步扩大。近年来，义乌、中山、宁波、广州南沙等城市陆续开始了数字贸易港的建设，深圳、北京、上海、陕西、山西也启动了相关规划工作，未来一两年内我国将涌现出一批国际数字贸易港的地方案例，并有望形成多个大型国际数字贸易中心。面向未来，世界数字贸易亟待一个全球性的贸易框架来规范，以及与之相适应的全球贸易新规则。为此，中国应积极寻求保护数据安全与促进数字贸易发展平衡，在全球新一轮国际贸易规则与数字贸易制订中争取主动权，推动建立公平、透明、统一的全球贸易规则框架。

三　无人经济催生未来人机共生新格局

以无人零售为代表，近年来的无人经济正强势崛起，如无人餐厅、无人仓库、无人机、无人驾驶、无人酒店、无人诊所、无人银行等新事物不断涌现。有研究显示，2017 年我国无人零售市场规模为 197 亿元，预计到 2019 年将增长至 439 亿元，到 2020 年这一规模或达 657 亿元。顾名思义，无人经济的最大特征是无人值守，作为移动互联网、第三方支付和人工智能融合发展所孕育的产物，这种新业态的到来不仅能拉动市场增长，同时还将颠覆现有的就业格局和社会状态。以京东的全球首家全流程无人仓库为例，该仓库已实现入库、存储、包装、分拣的全流程、全系统的智能化和无人化，日处理订单的能力达 20 万单，是人工仓库效率的 4 ~ 5 倍，可以节省 90% 以上的人工成本。在未来，无人化趋势还将在公共服务、社会生活、军事国防等其他领域广泛应用，这不仅要求传统商业组织加快数字化转型步伐，还需要政府同社会携手，加快构建起行业准入和测评机制、用户信息的保护机制，构建完善的制度体系，进一步催化人机共生新秩序的来临。

四　数字农业带动农村经济新转型

我国数字经济发展的短板在农村，最具发展前景的市场也同样在农村。

广大农村地区由于信息基础设施建设薄弱、科技设备推广不足、产业融合发展深度不够，成为我国下一步产业升级的主要方向。为加快农村经济转型步伐，我国政府近年来出台了《国家乡村振兴战略规划（2018～2022年）》等一系列政策措施，提出构建现代农业产业体系，强调要“大力发展数字农业，实施智慧农业工程和‘互联网+’现代农业行动，鼓励对农业生产进行数字化改造”。未来，随着《国家数字农业农村发展规划纲要》的编制及实施，物联网、大数据、移动互联网、智能控制、卫星定位等新技术将广泛应用在农机装备和农机作业升级上，数字田园、智慧养殖、智能农机等新模式在更大范围推广，同时国家也将上马一批数字农业试点项目，有序推进农业农村大数据中心、重要农产品全产业链和数字农业创新中心的建设。

五　数字孪生成为智慧城市升级新方向

所谓数字孪生，是将现实世界数据化并再造为一个同样的“虚拟世界”，形成同生共存、虚实交融的新形态。以时空大数据为基础，数字孪生技术在城市治理的应用前景巨大，2016～2019年，在高德纳（Gartner）发布的年度十大战略科技趋势报告中，数字孪生连续三年被评为最具潜力的技术之一，而从实践来看，新加坡、法国雷恩、加拿大多伦多以及中国雄安等城市均已开始将数字孪生应用于推进城市治理。从传统智慧城市到新型智慧城市，其最大的区别是物理世界与数据世界的深度融合，在井盖、车辆、电梯、路灯等城市设施能够被感知和连接的情况下，实体城市可在虚拟空间中进行建模、仿真、演化、操控，并反向改变和促进物理空间中城市资源要素的优化配置，从而实现虚拟城市同实体城市的交融共生，极大提升城市治理的智能化程度。目前，我国新型智慧城市已进入国家战略规划和政策制定阶段，未来随着具体政策的出台，中国城市发展将走上管理智能化、运营可持续的道路。

六　中国加快推进《数据安全法》立法新进程

2018 年 5 月 25 日，欧盟《一般数据保护条例》正式生效，将欧洲数据保护水平提升到前所未有的高度。该法案的适用范围从属地原则向属人原则扩展，还赋予个人可携带权、被遗忘权、限制数据处理等权利，并建立了完善的数据控制者和数据处理者问责机制以及跨境数据流动机制。从我国数据安全立法现状来看，2018 年 9 月《数据安全法》开始被列入十三届全国人大常委会立法规划，表明数据安全立法工作已进入高层的视线。未来，随着各界的关注与推动，该项法案的立法进程有望加快，并将改变我国当下由《网络安全法》《电子商务法》《个人信息安全规范》等所组成的、较为分散的数据安全法律体系。同时，该法案的出台还意味着我国在数据主权的维护方面将获得制度保障，并进一步为推进互联网全球治理法治化贡献中国智慧，提供中国方案，推动建成网络空间命运共同体。

七　大数据局成为地方政府机构改革新标配

当前，数字化转型是新时代政府机构改革最鲜明特色。在 2018 年末的地方机构改革中，贵州、山东、重庆、福建、河南、广东、浙江、吉林、广西等多地区公布方案，明确提出要组建“大数据局”等专门机构，以负责数据管理、人工智能、云计算、信息化、智慧城市建设等工作，成为本次改革中的亮点。大数据专职部门的设立，是应用现代科技手段推动国家治理体系与治理能力现代化的生动实践，不仅能够实现区域内数据资源的集中与共享，还有助于数字基础设施和大数据生态系统的完善，大幅提升公共服务均等化、普惠化、便捷化水平。面向未来，当政府治理的范围延伸至数字空间，大数据局或将成为地方政府机构改革的“标配”，而获取数据、分析数据、运用数据，也将是领导干部必须打好的基本功。

八　数字民主促进多元主体协商共治新模式

2018 年，我国数字政府建设进程明显加快，各级政府正积极挖掘互联网和大数据技术在社会治理中的作用，优化社会态势感知、畅通沟通渠道、辅助决策施政。数据显示，截至 2018 年 6 月，我国网民规模已达到 8.02 亿，而在线政务服务用户规模也已达到 4.70 亿，占总体网民的 58.6%；经过新浪平台认证的政务机构微博数达到 137677 个。与此同时，我国大型网络媒体也开始尝试通过分析和挖掘相关指数（如百度指数、新浪微博指数、天涯指数），为舆情监测和政策制定提供信息支持。展望未来，政府门户网站、政务服务 APP、公共服务公众号等将成为民主协商的重要平台，互联网和大数据技术的融合能给社会个体提供有效的政治参与渠道，社会治理的主体将由一元主体转向多元主体，治理方式将从单向控制、代议互动转向数字协商。

九　推进数字评估与监督　加快信用政府建设新步伐

信用政府是国家信用体系的重要组成部分，是保障经济健康发展、规范社会秩序、推动文化建设的重要保障。目前，我国社会信用体系的研究与落实多聚焦于企业和个人信用，政府信用的关注普遍不足，一定程度上削弱了政府的公信力和执行力。中央对此问题高度重视，先后出台了《关于社会信用体系建设的若干意见》《社会信用体系建设规划纲要（2014～2020 年）》《关于加强政务诚信建设的指导意见》等一系列政策文件，着力提升政府信用水平。依靠快速发展的互联网与大数据技术，可以为政务诚信评估与监督体系的完善提供广泛有效的解决方案，切实提升政务信用督导、政务信用监督、社会监督、第三方机构评估以及政务信用大数据监测预警水平。面向未来，在推动构建国家信用体系的建设中，各级政府有必要加快应用数字技术，通过地方立法，推动公共信用信息归集共享、创新监管方式等，探索建立信用政府的规则制度，推动信用中国建设。

十　人工智能等领域搭建学科建设新体系

当前，以互联网、大数据、人工智能为代表的新一代信息技术快速发展，在广泛赋能科教、经济及社会治理等诸多领域发展的同时，也带来了巨大的人才缺口，成为世界各国的共同“焦虑”。有数据显示，截至 2017 年中国人工智能人才投入总量为 201281 人，其中人工智能国际人才为 18232 人，仅占全球人工智能国际人才总量的 8.9%。为化解目前供需失衡的难题，国务院于 2017 年和 2018 年先后印发《新一代人工智能发展规划》及《高等学校人工智能创新行动计划》，提出“完善人工智能领域学科布局，设立人工智能专业”。相应地，各大高校也在积极推进相关学科建设，截至 2017 年 12 月，全国共有 71 所高校围绕人工智能领域设置了 86 个二级学科或交叉学科；在 2018 年认定的首批 612 个“新工科”研究与实践项目中，共布局建设了 57 个人工智能类项目。未来，随着人工智能的学科体系逐步完善，不仅人才供给问题能得到解决，而且数量众多的相关专业将获得人工智能一级学科统领，而不再分散依附于计算机、控制、统计等专业之下，人工智能将带动多学科融合发展，到 2020 年中国将产生 100 个“人工智能 + X”复合特色专业。

目 录

Ⅰ 总报告

Ⅱ 指数评价篇

Ⅲ 政策法规篇

Ⅳ 综合篇

Ⅴ 案例篇

Ⅵ 附录

皮书数据库阅读**使用指南**

总 报 告

General Report

B.1

数字政府：政府治理能力建设与公共治理创新的战略选择

摘　要： 以党的十八届三中全会为起点，我国踏上以“国家治理体系和治理能力现代化”为目标的全面深化改革之路，开启了具有中国特色的国家治理新篇章。迈入新时代，快速发展的新一代信息技术重构着国家治理理念、治理模式及治理手段，对政府治理的有限性、有序性、有效性提出了新的要求。建设数字政府，其核心在于运用大数据、互联网、人工智能等治理科技，推动政府治理数字化、网络化、智能化转型，同时还要抓好管理、研发、融资、法律等体系的建设与优化，为推进国家治理现代化提供完善的制度保障。

关键词： 国家治理现代化　治理体系　治理能力　数字政府

一　建设数字政府，推进政府治理体系与治理能力现代化

（一）世界各国推进数字政府建设的进程

当今世界，正在经历一场更大范围、更深层次的科技革命和产业变革，互联网、大数据、人工智能等现代信息技术不断取得突破。2018 年以来，世界各国继续推进大数据战略布局，相关的政策内容已经从全局性的顶层设计阶段向各细分领域延伸，进一步推进了大数据与人工智能、5G 网络、云计算等技术的融合发展。

2018 年，美国先后发布了《数据科学战略计划》《美国国家网络战略》《美国先进制造业领导力战略》。其中，当年 9 月公布的《美国国家网络战略》是 15 年来美国第一个全面阐述的网络战略。欧盟在同年 4 月发布《欧盟人工智能战略》，5 月公布《一般数据保护条例》，6 月公布《地平线欧洲》。此外在 2018 年年中欧盟还先后发布了《非个人数据在欧盟境内自由流动框架条例》《促进人工智能在欧洲发展和应用的协调行动计划》《可信赖的人工智能道德准则草案》等一系列政策。其中，欧盟《一般数据保护条例》的颁布，被部分研究者称为个人数据保护的里程碑事件。英国在 2018 年 1 月发布《数字宪章》，4 月发布《产业战略：人工智能领域行动》，6 月发布《国家计量战略实施计划》等一系列行动计划。其中《国家计量战略实施计划》是相应于 2017 年 3 月发布的英国《国家计量战略》，共提出了五大目标及相应举措。德国在 2018 年 9 月发布《高技术战略 2025》，是德国未来高科技发展的战略框架，以“为人研究和创新”为主题，将研究和创新与国家繁荣发展目标相结合。此外，德国重点围绕人工智能领域，在当年先后发布了《联邦政府人工智能战略要点》和《人工智能德国制造》。法国在 2018 年 3 月发布了《法国人工智能发展战略》，7 月发布《5G 发展路线图》，9 月发布《利用数字技术促进工业转型的方案》等一系列大数据战略相关的前沿技术政策。日本围绕大数据发展，在 2018 年 6 月发布《日本制造业白皮书》《综合创新战略》《集成创新战略》，7 月公布《第 2 期战略性创新推进计划（SIP)》等战略和计划。韩国在 2018 年 7 月发布了《人工智能研发战略》，南非在同年 9 月发布了《科学技术与创新》白皮书草案，均明确指出要促进大数据及相关领域的发展。在中国，2017 年 7 月，国务院印发《新一代人工智能发展规划》，围绕人工智能制定面向 2030 年的发展战略。2018 年 3 月，国务院颁布《科学数据管理办法》，加强和规范科学数据管理，保障科学数据安全，提高开放共享水平。从 2019 年 1 月起，《电子商务法》正式生效，进一步完善了大数据领域相关的法律体系。

在全球范围大数据蓬勃发展的背景下，以数字化、网络化、智能化为特征的新一代信息技术有力驱动政府转型，推动了政府组织再造、政社关系重塑、决策机制优化、政务流程简化，加快了政府治理体系和治理能力现代化步伐，从而使数字政府建设具有战略必然性和技术可行性。通过新一代信息技术的使用推动政府转型，也不断出现在各国政府转型的计划与实践之中。英国最早于 2012 年 11 月推出“政府数字战略”，随后的 2014 年与 2015 年分别启动实施“政府数字包容战略”和“数字政府即平台”计划，在数字政府建设方面取得良好成效，使之获得 2016 年联合国电子政务调查评估第一名。为保持在全球数字政府领域的领先地位，2017 年英国出台了《政府转型战略（2017～2020)》，系统整合数字化路线，期望能使英国民众、企业和其他用户都可以获得更加有效的在线服务体验。2012 年 5 月，美国发布了《数字政府：构建一个 21 世纪平台以更好地服务美国人民》，提出三大目标：一是使公民方便获取数字政府信息和服务；二是确保美国政府以智慧、安全和实惠的方式采购和管理设备、应用和数据；三是改进为政务服务的质量。美国也是数字政府治理起步较早的国家，且一直在该领域处于国际领先地位。从克林顿开始历任美国总统都曾大力推进数字政府建设，贯穿整个过程的战略思路是：注重法制化建设、构建数字政府治理的完备管理体制及良好运营模式。此外，德国的“数字化战略 2025”及“数字化政府”行动、日本的《i-Japan 战略 2015》、新加坡的“智慧国家 2025”工程等，都在相继推动基于新一代信息技术的政府转型工作，发展中国家也同样出现了政府转型的趋势。

从国内来看，随着国家大数据战略的实施，数字中国建设步伐的加快，各地区围绕数字政府的探索与实践也在不断深化。浙江将数字政府作为数字经济和数字社会的基础性工程。2017 年 2 月 27 日，浙江审议通过了《浙江省公共数据和电子政务管理办法》，该办法是全国第一部公共数据和电子政务政府规章；2018 年 8 月，浙江发布《浙江省数字化转型标准化建设方案（2018～2020 年）》，旨在以标准化支撑数字化转型；12 月，发布《浙江省深化“最多跑一次”改革　推进政府数字化转型工作总体方案》，争创政府数字化转型先行区和示范区。而广东则在 2017 年开始部署“数字政府”改革建设，建设线上线下一体化整体联动的“数字政府”，创新“政企合作、管运分离”模式；2018 年 11 月，广东发布《“数字政府”建设总体规划（2018～2020 年）》，明确“数字政府”建设的路线图。

（二）从全能主义走向块数据治理

中国政府在几十年社会转型过程中发挥了积极作用，取得了巨大的成就，但在这一过程中也出现了一些问题，突出表现为政府在社会治理领域的“越位”。美籍华人学者邹谠使用“全能主义”这一概念来概括这种政府治理的特点。在全能主义治理模式下，政府通常扮演类似“家长”的角色，而社会的逆反性和依赖性便成为这种模式一体两面的常见现象。面对以全能主义为代表的传统政府治理困境，理论界经过不断探索与发展，形成了民主治理、多中心治理、合作式治理、数据治理等治理理论。

数字政府是治理理论发展与数字技术进步深度融合的产物，已经成为数字治理理论应用的新动向。英国学者帕特里克·登列维在 2006 年首次对数字治理做了系统阐释。大数据战略重点实验室在吸取众多理论研究的基础上，于 2016 年创新性地提出了块数据治理。块数据治理认为，数据是政府的重要资产，同时也是政府治理的重要手段，更是政府治理的成果体现。通过块上集聚形成一种具有内在关联性的数据，预示着广泛的公共需求和公共问题，蕴含着巨大的价值和能量。通过对这些数据的价值发现，将对全能主义框架下的以信息控制与垄断来维护威权的治理模式产生巨大冲击，改变以往的政府治理理念、治理范式、治理内容和治理手段，进而建立起一套“用数据说话、用数据决策、用数据管理和用数据创新”的全新机制，把权力关进数据的“笼子”，最终构建一个“有限”且“有效”的政府。

块数据治理强调，对于数据治理的理解，不仅仅是从经验驱动向数据驱动决策与执行转变，更重要的价值是通过对数据的汇集、关联和融合实现基于数据的治理。这种基于数据的治理是一种透明、开放、高效、和谐的政府治理。它包括以下几个主要特征：一是数据治理的一个重要前提是大量政府数据的开放与流动，其作用结果又是面向大量社会公众的，这就突破了传统政府对于信息传播和数据流向的控制与垄断，有力推动政府负面清单、权力清单和责任清单的透明化管理实现，将公权力放到了阳光之下，极大地提升了政府治理的“能见度”。二是数据治理为公众的直接政治参与提供了平台，社会中的每个人都可以成为数据的生产者、传播者和监督者，数据的多向自由流动促使社会公共问题的治理走向多主体参与和多主体协商。相比于传统治理，数据治理的主体从一元主体转向多元主体，治理方式从单向控制、代议互动转向数字协商。三是数据治理所面对的是越来越数字化的治理对象。在信息技术的作用下，传统意义上的个人和组织正在融合成为一切数据足迹的集合，其行为也更加具有可记录性、可监测性和可预测性，而政府决策的时间和空间范围大大拓展，也更加具有预见性和有效性。四是追求政府治理精准化。推动政府各部门数据汇聚整合和关联分析，并通过自激活机制实现融会贯通，将有效提升政府数据治理能力，改变传统政府服务主要面向大众难于顾及小众的粗放式供给方式，转为更加面向具体个人、具体问题的精准化治理。

基于块数据治理的数字政府研究并不局限于政府治理方式，更深层次的是基于数字化、网络化、智能化的技术氛围下探索政府改革和组织机构重组、政府体制机制优化和政务流程再造、政务服务渠道和方式的数字化变革，理顺政府、市场和社会之间的“有形之手”、“无形之手”和“自治之手”的逻辑关系，推进政府治理体系与治理能力现代化建设，加速实现从全能主义政府向有限和有效政府的转变。

（三）数字政府：运用治理科技推动政府治理转型

数字政府是伴随着信息技术的进步而不断演进的概念。近年来，互联网、云计算、大数据、人工智能、5G网络技术的涌现，使技术革命呈现出一个不间断的波浪式发展过程。与此相应，从电子政府、信息政府、移动政府、智慧政府到数字政府，基于新的信息技术应用的政府治理概念也不断拓展与更新。从最开始的电子政府到现在的数字政府，这一系列的发展演进，体现的是通过用最有效的技术工具来推动更好治理的努力与创新，反映了治理科技与治理模式之间不断的融合互动。数字政府是运用治理科技推动政府转型的最新实践，也是基于数据治理与治理数据的政府治理创新，主要表现如下。

一是从以流程为核心转向以数据为核心。基于行政科层体制下的影响，传统的政府治理侧重于流程管理，而管理的流程化会逐渐退化为流程的刻板化，进而造成治理效能的下降。同时由于流程管理的核心是制定流程并使流程得以顺利运行，流程制定的主导方往往会更多关注自身利益而忽视相关各方利益，这种不平衡性又会影响后续具体执行时的效果。数字政府的关注对象是数据而不是流程，其核心是治理数据的收集、分析与应用。以数据为核心的治理过程，由于天然具有的客观性与超脱性，会在政府组织再造、决策执行机制重塑等方面发挥巨大的作用。

二是从注重绩效产出转向注重优化秩序。传统政府治理的一个重要任务是保证绩效以及追求政绩，其评判手段是确定绩效标准和进行绩效评估。这种治理的实质并不是为管理服务，而是为绩效产出服务，也就是为政府的绩效服务。这种治理在很多情况下是与公众的目标需求不一致的，也会在一定程度上影响治理的合法性。数字政府由于交互性更强，可以将更多元的治理主体需求进行融合，同时提供更加动态的绩效标准和及时的绩效评估反馈，从而提供一种动态优化的秩序，通过这种秩序的优化促进多元治理主体自身利益和价值的优化。

三是从事后应对转向预先治理。传统政府治理大多是问题导向的，先要发现问题、分析问题，才能解决问题，是一种事后应对的模式。即使强调预防式治理，在某种意义上也是比较盲目的，缺少针对性和有效性。数字政府的实行是基于数据治理，而大数据的核心价值就是预测，通过数据的关联融合，能够使治理过程从以事后为主转向事前事中事后全覆盖，形成智能化的预先治理优势。

大量的理论研究和实践探索显示，数字政府的实现取决于治理科技自身的能力范畴与约束条件、治理科技与政府治理的融合和匹配、政府转型和治理科技引进的正向反馈循环。具体看来，推动数字政府建设需要重点从以下三个方面寻找支撑。

一是进一步推动数据开放与无障碍流动。当前，数据已经成为具有经济、政治、科学等多元价值属性的战略资源，突破数据孤岛、促进数据融合、实现数据开放共享已经成为各界共识。进一步实现数据的无障碍流动，需要建立和完善数权制度，强化数据安全保障体系。推动数据无障碍流动，要综合考虑包括优化数据环境、管理数据资源、提高数据使用效率等方面和领域。

二是进一步推动大数据与人工智能的融合应用。大数据是人工智能开发的基础材料，而只有人工智能对大数据的智能化应用，大数据才具有创造性的价值。在数字政府建设过程中，数据汇集和智能化应用是结合在一起的，通过对各类治理数据的积累及洞察，提炼客观可见、可预测研判的经验规律，优化政务行为与治理方式，实现以公众需求为导向的服务供给，提高行政效率，改善服务体验，促进多主体协同治理。

三是进一步解决政府对数据驱动治理变革的动力问题。梳理治理科技与政府治理融合发展的历史，我们会发现，在技术与制度的结合上存在一个悖论，即：治理科技的应用必须在相关政府制度调整、治理流程创新与之相适应前提下，才能够发挥潜在能力；而政府采用新技术的动力，则依赖于已完成项目的成效。通过相关机制的建立，有望打破这一悖论，实现数据驱动下

政府治理创新的良性循环。

数字政府建设蕴含了人类由工业文明向数字文明演进背景下数字治理共同体的构建，有助于实现经济社会发展数字化与国家治理现代化之间的协同。数字政府建设将数据驱动和智能应用的重点投向价值创造，为解决技术逻辑与公共治理中的行政生态、制度惯性之间的冲突提供了新的途径。

二 以数字政府建设助推政府数字化、网络化、智能化转型

互联网、大数据、人工智能是数字文明时代的三大技术基石，为推进国家治理体系与治理能力的现代化提供了关键驱动力。其中，互联网技术解决了治理链条里各个节点的连接问题，将原本彼此孤立和静态的单个节点连接成一个紧密网络；大数据技术解决了实体世界在数字空间中的投射问题，使每一个人和物都成为数字影像和数字足迹的总和；人工智能则解决了价值发现的问题，借助算法对海量的数字化内容进行聚合反应进而创造更大价值。三者共同构成了支撑数字政府建设的核心技术体系，赋予了数字政府数字化、网络化、智能化的新属性，形成了权力与规模有限、组织与服务有效的政府治理新机制，从而在思维范式、运行规则、组织模式、行政效率、服务水平各个层次带来前所未有的新变革。

（一）法治政府与政府数字化转型

在万物皆数的时代中，越来越多的组织开始认同一种“数据即权力，权力即数据”的世界观，[①] 即权力被赋予数字化属性，而数据本身也正成为一种重要的权力。政府数字化转型的首要内容是运用大数据技术重塑自身模式，以数字化手段优化权力的运行流程，使数字技术赋能到科学确权、依法授权、廉洁用权、精准管权、多元督权全过程中，让权力运行的整个过程变

① 大数据战略重点实验室：《块数据 2.0：大数据时代的范式革命》，中信出版社，2016。

得规范透明、量化可算、防控有效，最终达到权力的制衡与驯服。

借助数据化能够从逻辑的最底层重构权力的结构与流程，解决其长久以来难以被度量和规制的问题，整个过程主要从信息化、数据化、自流程化、融合化四个步骤进行。首先是信息化，即运用数字技术推动传统的政务系统向线上迁移，让政务服务的全过程在内外网上流转起来，为数据再造提供基础；其次是数据化，通过数据留痕记录权力运用过程，同时提升各类数据的结构化水平，以提高工作效率，提升透明度；再次是自流程化，面对系统生成的海量身份数据、行为数据、关联数据、思维数据和预测数据，借助大数据处理技术实现数据的自运算、自激活、自预警和自推送，大幅提升政府的数据治理能力；最后是融合化，即建立跨层级、跨区域、跨行业、跨部门的数据共享机制，实现数据按需、契约、有序、安全的开放，让各个系统间的数据实现相互流通共享、流畅运用和跨界融合。

治理科技在数字政府运行中的一大应用场景是反腐，它除了能对权力结构体系进行优化外，在权力运行监督、规范公职人员行为、协助纪检办案方面同样作用显著。如在国际上，丹麦、英国、巴西等国通过建立政府层面的数据分析实验室，加强利用数据分析结果来修改反腐方案，完善相关法规政策；[①] 而印度尼西亚、日本、韩国推行了 G2C 系统，减少政府采购中的腐败现象；印度研发了名为《我行贿了》的应用程序，为公民举报官员受贿贪污行为提供平台和渠道。[②] 同时在国内，大数据平台的建设也为监督执纪问责提供有力武器，比如哈尔滨市推出党风廉政建设和反腐败信息共享平台，汇集了 201 类 312 亿条数据，实现了公务员信息核查全市覆盖；再如贵阳市已实施了“数据铁笼”大数据项目，完成了 40 个市直单位覆盖，监管事项数量达 2295 个，查找风险点 2995 个，预警推送异常信息 23.88 万条。总体来看，基于公安、税务、金融、通信、消费等多源数据的有效利用，可协助反腐案件侦办人员发掘腐败事件的隐藏线索、提升办案效率，同时还能对公

① 陈朝兵：《发达国家应用互联网与大数据推进政府治理的主要做法与借鉴》，《中国特色社会主义研究》2017 年第 6 期。

② 早稻田大学：《第 13 届（2017）国际数字政府评估排名研究报告》，2017。

职人员财产变动、办事流程的异常变更、人际交往的异常行为等敏感区域实施有效监测，对疑似腐败行为进行提前预警，预先排查事件风险，最终有效地预防腐败现象的产生，实现“权力在阳光下运行”。

（二）虚拟政府与政府网络化转型

虚拟政府是指运用网络通信技术，将传统物理分布的多个政府机构的业务集成在网络上，并为公众提供在线公共产品和服务。这种政府的网络化变革之所以受到广泛关注，其核心在于实现了对传统政府的组织模式重塑和业务流程再造，让政府部门和公务人员超越时间和空间及部门之间分隔的限制，实现即时、高效、流畅的团队协作。网络技术具有不受时空限制、去中心化、无边界、强调交互性等特点，对组织的边界、结构、运作方式和产品设计都带来广泛影响，因而自诞生以来，虚拟政府一直被视作政府部门转型的重要目标，也是推动政府治理现代化的有力抓手，其功能主要体现在组织变革、流程再造、推进民主协商等多个领域。

首先，在组织形态变革方面，政府部门正由原来臃肿的科层制向扁平化、网络化、大部制方向转变。在需求多样化、人员高流动性的网络时代，传统的刚性化组织结构已无法胜任快节奏步伐，固定的职位、严格的层级关系以及多层传递的信息渠道无不对政府治理水平产生阻碍。在这一背景下，为政府的网络化转型提供了解决方案，借助网络技术政府部门可以有效解决跨地域、跨领域、跨部门的时滞问题，有效扩大组织的管理幅度，提升政府管理效能，进而可以起到削减信息成本和人力资源成本的作用，实现政府组织向扁平化和大部制方向改革。同时，互联网还有着天然的去中心性和灵活性，不仅增强了原本各自孤立的横向部门间的沟通，有助于推动临时性项目小组的建设，提升政府部门对综合问题的治理能力；而且还能一定程度上强化分权、自我管理和民主监督，为团队成员的沟通协作提供保障，进一步提升组织效能。

其次，网络化转型有助于推进政府流程再造。长久以来，由于我国政府沿用的是“金字塔”形模式，纵向的上下层级常存在权责不统一的问题，横向部门彼此孤立导致推诿现象严重，因而官僚主义现象盛行。网络化转型的关键就在于清除这些梗阻，将政府业务进行重构。通过推进自下而上的弹性管理、削减不必要的业务环节、提升团队沟通效率等一系列举措，可极大程度上实现政府流程的简化，让企业和公众更加便捷地获取政府服务。从实践来看，我国一些地方政府近年来积极推进网络化改革，探索出了诸如“一站式”政府的新模式，如上海出台了“一网通办”工作方案，组建了政务服务总门户，面向群众和企业所有的线上线下服务事项，做到了一网受理、只跑一次、一次办成，实现协同服务、一网通办、全市通办。

最后，在组织管理模式方面，政府网络化转型的深入，还可为群众提供参与数字协商民主新渠道。数据显示，截至2017年12月，中国的在线政务服务用户数量已增加至4.85亿，占到全体网民数量的62.9%；其中，经过新浪平台认证的政务机构微博达到134827个，而各级党政机关开通政务头条号账号达到70894个[①]。网络参政议政之所以能够快速兴起，这是由于它能克服一些传统组织模式的弊病。在封闭的沟通模式中，由于决策和执行的反馈滞后，政府和社会沟通渠道不畅，极易导致行政组织和工作人员偏于单向的个人决策，往往忽视执行者和公众的意见，决策结果对实践的指导性也较差。而网络更强调开放，虚拟政府则更注重双向沟通机制的建立，能够推动执行部门、智库团队、社会公众的互动反馈，提升政府决策质量，带动群众参与民主协商的积极性，形成共商共建共治的治理模式。

（三）智慧政府与政府智能化转型

政府智能化转型是指借助以人工智能为代表的数字技术手段推动政府治理模式的创新，使管理和服务实现自动感知、分析预测、自动反应、主动服务、辅助决策，通过与机器协作的方式将政府工作人员从烦琐的基础工作中解放出来，进而可以专注于更具创造性的任务。智慧政府作为上述转型的最终目标，不仅在“智能”方面对政府的知识、工具、流程积累做出升级，

① 中国互联网络信息中心（CNNIC）：《第43次中国互联网络发展状况统计报告》，2019。

形成新的政府决策机制、社会治理机制、公共服务机制；同时，还更进一步强调了以人为本的“智慧”内涵，强调公共产品的精细化、便捷化、个性化，让科技进步的贡献真正服务于人民美好生活的需求。

在政府决策方面，由于传统的决策方式多依赖于局部抽样、经验分析、个人决策的方式，往往难以真正反映客观问题，也容易受到个人的环境及情绪的影响，降低决策的可操作性和推广价值。借助人工智能进行的全局性分析，则可以使决策的精准度大幅提高，有效规避传统决策模式所存在的人力资源缺乏、决策流程冗长、决策者经验信息不足等问题。目前，智能决策已逐渐应用在趋势预测、事件感知、公共资源配置、市场监管等诸多场景，将政府决策的重心由事后弥补迁移到了事前防范，为科学决策起着不可替代的支撑作用。如贵州省与中国知网联合打造了“贵州大数据智库平台”，该平台通过整合文献、群智、舆情、政务等多元数据，能够自动生成群体智能数字化报告，实现“按需获取、智能分析、动态重组、精准投送”，为政府提供全过程的知识服务和决策支持。

在社会治理方面，人工智能的分析处理优势也十分明显。一方面，借助智能设备能够增强对环境的感知和监测能力，生成多维立体的数据，并基于这些数据进行分析和预测，进一步找出有价值的信息，准确、及时地发现问题、对症解决，将公共事件的处理重心由事中干预、事后响应优化为事前预测、超前预判。比如，在城市的关键设施上增加 GPS 定位器、电子标签、无线传输等设备，可有效监测应对环境的变化，及时化解下水道堵塞、火灾、交通堵塞、公共财物损坏等情况；再如，基于人体特征进行记录和解析，并在数据库和平台上的人脸、步态、轨迹数据对比分析，既可以增强刑侦人员缉拿犯罪分子的办案效率，也能为寻找走失人员提供帮助。

在公共服务方面，借助人工智能技术能够有效提升公共服务的智能化水平。一方面，通过利用决策树算法模型，可将“沉睡”在公共服务平台中的大数据激活，面对不同的服务内容做出相应判断和调整，使难题在远程终端实现自动解决，达成无人化服务。另一方面，该技术还推动了公共产品的个性化升级，基于个人特质所生成的数据档案分析，能够有效解决传统模式中对个体精准识别困难的问题，能结合用户的不同需求为其提供可定制的公共服务。如深圳市宝安区在公共服务信息“私人订制”的探索中，尝试利用人工智能对当地政务服务平台沉淀下来的大量用户数据进行挖掘梳理，提前分析预判企业、市民的办事需求，有针对性地进行信息推送，大幅提升了公共服务的精准化和便利化水平。

三　推进数字政府建设、加快政府治理转型需把握的重点问题

（一）树立创新、开放和协同的治理新理念

在当前的新一轮科技革命和产业变革中，数据驱动、人机协同、跨界融合、共创共享等新趋势蔚然成风，对数字政府的治理理念与思维范式提出了新的要求。为更好地把握科技创新所贡献的宝贵机遇，政府部门应树立创新、开放和协同的治理理念，运用新的技术手段，加快明晰权力的边界与运行秩序，推进组织的数字化、网络化、智能化转型，打破部门孤立，进一步建立多部门联合、多主体参与、多渠道供给的公共服务新模式。对公职人员特别是领导干部而言，要紧跟时代步伐，努力学习各类科学技术的前沿知识，提升自身获取数据、分析数据、运用数据的能力，将数据思维、互联网思维、人机协作思维应用到实际工作中去。此外，企业、社会组织及个人也需秉持开放共享的合作态度，加强自身的行为规范和数据安全保护意识，有条件的可以主动把有益于国家建设和民生发展的数据面向社会公开，积极参与数字协商民主，共同遵循和维护虚拟空间规则秩序，携手共建数字治理共同体。

（二）建立健全数字政府标准体系与评估考核机制

构建和完善统一、规范的“数字政府”标准体系与评估考核机制，明确政府部门管理和公共服务标准，促进基本公共服务均等化、普惠化、便捷

化，是数字文明新时代下推进政府治理体系和治理能力现代化的重要保障，也是满足人民美好生活需要的有效举措，具体可从以下几个方面展开：一是研究构建数字政府建设标准评价体系，加强权力运行监督、数据资源治理、公共服务供给等项目标准制定与实施，明确组织管理和服务质量要求，推进政府治理的规范化进程；二是完善管理机制，成立工作专项小组或专职机构，统一规划管理数字政府建设工作；三是强化标准的实施监督，完善监测预警体系和数据平台建设，开展标准实施信息反馈与监测；四是充分调动社会资源，发挥企业、院校、行业协会及民间智库等在标准的制定与实施中的推动作用，通过政府购买服务等方式面向社会开展标准研发、决策咨询与人员培训、实施效果评估等。

（三）部署开放、安全、智能、泛在的数字基础设施

数据是新兴的国家战略资源，部署和完善数字基础设施体系对实施国家大数据战略、建设数字中国起着重要的支撑作用。数字基础设施建设包含信息基础设施和物理基础设施改造两大方面，前者是由数字设备所搭建起来的智能终端和信息技术平台，如5G网络、城市大脑、物联网等，而后者是传统实体基础设施增加数字化组件，使其具备通信和自控功能，如自动驾驶汽车、数字化停车系统、数字化交通。在这些多样的基础设施中，政务大数据中心是重要的组成部分，因此政府部门要加快构建全国统一的政务大数据中心体系，打通政府部门内部及企事业单位之间的数据壁垒，编制政务数据资源目录、开放共享管理办法、开放共享清单，制定并落实政务数据资源整合汇集的实施办法，推动数据的公开共享及技术的融合应用。同时，需要加强网络安全信息统筹机制、手段、平台建设，加强研发工作，确保核心技术自主可控，推进安全产业发展。落实关键基础设施防护的责任，行业、企业作为关键信息基础设施运营者需承担主体防护责任，并做好相应的监督管理。此外，网络和数据具有高度的开放性及流动性，仅凭某个区域已无法应对威胁全球的网络恐怖主义、数据泄露和网络攻击事件，这些需要中国抓住重大项目、重要会议契机，加强同其他国

家在网络基础设施建设、数据安全、信息保护等方面的合作，携手应对全球性挑战，构建网络空间命运共同体。

（四）突破关键技术，打造一体化技术研发应用体系

当下乃至今后较长的一段历史时期内，新一代信息技术正成为主导世界创新发展的核心驱动力，因此需要政府牵头，调动广泛的社会力量加快形成产学研政用一体的技术研发应用体系。首先，要重点关注互联网、大数据、人工智能等核心领域，以及移动通信、量子通信、核心芯片、操作系统、超级计算、传感网、脑科学等相关领域，加大相应基础理论研究的扶持力度，鼓励科学家、高校、科研院所、企业研发中心勇于探索“无人区”，争取在理论、方法、工具、系统等方面取得变革性、颠覆性突破。其次，要充分发挥我国海量数据和巨大市场应用规模优势，坚持需求导向、市场倒逼的科技发展路径，强化关键科技的应用开发，面向市场、国防和民生密切相关的领域，加快新技术的推广和普及，推进新技术的产业化发展。最后，人才队伍建设也至关重要，需要推进相关的学科体系建设，鼓励高校在院系及课程设置方面进行探索，打造全面的高层次人才培养平台，加强专业人才的供给力度。

（五）抓好试点示范项目，带动产业生态全局发展

试点是改革的重要任务，更是改革的重要方法。一个成功的示范试点项目，对全局性发展具有示范、突破、带动作用。因此在数字政府的建设中，尤其要考虑到试点示范项目的先进性及模式的可复制性和可推广性等要素，鼓励条件成熟的地区和行业开展先行先试，建成一批理念先进、技术一流、特色突出、成效显著的示范点，并对已经取得良好效果的地方经验加以总结推广，进一步带动全国各地和其他行业的发展。同时可以鼓励引导企业、高校、行业协会联合创建开放式创新创业平台，充分发挥龙头企业和行业协会在技术、管理、人才、渠道、资金、市场等方面的资源优势，构建创业孵化平台和协同创新平台，共同推动产业技术研发和应用创新。此外，还应注重

区域间的协调发展，结合不同区域和不同行业的发展程度、资源禀赋、市场空间，分门别类地制定有针对性的发展策略，形成差异化发展格局，打造系统完备、活跃有序、和谐共生的生态体系。

（六）完善投融资环境，凝聚产业发展推力

建设数字政府是一个庞大的复杂工程，需要吸纳和调动社会资本参与，增大民间力量在基础设施、科技研发、产业转型、应用推广方面的投入，增强治理方式、手段和工具数字化升级动力。一方面，需要政府营造更为宽松的投融资环境，通过特许经营、购买服务、产权激励等形式引导和鼓励社会资金参与，并在政策制定时更多地向战略性新兴产业倾斜，鼓励金融机构加大对科技创新企业和中小企业的信贷支持力度。另一方面，应注意引导整合社会资金，探索建立新兴产业专项发展基金，制定专项扶持资金管理办法，培育抢占融合发展、智能协同的新兴产业制高点，增强新技术在传统产业转型升级中的作用。

（七）展开立法研究，加快立法进程，构建数字文明新秩序

法律是维护国家主权、保护公民及法人权益、保障经济社会健康发展的重要基石。2018 年 9 月 7 日，十三届全国人大常委会公布的立法规划中，将《个人信息保护法》与《中华人民共和国数据安全法》列为条件比较成熟、任期内拟提请审议的一类项目。从数据保护相关立法现状来看，已初步形成了由《网络安全法》《个人信息安全规范》《规范互联网信息服务市场秩序若干规定》《电信和互联网用户个人信息保护规定》等构成的法律体系，但总体还呈现为一种较为分散的状态。目前，已经进入需要综合性、立体式考虑法与法之间的关系，同时探索法律背后的重大理论命题的阶段。因此，在国家层面，应加快个人信息与数权方面的立法进程，明晰国家数据主权和个人数权的属性与边界，规范数据采集、存储、传输、使用的秩序规则，对造成数据被攻击、泄露、窃取、篡改和非法使用的行为明确其法律责任，构建与时代发展相适应的数据权利保护法律体系。

参考文献

[1]《习近平：实施国家大数据战略加快建设数字中国》，新华网，最后访问日期：2017 年 12 月 9 日。

[2] 广东省人民政府：《广东省“数字政府”建设总体规划（2018～2020 年）》，广东省人民政府门户网站，2018。

[3] 大数据战略重点实验室：《块数据 4.0：人工智能时代的激活数据学》，中信出版社，2018。

[4] 大数据战略重点实验室：《块数据 2.0：大数据时代的范式革命》，中信出版社，2016。

[5] 连玉明：《数权法 1.0：数权的理论基础》，社会科学文献出版社，2018。

[6] 梅宏：《大数据导论》，高等教育出版社，2018。

[7] 燕继荣等：《中国现代国家治理体系的构建》，社会科学文献出版社，2018。

[8] 中国信息通信研究院：《大数据白皮书（2018 年）》，2018。

[9] 江青：《数字中国：大数据与政府管理决策》，中国人民大学出版社，2018。

[10] 涂子沛：《数文明》，中信出版社，2018。

[11] 刘淑春：《数字政府战略意蕴、技术构架与路径设计——基于浙江改革的实践与探索》，《中国行政管理》2018 年第 9 期。

[12] 戴长征等：《数字政府治理——基于社会形态演变进程的考察》，《中国行政管理》2017 年第 9 期。

[13] 杨国栋：《数字政府治理的理论逻辑与实践路径》，《长白学刊》2018 年第 6 期。

指数评价篇

Evaluation of Indexes

B.2
大数据发展指数3.0：大数据发展评价体系的创新与完善

摘　要： 随着国家大数据战略的深入推进，大数据发展的影响因素愈加复杂，大数据发展评价体系逐步改进。大数据发展指数3.0在遵循指标体系构建原则的基础上，引进了大数据发展新表征的指标和数据，丰富了大数据发展评价体系。政用指数、商用指数、民用指数三个分指数分别增加了三个要素指标，增强了指标体系结构的稳定性。在指标选取和数据获取方面，优化了指标来源，提高了指标代表性和权威性，同时最大程度上保持了省域和重点城市评价体系的一致性。

关键词： 大数据发展指数　政用指数　商用指数　民用指数

评价我国省域和重点城市大数据发展情况的大数据发展指数已经连续两年对外发布，这一指数已经成为各地区大数据发展的重要衡量标准。以数据的深度挖掘和融合应用为特征的大数据时代，数字化、网络化、智能化水平不断提高，大数据在推动经济社会发展、促进国家治理体系和治理能力现代化、满足人民日益增长的美好生活需要方面发挥着越来越重要的作用。在深入推进高质量发展的过程中，中国经济呈现出质量提升、结构优化的积极趋势，数字经济保持高速增长，大数据、人工智能、区块链等新一代信息技术加快在智慧城市、政府服务、公共安全、金融等领域的深化应用，引领产业升级、产品开发和服务创新。电子政务进入一体化、协同化发展新阶段，智慧社会建设不断深化，信息消费活力进一步释放，数字丝绸之路建设深入推进，信息化管理机制不断完善。在此背景下，大数据发展指数延续了前期的评价对象、评价方法，在前两版基础上对指标体系做了进一步创新和补充完善，形成大数据发展指数3.0，并将连续三年对地区大数据发展情况进行全面评估。

一　大数据发展的新表现

（一）逐渐实现规范化发展

2018年11月26日，国家统计局发布了《战略性新兴产业分类（2018）》，意味着战略性新兴产业统计有了国家统计标准，为界定相关单位的生产活动提供了依据，对产业发展也具有一定的规范引导意义。根据该分类，大数据属于新一代信息技术产业，具体产业名称为“互联网与云计算、大数据服务”，是2018版战略性新兴产业分类新增的内容，对应于《国民经济行业分类》（GB/T 4754－2017）中的互联网数据服务行业。另外，生物医学工程信息服务业也对应于互联网数据服务。

我国经济正处在转变发展方式、优化经济结构、转换增长动力的攻关期，产业分类的规范完善了大数据产业统计监测标准，为反映和监测地区大

表1　与大数据相关的产业分类

代码	战略性新兴产业分类名称	国民经济行业代码(2017)	国民经济行业名称
1	新一代信息技术产业		
1.4	互联网与云计算、大数据服务		
1.4.1	工业互联网及支持服务	6450	互联网数据服务
1.4.3	云计算与大数据服务	6450	互联网数据服务
4	生物产业		
4.2	生物医学工程产业		
4.2.4	生物医学工程信息技术服务	6450	互联网数据服务

资料来源：摘录自《战略性新兴产业分类（2018)》。

表2　互联网数据服务行业范围

6450 互联网数据服务
是指以互联网技术为基础的大数据处理、云存储、云计算、云加工等服务
包括下列互联网数据服务活动：
—大数据资源服务
—数据库和云数据库服务
—云计算服务
—云存储服务
—软件即服务(SaaS)
—平台即服务(PaaS)
—设施即服务(IaaS)
—区块链技术相关软件和服务
—其他互联网数据处理服务
下列活动列入本分类：
—线上线下相结合的智能诊疗生态系统
—应用人工智能技术的综合生物验证系统
不包括：
—专门提供文件、数据的录入、排版和打印等商务服务，列入 7293(办公服务)
—为客户提供软件的设计，列入 65(软件和信息技术服务业)相关行业类别中

资料来源：摘录自《2017 国民经济行业分类注释》（网络版)。

数据发展提供了依据，能够纵向和横向提供“三新”经济增加值、经济发展新动能等指标，进而更加全面客观反映“三新”经济发展态势。这为未来大数据发展指数提供了稳定权威的指标来源，使大数据发展评价体系更规范、更严谨。

另外，在“互联网＋政务”加速推进的背景下，多个省份借2018年新一轮机构改革设置了大数据管理机构，整合相关部门数据资源管理、大数据应用与产业发展、信息化等职责，推进大数据规范化发展。

（二）逐渐与实体经济深度融合

党的十九大报告指出，“建设现代化经济体系，必须把发展经济的着力点放在实体经济上，把提高供给体系质量作为主攻方向”，“推动互联网、大数据、人工智能和实体经济深度融合”。为推进实施国家大数据战略，务实推动大数据技术、产业创新发展，工业和信息化部主要围绕大数据关键技术产品研发、重点领域应用、产业支撑服务、资源整合共享开放四个方面组织开展了2018年大数据产业发展试点示范并发布了项目名单，主要包括大数据存储管理、大数据分析挖掘、大数据安全保障、产业创新大数据应用、跨行业大数据融合应用、民生服务大数据应用、大数据测试评估、大数据重点标准研制及应用、政务数据共享开放平台及公共数据共享开放平台等10个方向200个项目。地方也积极落实这一战略部署，贵州省率先编制了《大数据与实体经济深度融合评估体系》，大力推进大数据与实体经济深度融合，引导各领域、各行业实体经济企业融合升级全覆盖，在政用、商用、民用等方面推进大数据发展。

在国家和地方的全面部署下，大数据发展已经进入了全领域深化发展阶段，尤其是与实体经济深度融合进入了发展加速期，大数据在培育新兴产业、改造传统产业方面具有重要作用，不仅促进旅游、商贸、物流、金融、交通等行业向平台型、智慧型、共享型融合升级，深化与服务领域各行各业的融合发展，还促进工业数字化转型，加快工业互联网创新发展，使工业大数据应用成为大数据发展的重要组成部分。同时，大数据已经成为服务和改善民生的重要助力，为解决健康、就业、教育、安全等公共服务问题提供更好的技术保障。

（三）逐渐成为稳就业的重要领域

在经济增速放缓、经济结构加快调整的关键时期，就业结构性矛盾十分突出，“稳就业”被列为“六稳”工作之首。传统产业转型升级淘汰部分低技能劳动力，在现代经济体系建设过程中，知识型、技能型、创新型人才供给不足。数字经济领域催生出一大批新产品、新服务、新模式和新业态，培育和扩容出更多高质量就业岗位，成为吸纳就业的重要渠道，为实现更高质量、更充分就业拓展了渠道。另外，互联网、大数据、人工智能技术的发展促进国民数字素养水平的提升和数字人才规模的扩大，为数字经济发展提供了重要的人力资源储备。

二　基于数据价值链理论的指标体系完善

（一）完善指标体系的思路

1. 坚持遵循数据价值链理论

坚持指标体系的理论探索，有助于发现指标体系结构不合理、指标冗余等问题，进而补充完善指标体系的合理性和科学性。大数据发展指数建立在数据价值链理论模型基础之上，在对指标体系的完善过程中，应与原有指标体系相衔接，不脱离原来的基础和框架，最大程度地保持测评指标体系的稳定性与可比性。通过深入理论模型要素研究，梳理指标间相互关系，完善指标体系结构。

2. 突出深化指标体系内涵的完善

大数据发展是新的评价对象，缺乏具有较强参考价值的指标体系，因此，在大数据发展测评中需要与理论模型形成有效衔接，不断深化体系内涵的完善，增强大数据发展指数的权威性、代表性、稳定性，进而构建地区大数据发展衡量标准的典型评价体系。

3. 增强指标测评的科学性和合理性

代表指标的选取直接影响测评结果，因此，在选取代表指标时遵循指标的系统性、衔接性、数据可获得性等原则，对复合型指标进行更替或指标剥离处理，对数据衔接较差的指标进行删减或更替。总结前期指标评价经验，在指标设置和权重划分等方面，充分考虑各地方大数据发展客观实际，力求测评指标更加科学合理，测评结果更加客观公正。

（二）丰富大数据发展指数的内涵

1. 大数据发展的内涵

大数据目前尚未有统一的定义，目前较为权威的定义有两个：一是《促进大数据发展行动纲要》对大数据的定义为，“以容量大、类型多、存取速度快、应用价值高为主要特征的数据集合，正快速发展为对数量巨大、来源分散、格式多样的数据进行采集、存储和关联分析，从中发现新知识、创造新价值、提升新能力的新一代信息技术和服务业态”。二是国家发展改革委发布的《战略性新兴产业重点产品和服务指导目录（2016 版）》对大数据服务的定义为，“利用分布式并行计算、人工智能等技术对海量异构数据进行计算、分析和挖掘，并将由此产生的信息和知识应用于实际的生产生活中。包括数据探矿、数据化学、数据材料、数据制药等新业态、新模式”。从“大数据”的定义描述可见，大数据重在价值应用，大数据发展重在大数据应用催生的新业态、新模式的发展，这与数据价值链模型的内涵是一致的。

2. 大数据发展指数的内涵

大数据发展评估已经成为掌握大数据发展现状、研判大数据发展趋势的重要方式。因此，近年来各研究机构开始对大数据发展进行不同角度的测评，如中国电子信息产业发展研究院研究发布了大数据发展评估体系，从区域、行业、企业三个层面搭建评估标准，在不同层面对大数据产业进行评估，三个层面评估体系均由 3 个一级指标构成，其中区域大数据发展评估指标由发展环境、大数据产业和大数据应用构成，行业大数据发展评估指标由基础环境、数据汇集、行业应用构成，企业大数据发展评估指标由基础画像、研发创新和市场拓展构成。

不同于中国电子信息产业发展研究院的大数据发展评估体系，本报告所研究的大数据发展指数是对某一地区大数据在不同阶段总体发展水平和

质量进行的综合价值判断，分省域和城市指标体系，是衡量大数据发展程度的一种数据标准。大数据发展指数旨在构建一套评估各地区对国家大数据战略目标实施情况的评价体系和框架，致力于成为数字中国建设的重要衡量标准。

（三）强化指标体系结构的稳定性

大数据处于快速发展阶段，不断有新的特征表现，随着大数据发展评价的深入和完善，需要不断对大数据发展指数进行修订，以符合大数据动态发展的特点。动态性和稳定性的平衡是指标体系修订的关键，指标体系既要根据最新发展态势做出更新反馈，又要保障指标评价的相对稳定。

1. 增加要素指标，保障评估结果分析的稳定性

大数据发展指数 3.0 基于数据价值链理论，对政用指数、商用指数和民用指数三个一级指标进行要素分解，分别增加了三个评价要素指标（见图 1），增强了指标体系的稳定性，保障了省域和城市评价结果分析的一致性。随着大数据的规范化发展，在指标筛选过程中，尽可能增加具有稳定可靠数据来源的指标，对综合性指标进行了删减，进一步强化了指标体系的稳定性。

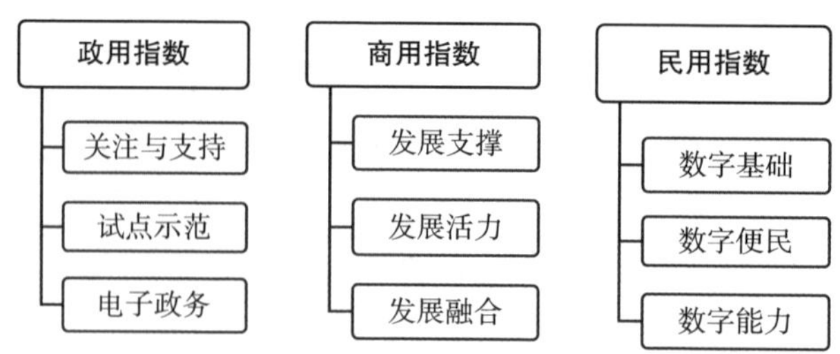

图 1　大数据发展指数关键要素构成

数据价值链理论强调实现技术、物质、资金、人才、服务等资源的优化配置。大数据政用价值的实现是对政策、资金、服务等要素的合理配置，相应的要素指标包括关注与支持、试点示范、电子政务。关注与支持包括社会

和政府对地区发展大数据的关注度与政策支持度；试点示范是指在国家或地区层面的创新示范，体现地区推进大数据发展的积极主动性；电子政务是大数据在政务领域的落地应用，是政用大数据的核心价值所在。

大数据商用价值的实现体现为发展的人才、技术支撑，资金和物质流动，以及与其他产业的融合发展，相应的要素指标包括发展支撑、发展活力和发展融合。发展支撑是大数据在商业领域应用的基础，包括人才、相关产业规模、营商环境、网络安全等；发展活力是指地区大数据发展的活跃度和持久力，体现为科技投入、创业创新、就业吸纳能力等方面；发展融合是大数据深入发展的重要体现，是落实大数据与实体经济融合的应用实践，体现为与农业、工业、商业的全面融合。

大数据民用价值是数字化、智能化、网络化服务在民生领域的体现，其要素指标涵盖数字基础、数字便民、数字能力。智能化的电子终端、泛在高速的网络基础是民用大数据接入的基础；数字便民着重于民生服务的大数据应用，智慧城市的建设提高了便民水平；数字能力是公众对大数据应用的能力。

2. 优化三级指标，增强指标选取的有效性

为使大数据发展指数评价体系适应大数据新的发展环境，综合考虑大数据发展影响因素的动态变化，本年度对大数据发展指数 3.0 进行了指标优化。随着大数据技术及应用的发展，复杂网络环境下的数据泄露、数据滥用、数据窃取、非法数据交易等数据安全问题频频发生，大数据给现有信息技术体系带来了新挑战，大数据安全已成为大数据发展的必要条件，需要营造有利于大数据健康有序发展的良好环境，本年度省域和重点城市评价均着重考虑了网络安全对大数据发展的影响作用。大数据与实体经济的融合发展成为影响地区大数据发展的重要因素，商用指数发展融合要素从工业融合和商业融合两个方面进行了评估。而数字经济虽与大数据发展息息相关，但数字经济内涵丰富，覆盖范围较广，从指标独立性和代表性角度来看，数字经济指数指标冗余度较高，经综合研究讨论，删减了该指标。

三　修订的内容和结果

理论指标体系注重评价维度的全面性，对省域和城市进行具体评估的指标需要具备较强的可操作性，强调数据可得、来源可靠。由于可操作性指标体系代表指标数据来源的变化，仍然采用代表指标差异化处理的方式分别构建省域和城市大数据发展评价可操作指标体系。本次指标体系的修订在指标来源、指标选取等方面最大程度地保持了省域和城市大数据发展指数可操作指标体系评估的一致性。

（一）大数据发展指数理论指标体系修订

大数据发展指数3.0在增加要素指标、完善体系结构稳定性的基础上，根据大数据最新发展动向调整了理论指标体系，相比大数据发展指数2.0，总体删减了两个指标，分别是商用指数中的数字经济指标和民用指数中的服务需求指标，增加了两个指标，分别是商用指数中的吸纳就业指标和工业融合指标，最终仍然由21个三级指标构成（见表3）。

（二）省域大数据发展评价可操作指标体系修订

相对于大数据发展指数2.0，省域大数据发展评价的可操作指标体系总体变化不大，其三级指标增加了三个，减少了两个，另外，由于数据来源的变化、指标代表性的强化，微调了四个代表指标，调整后共19个三级指标，对应19个可操作的代表指标（见表4），比理论指标体系少两个。

鉴于数据可得和评估需要，政用指数可操作指标均保持不变；商用指数增加了网络安全、创业创新和工业融合三个代表指标，对商业普及和商业融合的代表指标进行了微调，删减了数字经济指标及其代表指标；民用指数对网络基础和服务通达度两个三级指标的代表指标进行了微调，删减了服务

表 3　大数据发展指数理论指标体系修订结果

一级指标	要素指标	三级指标	指标含义
政用指数	关注与支持	发展关注度	反映地区大数据发展受关注的程度
		政策力度	反映地方推进大数据发展的积极性
	试点示范	试点创新	反映地区大数据发展在国家战略中的地位
	电子政务	在线政务	反映政府在线服务水平
		数据开放	反映数据开放程度及开放的公平性
商用指数	发展支撑	人才基础	反映大数据发展的人才支撑
		相关产业规模	反映大数据相关产业发展情况
		应用惠及度	反映地区大数据应用惠及的程度
		商业普及度	反映地区企业数据化水平
		营商环境	反映地区对新兴产业投资的吸引力
		网络安全	反映大数据运行保障能力
	发展活力	科技投入	反映大数据发展的科研支撑
		吸纳就业	反映大数据发展潜力和持久力
		创业创新	反映地区创业创新活力
	发展融合	工业融合	反映大数据与工业融合程度
		商业融合	反映大数据与商业融合程度
民用指数	数字基础	终端普及	反映个人数据采集的便利化
		网络基础	反映网络信息基础设施的建设情况
	数字便民	服务通达度	反映政府利用大数据提供公共服务的能力
	数字能力	数字技能	反映居民数字素养
		消费能力	反映公众对信息消费的承受能力

表 4　省域大数据发展评价可操作指标体系修订结果

一级指标	要素指标	三级指标	代表指标	调整说明
政用指数	关注与支持	发展关注度	“大数据”热度	不变
		政策力度	大数据相关政策发布数	不变
	试点示范	试点创新	大数据综合试验区建设	不变
	电子政务	在线政务	在线服务水平	不变
		数据开放	数据开放水平	不变
商用指数	发展支撑	人才基础	电子及通信设备制造业从业人员平均数	不变
		相关产业规模	软件和信息技术服务收入占 GDP 比重	不变
		应用惠及度	APP 应用的网民占全国网民的比重	不变
		商业普及度	每百家企业拥有网站数	微调
		网络安全	电信和互联网行业网络安全试点示范项目数	增加

续表

一级指标	要素指标	三级指标	代表指标	调整说明
	发展活力	科技投入	规模以上工业企业 R&D 经费占 GDP 的比重	不变
		创业创新	开展创新活动企业数占比	增加
	发展融合	工业融合	工业互联网企业数	增加
		商业融合	有电子商务交易活动企业比重	微调
民用指数	数字基础	终端普及	移动电话普及率	不变
		网络基础	人均移动互联网接入流量数	微调
	数字便民	服务通达度	智慧城市影响力	微调
	数字能力	数字技能	平均受教育年限	不变
		消费能力	居民交通通信支出占总消费支出的比例	不变

需求指数及其代表指标。省域大数据发展评价可操作指标体系代表指标调整情况及说明如下。

网络安全代表指标选取“电信和互联网行业网络安全试点示范项目数”，该指标是根据工信部在各省、自治区、直辖市评选并公布的电信和互联网行业网络安全试点示范项目名单计算而得。创业创新代表指标选取《中国科技统计年鉴》中“开展创新活动企业数占比”指标，强化了指标来源的权威性和评价的连续性。工业融合代表指标选取“工业互联网企业数”，即工业互联网产业联盟监测的工业互联网企业数。商业普及度代表指标由“网站数量”改为“每百家企业拥有网站数”，用平均水平代替总量水平，增强指标代表性。商业融合代表指标由“电子商务发展指数”改为“有电子商务交易活动企业比重”，由综合性指数改为单一指标，降低指标交叉冗余度。网络基础代表指标由“互联网普及率”改为“人均移动互联网接入流量数”，更进一步体现个人接入互联网的基础支撑。服务通达度的代表指标调整为“智慧城市影响力”。

（三）重点城市大数据发展评价可操作指标体系修订

相比大数据发展指数 2.0，重点城市大数据发展评价可操作指标体系增加了三个指标，从具体变化情况来看，微调了两个代表指标，减少了一个指标，调整后共16个指标（见表5）。总指标数目比理论指标少5个，但在要素指标层面与理论指标体系保持了全面一致性。

表5 重点城市大数据发展评价可操作指标体系修订结果

<table>
<tr><th>一级指标</th><th>要素指标</th><th>三级指标</th><th>代表指标</th><th>调整说明</th></tr>
<tr><td rowspan="5">政用指数</td><td rowspan="2">关注与支持</td><td>发展关注度</td><td>“大数据”热度</td><td>不变</td></tr>
<tr><td>政策力度</td><td>大数据政策发布数</td><td>不变</td></tr>
<tr><td>试点示范</td><td>示范项目</td><td>大数据产业发展试点示范项目数</td><td>增加</td></tr>
<tr><td rowspan="2">电子政务</td><td>在线政务</td><td>在线服务水平</td><td>不变</td></tr>
<tr><td>数据开放</td><td>数据开放水平</td><td>不变</td></tr>
<tr><td rowspan="7">商用指数</td><td rowspan="4">发展支撑</td><td>人才基础</td><td>信息传输、计算机服务和软件业从业人员</td><td>不变</td></tr>
<tr><td>相关产业规模</td><td>电信业务总量</td><td>微调</td></tr>
<tr><td>营商环境</td><td>城市营商环境</td><td>不变</td></tr>
<tr><td>网络安全</td><td>综合网络安全指数</td><td>不变</td></tr>
<tr><td rowspan="2">发展活力</td><td>吸纳就业</td><td>高附加值行业就业情况</td><td>增加</td></tr>
<tr><td>创业创新</td><td>双创指数</td><td>不变</td></tr>
<tr><td>发展融合</td><td>工业融合</td><td>工业互联网企业数</td><td>增加</td></tr>
<tr><td rowspan="4">民用指数</td><td rowspan="2">数字基础</td><td>终端普及</td><td>人均移动电话数</td><td>不变</td></tr>
<tr><td>网络基础</td><td>互联网宽带接入率</td><td>不变</td></tr>
<tr><td>数字便民</td><td>服务通达度</td><td>智慧城市影响力</td><td>微调</td></tr>
<tr><td>数字能力</td><td>消费能力</td><td>交通和通信类城市居民价格指数</td><td>不变</td></tr>
</table>

从具体调整内容来看，政用指数增加了示范项目指标；商用指数增加了吸纳就业和工业融合指标，微调了相关产业规模的代表指标；民用指数微调了服务通达度的代表指标。重点城市大数据发展评价可操作指标体系指标调整及说明如下。

示范项目指标的代表指标选取的是“大数据产业发展试点示范项目数”，即根据工业和信息化部办公厅公布的2018年大数据产业发展试点示范项目名单计算而得。吸纳就业的代表指标选取的是“高附加值行业就业情况”，该指标代表大数据产业对吸纳就业的贡献水平，体现了产业发展的持久力。工业融合指标与省域评价指标统一，选取了工业互联网产业联盟监测的“工业互联网企业数”指标。相关产业规模代表指标由“信息传输、软件和信息技术服务业增速”调整为“电信业务总量”，优化了指标数据来源和代表性。服务通达度代表指标由“智慧民生指数”调整为“智慧城市影响力”，与省域评价指标进行了统一。

参考文献

[1] 国家统计局：《2017 国民经济行业分类注释》（网络版），国家统计局网站，2018 年 9 月 30 日。

[2] 国家统计局：《战略性新兴产业分类（2018）》，国家统计局网站，2018 年 11 月 26 日。

[3] 国家统计局统计科研所信息化统计评价研究组：《信息化发展指数优化研究报告》，《管理世界》2011 年第 12 期。

[4] 连玉明：《中国大数据发展报告 No. 2》，社会科学文献出版社，2018。

[5] 连玉明：《中国大数据发展报告 No. 1》，社会科学文献出版社，2017。

[6] 张影、高长元、何晓燕：《基于价值链的大数据服务生态系统演进路径研究》，《情报理论与实践》2018 年第 6 期。

B.3
2018年中国省域大数据发展指数分析报告

摘　要： 本报告延续了2016年和2017年的研究方向与重点，聚焦于大数据在政用、民用和商用三个方面的应用，在修订后的大数据发展指数3.0的基础上进行测算与评估，动态对比2016年、2017年和2018年的大数据发展指数。通过分析发现，我国地方大数据在政用、民用和商用方面的发展都有不同程度的提高。从地域分布情况看，东部地区大数据发展优势明显，中部地区大数据发展较为均衡，西部地区大数据发展内部差距较大，东北地区大数据发展总体得分居于中等偏低水平。从大数据发展类型划分情况看，低度均衡型地区数量减少，单方面主导型地区数量增加，大部分地区找准了发展的突破口，大数据发展整体态势向好。

关键词： 省域　大数据发展指数　政用　商用　民用

一　总体情况评估

中国省域大数据发展评估是基于大数据发展指数3.0评价指标体系，依据国家官方数据和权威机构数据，从大数据政用、商用、民用三个维度对全国31个省（区、市）进行综合评估，最终得出各地区2018年大数据发展指数。

（一）总体排名

从本次评价结果来看，北京和广东的大数据发展状况依然处于全国领先的地位，其大数据发展指数得分均在60.00分以上。各地区大数据发展指数的平均得分为39.09分，有12个省份超过总指数平均分，所占比例达到38.7%。其中，北京、广东、浙江、上海和贵州分别位列此次大数据发展指数排名的前5位，大数据发展状况处于全国前列。排名第一的北京总得分为74.11分，是排名最低的西藏总得分的7倍左右，差距较2017年有所缩小，但省域间大数据发展的差距依然明显（见表1）。

表1　2018年各地区大数据发展指数评价结果

省份	总指数		政用指数		商用指数		民用指数	
	得分	排名	得分	排名	得分	排名	得分	排名
北京	74.11	1	24.85	3	25.20	1	24.06	1
广东	69.42	2	26.53	2	22.28	2	20.61	2
浙江	53.64	3	14.12	12	19.29	4	20.23	3
上海	53.25	4	22.13	5	15.46	5	15.65	7
贵州	52.93	5	28.98	1	7.71	21	16.24	6
江苏	49.51	6	10.81	24	20.29	3	18.41	4
重庆	46.89	7	20.72	6	11.66	11	14.51	13
天津	46.73	8	19.66	7	11.58	13	15.50	9
山东	44.45	9	15.87	11	15.21	6	13.37	17
河北	42.83	10	18.64	9	10.62	15	13.56	16
河南	42.80	11	22.32	4	8.99	19	11.49	22
辽宁	40.53	12	18.89	8	7.42	22	14.22	14
福建	38.50	13	11.26	22	12.53	8	14.72	12
安徽	37.96	14	14.08	13	14.45	7	9.43	29
四川	37.92	15	13.37	15	12.33	10	12.21	20
内蒙古	36.82	16	18.00	10	5.05	28	13.77	15
海南	36.54	17	13.61	14	9.84	16	13.09	18
陕西	36.00	18	12.91	16	11.19	14	11.90	21
云南	35.96	19	11.07	23	9.37	18	15.52	8
湖南	35.81	20	12.29	20	12.44	9	11.08	23
宁夏	34.90	21	8.94	29	8.40	20	17.56	5
湖北	34.56	22	12.30	19	11.62	12	10.64	25

续表

省份	总指数		政用指数		商用指数		民用指数	
	得分	排名	得分	排名	得分	排名	得分	排名
青海	31.26	23	9.73	26	6.78	25	14.74	11
山西	29.32	24	12.59	18	5.71	26	11.02	24
江西	28.90	25	10.78	25	9.41	17	8.72	30
吉林	28.56	26	9.72	27	3.91	29	14.93	10
甘肃	27.87	27	11.34	21	6.97	24	9.56	28
广西	27.61	28	12.68	17	5.17	27	9.77	27
黑龙江	26.10	29	9.48	28	3.85	30	12.77	19
新疆	19.48	30	5.92	30	3.73	31	9.82	26
西藏	10.62	31	1.53	31	7.39	23	1.69	31
2018 年平均分	39.09		14.68		10.83		13.57	
2017 年平均分	32.90		11.44		9.99		11.47	
2016 年平均分	30.67		11.02		8.51		11.14	

从 2018 年各地区大数据政用、民用和商用指数的平均得分来看（见图 1），大数据政用指数依然占据着较为重要的位置，大数据民用指数逐渐赶超，大数据商用指数发展则相对缓慢。这种情况主要表现在排名较为靠前及多数排名位于中等偏下的地区，如贵州、吉林、黑龙江、宁夏等，大数据民用得分均高于商用得分，表明其大数据在民用方面的重要性正在显现。

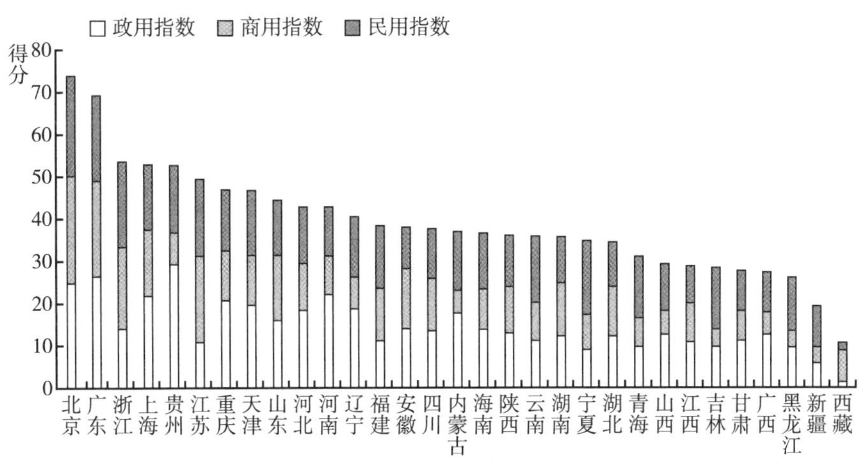

图 1　2018 年各地区大数据政用、民用和商用指数得分情况

（二）历年排名对比

从2016～2018年各地区大数据总指数排名来看，各地区大数据发展指数排名变化较为稳定。除宁夏和湖北外，2018年排名较2016年排名变化幅度均在0～4个位次。变化最大的宁夏由2016年的第30名上升至2018年的第21名，提升了9个位次（见表2）。分析发现其在政用、商用方面的指数得分并未出现大幅波动，但在民用方面的指数得分较高。近年来，宁夏在聚焦数据资源共享开放、提升政务民生服务水平方面重点突破，搭建互联互通的数据流通渠道，通信基础设施得到快速发展，已形成以银川、中卫两市为核心，错位发展、齐头并进的良好发展态势，这些都在不同程度上提升了宁夏大数据发展指数的得分与排名。

表2　2016～2018年各地区大数据发展总指数排名

省份	2016年	2017年	2018年	趋势变化
广东	1	1	2	持续↓
北京	2	2	1	持续↑
上海	3	4	4	持续↓
浙江	4	3	3	持续↑
江苏	5	5	6	持续↓
重庆	6	9	7	波动↓
贵州	7	7	5	持续↑
山东	8	6	9	波动↓
福建	9	10	13	波动↓
河南	10	11	11	持续↓
河北	11	12	10	波动↑
天津	12	8	8	持续↑
四川	13	13	15	持续↓
湖北	14	14	22	持续↓
内蒙古	15	20	16	波动↓
辽宁	16	16	12	持续↑
陕西	17	15	18	波动↓

续表

省份	2016 年	2017 年	2018 年	趋势变化
安徽	18	18	14	持续↑
湖南	19	19	20	持续↓
海南	20	24	17	波动↑
云南	21	23	19	波动↑
山西	22	17	24	波动↓
江西	23	22	25	波动↓
广西	24	27	28	波动↓
甘肃	25	25	27	持续↓
青海	26	26	23	持续↑
吉林	27	28	26	波动↑
黑龙江	28	30	29	波动↓
新疆	29	29	30	持续↓
宁夏	30	21	21	持续↑
西藏	31	31	31	持续→

注：“趋势变化”指的是31个地区2016～2018年大数据发展总指数排名变化形势。其中“持续↓”表明该地区大数据发展总指数排名连续3年呈持续下降状态；“持续↑”表明该地区大数据发展总指数排名连续3年呈持续上升状态；“波动↑”表明该地区大数据发展总指数排名在2016～2018年出现波动，并且2018年的排名较2016年呈上升状态；“波动↓”表明该地区大数据发展总指数排名在2016～2018年出现波动，并且2018年排名较2016年呈下降状态；“持续→”表明该地区大数据发展总指数排名连续3年保持不变。

对比三年的排名变化情况，北京、浙江、贵州、天津、辽宁、安徽、青海等地区的排名持续上升（见图2）。其中，天津、辽宁和安徽2018年的排名较2016年均上升4个位次，大数据发展水平进步显著。值得一提的是，安徽省在2018年10月出台了《安徽省支持数字经济发展若干政策》，提出了支持数字经济发展的十方面内容，给当地发展数字经济提供了政策保障。此外，重庆和山东三年来排名虽然呈波动发展趋势，但是一直保持在前10位，大数据发展态势较为稳定。

（三）地域分布情况

为客观反映我国不同区域的大数据发展情况，将31个省（区、市）划

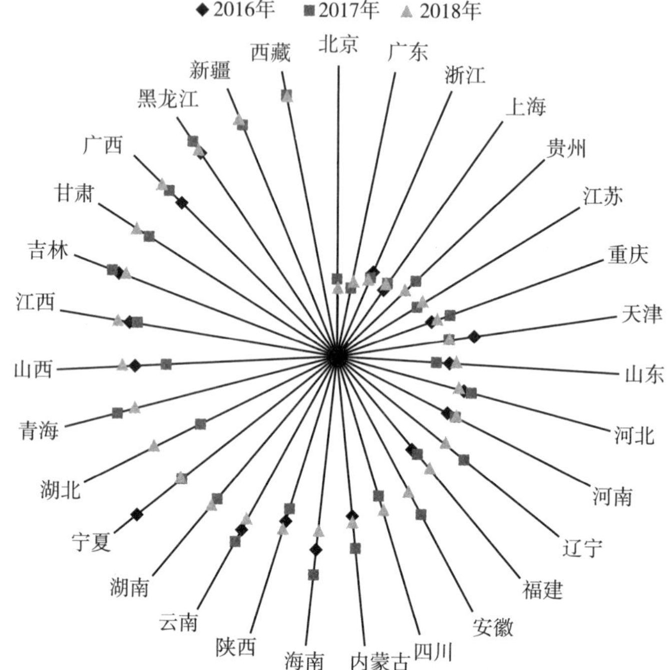

图2　2016～2018年各地区大数据发展总指数排名变化情况

注：每条射线反映一个地区的排名变化，分布从内往外延伸表示该地区位次从前往后下降。

分为四大区域。① 从四大区域的大数据发展指数平均得分来看，东部地区大数据发展指数平均得分为50.90分，与其他三个地区发展差异化明显，处于领先位置。中部地区、西部地区和东北地区平均得分差距较小，分别为34.89分、33.19分和31.73分（见表3）。

与之前大数据发展指数评价结果相比，2018年各区域大数据发展指数的平均值均有不同程度的提高。东部地区由于北京、广东、浙江、上海等大

① 东部地区包括北京、天津、河北、上海、江苏、浙江、福建、山东、广东和海南；中部地区包括山西、安徽、江西、河南、湖北和湖南；西部地区包括内蒙古、广西、重庆、四川、贵州、云南、西藏、陕西、甘肃、青海、宁夏和新疆；东北地区包括辽宁、吉林和黑龙江。

表 3　2018 年四大区域大数据发展指数得分

东部地区		中部地区		西部地区		东北地区	
省份	得分	省份	得分	省份	得分	省份	得分
北京	74.11	河南	42.80	贵州	52.93	辽宁	40.53
广东	69.42	安徽	37.96	重庆	46.89	吉林	28.56
浙江	53.64	湖南	35.81	四川	37.92	黑龙江	26.10
上海	53.25	湖北	34.56	内蒙古	36.82		
江苏	49.51	山西	29.32	陕西	36.00		
天津	46.73	江西	28.90	云南	35.96		
山东	44.45			宁夏	34.90		
河北	42.83			青海	31.26		
福建	38.50			甘肃	27.87		
海南	36.54			广西	27.61		
				新疆	19.48		
				西藏	10.62		
平均分	50.90	平均分	34.89	平均分	33.19	平均分	31.73

数据发展排名靠前地区的带动，继续保持着领先的优势；中部地区各省大数据发展指数得分总体处于中等水平，各省份之间发展相对均衡；西部地区内部差距较大，既有进入总排名前 10 位的贵州和重庆，也有排名上升最快的宁夏，还有排名垫底的部分地区；东北地区大数据发展指数总体得分居于中低水平，辽宁在政用指数方面突出，吉林和黑龙江两省在民用指数方面相对突出，但整体表现较弱（见图 3）。

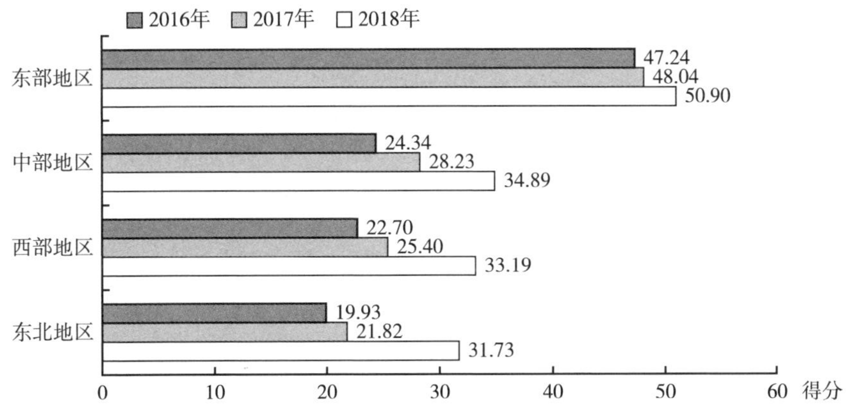

图 3　2016～2018 年四大区域大数据发展指数均值变化情况

二　发展类型分析

各省（区、市）大数据发展的总体情况和发展结构各不相同，通过大数据发展指数测评结果对各省（区、市）所属大数据发展类型进行划分，有助于更好地评估各省（区、市）的发展情况。2018 年在对各地区大数据发展类型进行划分过程中，我们根据各地区在政用、商用、民用三方面的具体得分情况，采用聚类分析方法，将 31 个省（区、市）划分为“全面领先型、相对均衡型、政用主导型、商用主导型、民用主导型和低度均衡型”6 种大数据发展类型（见表 4）。

2018 年各地区大数据发展类型划分结果显示，北京、广东、上海大数据依然属于全面领先型，其大数据发展优势明显。均衡型（包括相对均衡型和低度均衡型）的地区共有 11 个。单方面主导型（包括政用主导型、商用主导型和民用主导型）的地区共有 17 个，其中商用主导型地区数量相对较少（见表 4）。

表 4　2018 年各地区大数据发展类型概况

发展类型	省份
全面领先型	北京、广东、上海
相对均衡型	天津、山东、四川、内蒙古、海南、陕西、湖北、山西、江西
政用主导型	贵州、重庆、河北、河南、辽宁、广西
商用主导型	江苏、福建、安徽、湖南、西藏
民用主导型	浙江、云南、宁夏、青海、吉林、黑龙江
低度均衡型	甘肃、新疆

与 2017 年相比，共有 9 个省份发展类型发生变化。2017 年低度均衡型中的海南、广西、湖南、云南和青海这几个地区发生变化，其中，海南转变为相对均衡型，其大数据发展平衡性有所提升；广西转变为政用主导型；湖南转变为商用主导型；云南和青海转变为民用主导型。另外，政用主导型中，还新增了辽宁。在商用主导型中，还新增了福建和安徽。此外，甘肃由

政用主导型过渡为低度均衡型，其大数据更加注重全方位、多方面的发展。

从2016～2018年各地区大数据发展类型所占比例的分布情况看（见图4），全面领先型地区所占比例没有发生变化，均为9.7%。低度均衡型所占比例在逐年减少，单方面主导型所占比例逐年增大，相对均衡型所占比例每年波动幅度相对较小。这种分布特征说明了大部分低度均衡型地区逐渐找到突破口，以点带面，推动地区大数据加快发展。另外，从单方面主导型内部所占比例来看，政用主导型比例和民用主导型比例一直都大于商用主导型比例，虽然商用主导型比例在2018年有所增加，但总体来说，现阶段支撑很多地区大数据发展的主要方式仍为政府推动。

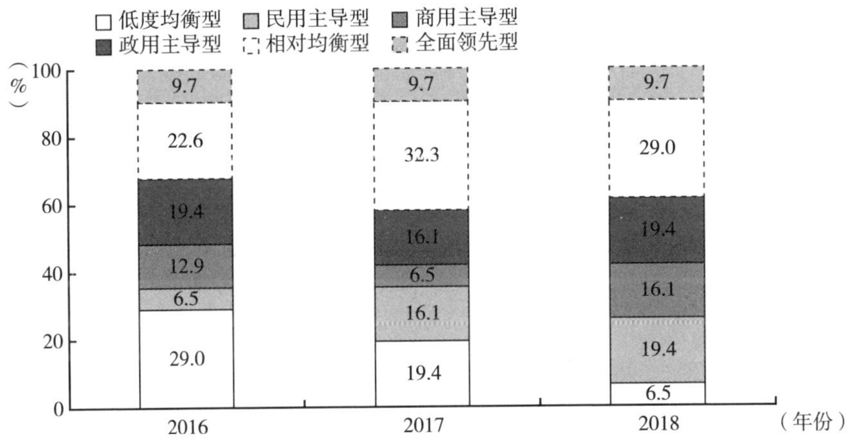

图4　2016～2018年大数据发展类型分布情况

三　分指数评价结果分析

（一）大数据政用指数评价结果分析

大数据政用指数主要从关注与支持、试点示范、电子政务三方面进行综合评价分析。关注与支持主要反映地区大数据发展的受关注程度和地方政府推进大数据发展的积极性；试点示范主要反映地区大数据发展在国家战略中的地位；电子政务主要反映地区政府在线服务水平和政务公开程度。从2018年各地区大数据政用指数得分情况看（见图5），有11个地区的政用指数得分高于均值14.68，占比35.5%。其中排名前5位的地区分别为贵州、广东、北京、河南、上海。在大数据政用指数中，最高的贵州分值为28.98，而最低的西藏分值仅为1.53，两极分化现象较为严重，大数据政用发展水平各地区差距明显。

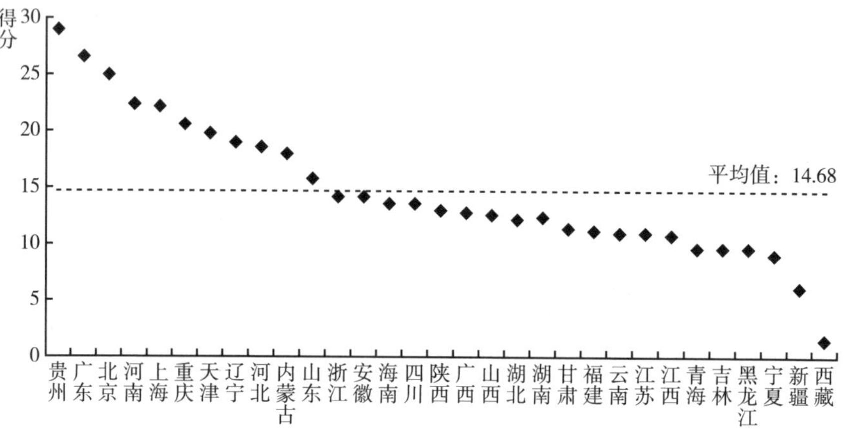

图5　2018年各地区大数据政用指数得分与均值比较

从历年各地区大数据政用指数排名变化情况来看（见图6），贵州、北京、天津、海南和广西排名持续上升，表明其大数据政策设计愈发完善；重庆、湖北、福建排名持续下降；河南和上海排名虽然呈波动状态，但总体排名依然处于前10位。

从各分指标具体得分情况看，贵州和广东在关注与支持和试点示范方面遥遥领先，两地均为国家级大数据综合试验区，积极布局大数据的发展与应用。其中，贵州省在2018年先后发布了《贵州省实施“万企融合”大行动　打好“数字经济”攻坚战方案》《关于促进大数据云计算人工智能创新发展　加快建设数字贵州的意见》《全力推动数字贵州建设　打好数字融合攻坚战相关工作方案》《贵州省推动大数据与工业深度融合　发展工业互联网

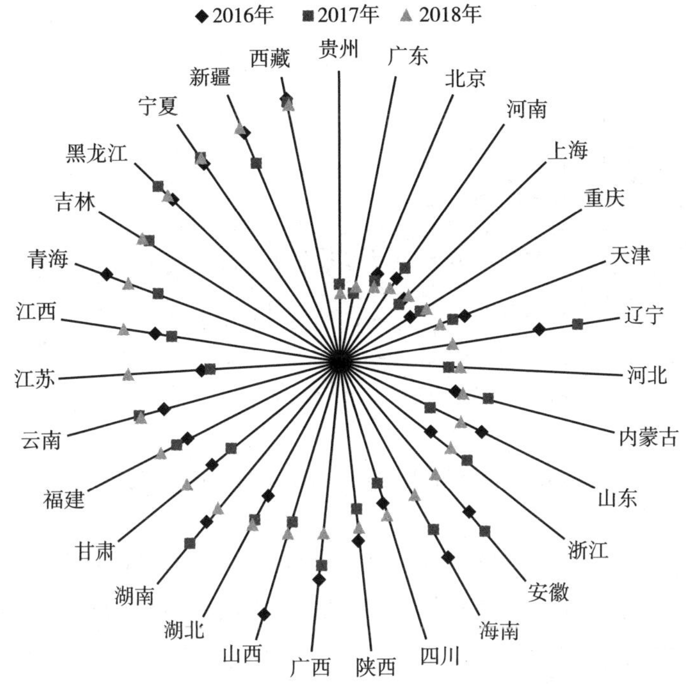

图6　2016～2018年各地区政用指数排名变化情况

注：每条射线反映一个地区的排名变化，分布从内往外延伸表示该地区位次从前往后下降。

实施方案》等多份政策文本，推动大数据在各行各业的深度融合。在电子政务方面，各地发展较为均衡，未出现一家独大的现象（见图7）。

（二）大数据商用指数评价结果分析

大数据商用指数主要从发展支撑、发展活力和发展融合三方面进行综合评价分析。其中发展支撑主要涵盖了人才基础、相关产业规模和网络安全等方面；发展活力主要从科技投入和创业创新上进行评价；发展融合主要考察大数据与工业、商业等方面的融合应用程度。从2018年各地区大数据商用指数得分情况看（见图8），有14个地区得分超过均值10.83，占比45.2%。2018年大数据商用指数得分在前5位的地区为北京、广东、江苏、

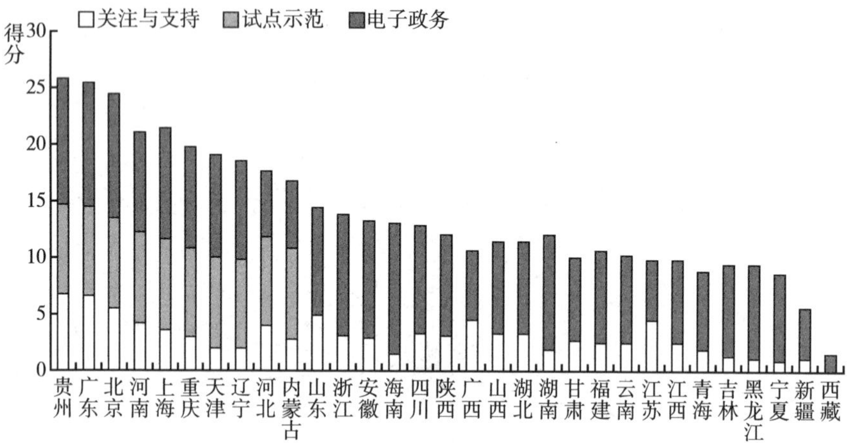

图7　2018 年各地区大数据政用指数得分情况

浙江和上海，表明上述地区大数据商用发展较优，与其强大的经济实力和领先的社会发展水平相符。与此相反，大数据发展指数排名处于前5位的贵州在商用指数排名处于中低等水平。在利用大数据促进经济转型升级与推进大数据与三次产业深度融合等方面，贵州仍有待加强。

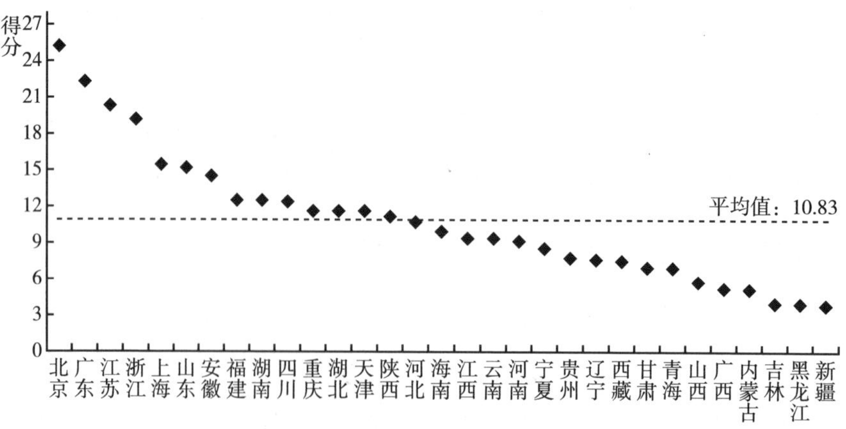

图8　2018 年各地区大数据商用指数得分与均值比较

从历年31个省（区、市）大数据商用指数排名的变化情况来看（见图9），北京、安徽、湖南、重庆、海南、云南、宁夏、西藏、青海排名持续上升。其中，海南省表现最为突出，从 2016 年的第 26 名到 2017 年的第 18 名，再到 2018 年的第 16 名，3 年内排名上升 10 个位次，这主要由于海南省大力推动互联网产业发展，加快实施“互联网 +”行动计划，推动互联网、大数据、人工智能和实体经济深度融合。互联网产业还一度成为海南省十二个重点产业中发展最快的产业。广东、江苏、浙江、上海、山东和福建排名虽然呈现波动状态，但总体排名依然处于前 10。

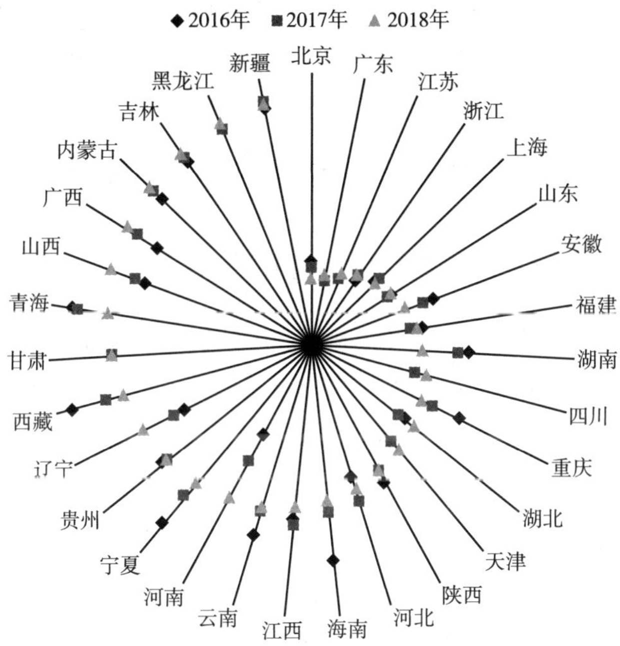

图 9　2016～2018 年各地区商用指数排名变化

注：每条射线反映一个地区的排名变化，分布从内往外延伸表示该地区位次从前往后下降。

从各分指标具体得分情况看，广东在发展支撑方面遥遥领先，凭借基础设施、产业支撑、市场应用等方面的优势，走在大数据商用发展的前列；在发展活力方面，江苏和浙江两省优势突出，两地企业科技活动规模和自主创新能力都处于全国前列，大数据商用发展环境优良；而在发展融合方面，北京表现最为突出（见图 10）。

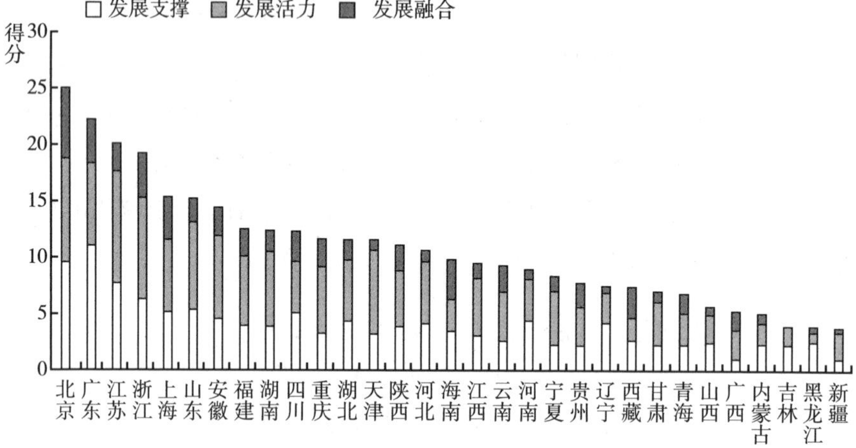

图 10　2018 年各地区大数据商用指数得分情况

（三）大数据民用指数评价结果分析

大数据民用指数主要从数字基础、数字便民、数字能力三方面进行综合评价分析。数字基础主要考察各地区网络信息基础设施的数量与质量，数字便民主要考察政府利用大数据提供公共服务的能力，数字能力主要考察各地区居民的数字素养以及对信息消费的承受能力。从 2018 年各地区大数据民用指数得分情况看（见图 11），有 15 个地区的民用指数得分超过均值 13.57，占比 48.4%。其中排名前 5 位的地区依次为北京、广东、浙江、江苏、宁夏。在大数据民用指数中，各地区发展不均衡，最高的北京分值为 24.06，而最低的西藏分值仅为 1.69，两地分值相差 22.37。

从历年 31 个省（区、市）大数据民用指数排名变化情况来看（见图 12），贵州、云南、吉林、重庆、甘肃排名持续上升。其中，贵州省从 2016 年的第 28 名提升至 2018 年的第 6 名，上升 22 个位次，这主要得力于贵州省近年来全面履行支撑服务网络强国建设的使命，加强互联网基础设施的建设，使得其在人均移动互联网接入流量数等指标上均处于全国领先水平。福建、辽宁排名呈持续下降状态，下降位次总体属于正常范围内；北京、广东、浙江、江苏和上海排名虽然呈现波动状态，但总体排名依然处于前 10。

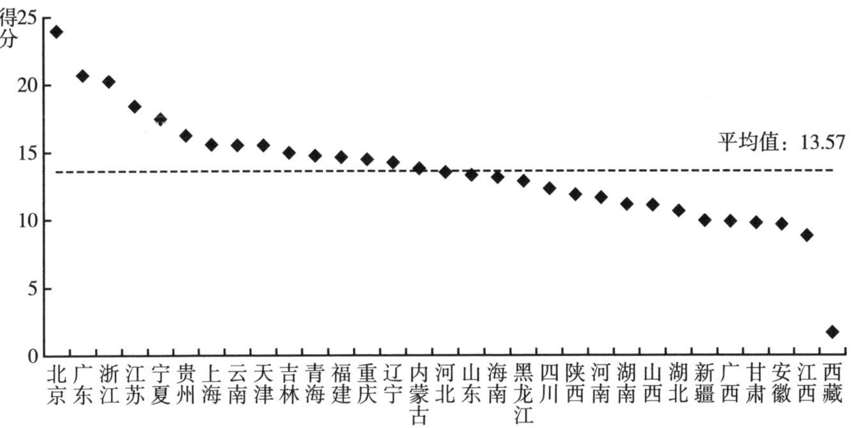

图 11　2018 年各地区大数据民用指数得分与均值比较

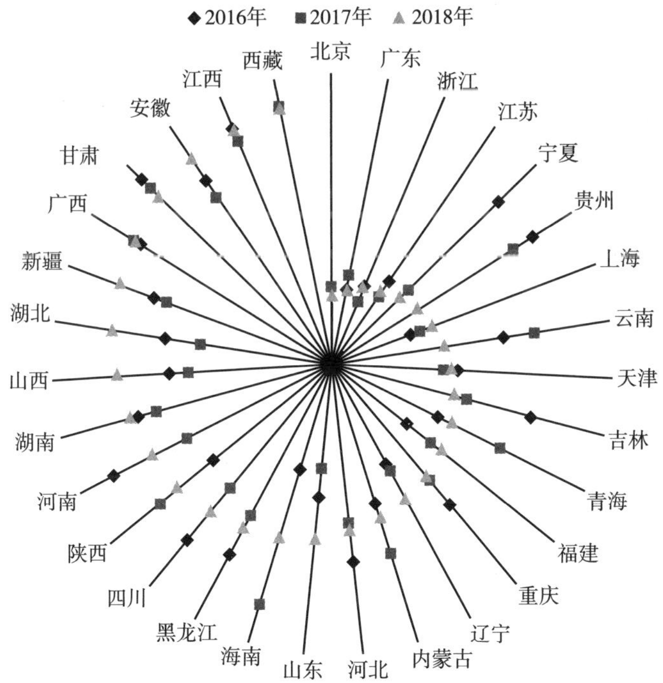

图 12　2016～2018 年各地区大数据民用指数排名变化

注：每条射线反映一个地区的排名变化，分布从内往外延伸表示该地区位次从前往后下降。

从各分指标具体得分情况看，宁夏和青海在数字基础方面表现抢眼，表现出民用占主导性的特点，但大数据政策设计有待完善，商业价值有待提高；在数字便民方面，北京遥遥领先；在数字能力方面，各地区发展较为均衡，未出现一家独大的情况（见图13）。

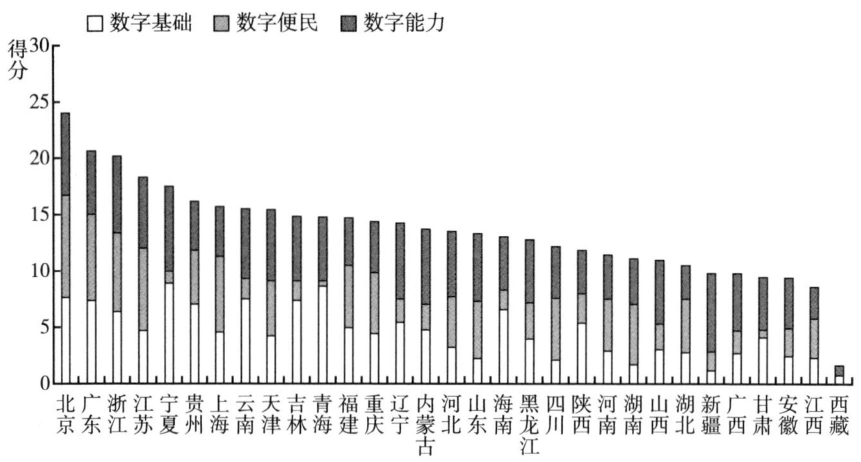

图13　2018年各地区大数据民用指数得分情况

四　对策建议

（一）突出自身优势，推动区域分工与协作

对于发展相对均衡的省份来说，大数据发展水平较优，发展已有一定基础。因此，各地政府应更加关注区域间的分工与协作，充分发挥不同地区政府部门的治理能力，实现资源的优化配置。我国先后批复建设的8个国家级大数据综合试验区就包括京津冀和珠三角两个跨区域类大数据综合试验区。经过近两年的发展，京津冀三地基本形成数据开放、产业对接框架，珠三角地区打造了我国重要的大数据产业集聚区域。一方面，这些跨区域类综合试验区应抓住先发优势，打破数据资源壁垒，在多方面开展积极试验探索；另

一方面，其他发展相对均衡的省份也应迎头赶上，推动区域分工与协作，不断释放数据红利。

（二）着力补齐短板，推动区域内均衡发展

对以单方向发展为主导型的省份来说，在大数据政用、商用及民用发展方面各具优势，但这些省份在这三个领域的发展不协调，可持续能力较弱，对此需要采取有针对性的对策措施。一是政用主导型，如贵州、重庆、河北等，政府政策设计较为完善，法律环境也正在建设完善中，应该充分利用其优势去推动大数据产业与相关企业的发展，发掘大数据的商业价值和社会价值，让大数据发展在法治环境下变得更加繁荣。二是商用主导型，如江苏、福建、安徽等，其大数据在商用发展方面相对突出，这类省份应加大政策扶持力度，提高便民服务质量，以此提升大数据的整体发展。三是民用主导型，如浙江、云南、青海等，应该加强政府数据共享开放，完善大数据与实体经济深度融合的正向激励机制，实现大数据的均衡发展。

（三）抓核心突破口，推进区域间协调发展

对于低度均衡型的省份来说，虽然发展较为均衡，但各项指标仍处于中等偏低水平，如甘肃、新疆等，在指标上突出表现为发展融合和数字便民指标得分相对较低，说明这些省份的大数据和工业、商业的融合较弱，政府利用大数据提供公共服务的能力还有所欠缺。针对这类地区要抓住核心突破口，加快推进大数据在各方面的应用，形成大数据生态圈。一是加强政策引导和财税金融支持，提高大数据应用技术和水平；二是引导企业等社会力量围绕数据融合，在医疗、教育、交通等公共服务领域，深度开发各类大数据应用，推进大数据在各领域的场景应用，使大数据的发展真正惠及民生。

B.4
2018年中国重点城市大数据发展指数分析报告

摘　要： 本报告延续了2016年、2017年对大数据发展指数的研究重点及方向，继续聚焦于大数据政用、商用、民用三个层面，通过修订指标体系测算指数，动态对比和深度剖析了2016年、2017年和2018年的大数据发展指数，形成2018年中国重点城市大数据发展水平的综合评估结果。通过分析发现，深圳、广州、杭州、南京、贵阳等地三年来大数据发展稳定，一直处于相对领先状态。2018年虽然我国地方大数据政用发展依然占据重要位置，但从发展类型划分情况看，全面均衡型城市所占比重增加，政用、商用、民用单方面主导型城市合计占比减少，大数据均衡发展总体态势向好。在此基础上，本报告针对我国处于不同发展阶段的城市提出有针对性的建议，以期能够为城市大数据发展提供决策参考。

关键词： 重点城市　大数据发展指数　政用　商用　民用

一　总体情况评估

重点城市大数据发展评估是基于大数据发展指数3.0评价指标体系，依据国家官方数据和权威机构数据，从大数据政用、商用、民用三个维度对全国31个重点城市（不包含4个直辖市和拉萨）进行综合评估，计算出各城市2018年大数据发展指数。

（一）总体排名

2018 年对 31 个重点城市的测评结果显示，深圳排名第 1，总指数得分达 77. 23 分，比排名第 2 的广州高出 16. 93 分，大数据发展优势明显。有 13 个城市总指数得分在平均值（36. 19 分）以上，其中排名在前 5 位的城市依次为深圳、广州、杭州、南京和成都（见表 1）。

表 1　2018 年 31 个重点城市大数据发展指数评价结果

城市	总指数		政用指数		商用指数		民用指数	
	得分	排名	得分	排名	得分	排名	得分	排名
深圳	77. 23	1	21. 07	4	27. 65	1	28. 51	1
广州	60. 30	2	20. 80	6	21. 60	2	17. 90	2
杭州	58. 74	3	24. 03	1	19. 98	3	14. 73	7
南京	52. 61	4	22. 22	3	16. 70	5	13. 69	10
成都	52. 09	5	18. 59	8	18. 33	4	15. 17	6
贵阳	48. 52	6	23. 84	2	9. 24	16	15. 45	4
武汉	47. 93	7	19. 68	7	12. 91	6	15. 35	5
郑州	42. 82	8	20. 93	5	10. 53	11	11. 36	21
长沙	42. 57	9	15. 52	15	12. 55	7	14. 51	8
厦门	39. 21	10	14. 93	16	10. 79	9	13. 49	11
西安	38. 82	11	15. 97	12	10. 56	10	12. 29	15
宁波	38. 11	12	16. 46	10	8. 47	17	13. 17	12
合肥	37. 05	13	15. 83	14	10. 25	12	10. 97	22
济南	35. 95	14	13. 44	18	10. 98	8	11. 53	19
沈阳	35. 89	15	13. 36	19	9. 62	14	12. 91	13
青岛	35. 53	16	14. 81	17	9. 33	15	11. 39	20
石家庄	34. 86	17	16. 43	11	6. 69	24	11. 74	18
福州	32. 87	18	15. 86	13	7. 20	21	9. 76	24
哈尔滨	30. 08	19	16. 55	9	6. 46	25	7. 07	28
昆明	29. 06	20	7. 05	26	9. 81	13	12. 20	16
海口	28. 70	21	8. 00	24	4. 72	29	15. 99	3
南昌	28. 43	22	12. 05	20	4. 63	31	11. 75	17

续表

城市	总指数		政用指数		商用指数		民用指数	
	得分	排名	得分	排名	得分	排名	得分	排名
大连	26.61	23	6.67	27	7.30	20	12.64	14
太原	25.73	24	8.56	23	6.27	26	10.90	23
兰州	24.72	25	11.41	21	6.97	23	6.34	29
银川	23.74	26	4.53	30	4.83	27	14.38	9
长春	23.70	27	7.95	25	7.41	19	8.35	25
乌鲁木齐	22.07	28	6.51	28	7.70	18	7.86	27
呼和浩特	18.22	29	5.44	29	4.68	30	8.11	26
南宁	17.31	30	8.67	22	4.80	28	3.83	30
西宁	12.40	31	1.63	31	7.18	22	3.59	31
平均分	36.19		13.83		10.20		12.16	

从2018年各个城市的分指标具体得分来看，大数据政用发展依然占据着较为重要的位置，大数据民用发展逐渐赶超，大数据商用发展则相对缓慢，这种情况主要表现在部分排名较为靠前的城市及多数排名位于中等偏下的城市，如贵阳、武汉、青岛、石家庄等。其中贵阳得益于大数据民用发展的进步，排名较2017年有所上升，其大数据在民用方面的重要性正在显现（见图1）。

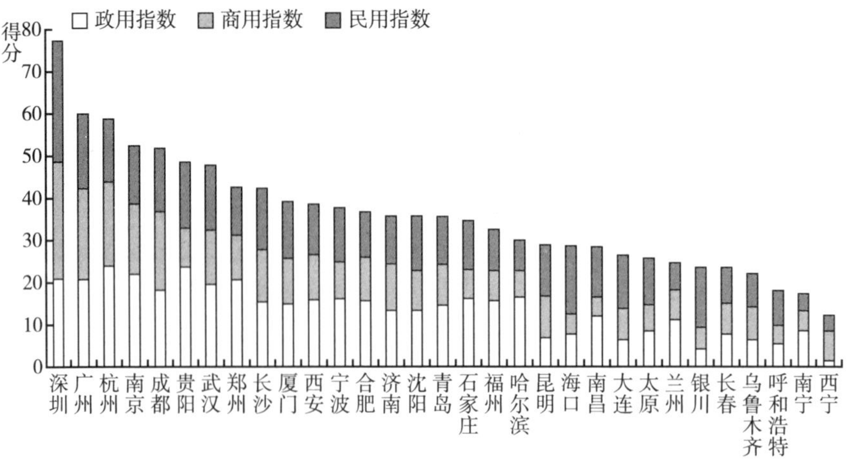

图1　2018年31个重点城市大数据政用、商用和民用指数得分情况

（二）历年排名对比

从2016～2018年31个重点城市大数据总指数排名来看，深圳排名一直处于首位，大数据发展态势向好。排名持续上升的地区有广州、成都、郑州、长沙、西安和石家庄，上升趋势最为明显的分别是郑州、广州、石家庄。其中郑州由2016年的第19名上升到2018年的第8名，提升了11个位次；广州由2016年的第11名上升到2018年的第2名，提升了9个位次；石家庄由2016年的第24名上升到2018年的第17名，提升了7个位次，大数据发展水平进步显著。此外，杭州、南京、贵阳、武汉三年来排名虽然呈现波动型变化趋势，但是排名一直保持在前10位，大数据发展较为稳定（见表2、图2）。

表2　2016～2018年31个重点城市大数据发展总指数排名

城市	2016年	2017年	2018年	趋势变化
深圳	1	1	1	持续→
广州	11	2	2	持续↑
杭州	2	4	3	波动↓
南京	3	5	4	波动↓
成都	6	6	5	持续↑
贵阳	4	7	6	波动↓
武汉	9	3	7	波动↑
郑州	19	12	8	持续↑
长沙	13	13	9	持续↑
厦门	5	10	10	持续↓
西安	16	15	11	持续↑
宁波	7	9	12	持续↓
合肥	15	19	13	波动↑
济南	22	11	14	波动↑
沈阳	10	16	15	波动↓
青岛	8	8	16	持续↓
石家庄	24	18	17	持续↑
福州	14	17	18	持续↓
哈尔滨	20	14	19	波动↑
昆明	29	30	20	波动↑
海口	12	20	21	持续↓
南昌	28	21	22	波动↑

续表

城市	2016 年	2017 年	2018 年	趋势变化
大连	18	22	23	持续↓
太原	21	29	24	波动↓
兰州	17	26	25	波动↓
银川	23	28	26	波动↓
长春	25	24	27	波动↓
乌鲁木齐	27	27	28	持续↓
呼和浩特	26	25	29	波动↓
南宁	31	23	30	波动↑
西宁	30	31	31	持续↓

注："趋势变化"指的是 31 个重点城市 2016～2018 年大数据发展总指数排名变化形势。其中"持续→"表明该城市大数据发展总指数排名连续 3 年保持不变；"持续↑"表明该城市大数据发展总指数排名连续 3 年呈持续上升状态；"持续↓"表明该城市大数据发展总指数排名连续 3 年呈持续下降状态；"波动↑"表明该城市大数据发展总指数排名在 2016～2018 年出现波动，并且 2018 年的排名较 2016 年呈上升状态；"波动↓"表明该城市大数据发展总指数排名在 2016～2018 年出现波动，并且 2018 年排名较 2016 年呈下降状态。

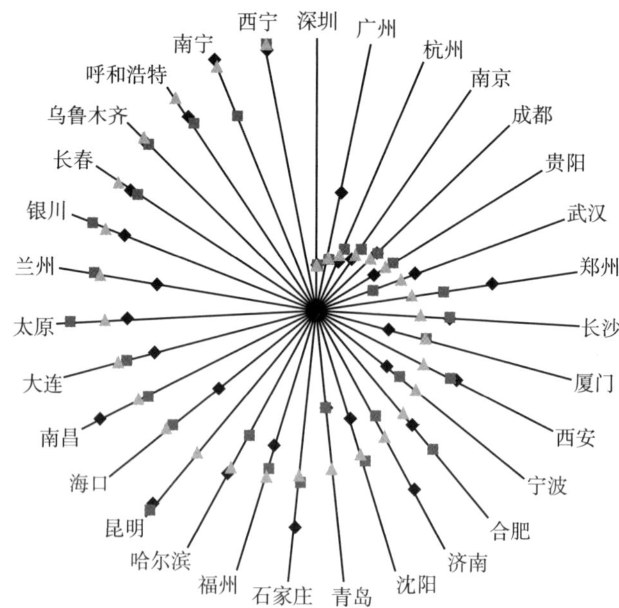

图 2　2016～2018 年 31 个重点城市大数据发展总指数排名变化情况

注：每条射线反映一个城市的排名变化，分布从内往外延伸表示该城市位次从前往后下降。

部分城市排名表现出波动下降或持续下降的趋势，沈阳、青岛、海口、兰州等地排名下降幅度相对较大，其中海口由2016年的第12名下降到2018年的第21名，下降9个位次；兰州由2016年的第17名下降到2018年的第25名，下降8个位次；青岛由2016年的第8名下降到2018年的第16名，同样下降了8个位次；沈阳由2016年的第10名下降到2018年的第15名，下降了5个位次。其主要原因是部分地区大数据政用、商用、民用三方面发展不均衡以及大数据发展相对滞后。

（三）地域分布情况

我们将31个重点城市按照区域分布的特点进行划分，分别为东部、中部、西部和东北四个地区。从大数据发展总指数得分整体区域分布情况看，东部地区总指数平均得分最高，为44.92分；其次为中部地区，平均得分为37.42分；西部地区和东北地区平均得分接近，分别为28.69分和29.07分（见表3）。

表3　2018年四大区域各城市大数据发展指数得分

东部地区		中部地区		西部地区		东北地区	
地区	得分	地区	得分	地区	得分	地区	得分
深圳	77.23	武汉	47.93	成都	52.09	沈阳	35.89
广州	60.30	郑州	42.82	贵阳	48.52	哈尔滨	30.08
杭州	58.74	长沙	42.57	西安	38.82	大连	26.61
南京	52.61	合肥	37.05	昆明	29.06	长春	23.70
厦门	39.21	南昌	28.43	兰州	24.72		
宁波	38.11	太原	25.73	银川	23.74		
济南	35.95			乌鲁木齐	22.07		
青岛	35.53			呼和浩特	18.22		
石家庄	34.86			南宁	17.31		
福州	32.87			西宁	12.40		
海口	28.70						
平均分	44.92	平均分	37.42	平均分	28.69	平均分	29.07

与前两年大数据发展指数评价结果相比，2018年各区域大数据发展指数的平均值均有不同程度的提升。东部地区主要是由于深圳、广州、杭州等

大数据发展情况较好地区的带动，继续保持着领先的优势；西部地区城市大数据发展指数得分差距较为明显，既有排名进入前10的成都和贵阳，也有排名后10位的城市，兰州、银川、乌鲁木齐、呼和浩特、南宁、西宁均在其中；相比来说，中部地区各城市之间总指数得分差距较小，整体发展相对均衡；东北地区大数据发展指数总体得分处于中等偏下，虽然哈尔滨在政用方面表现较为突出，但整体水平较弱（见图3）。

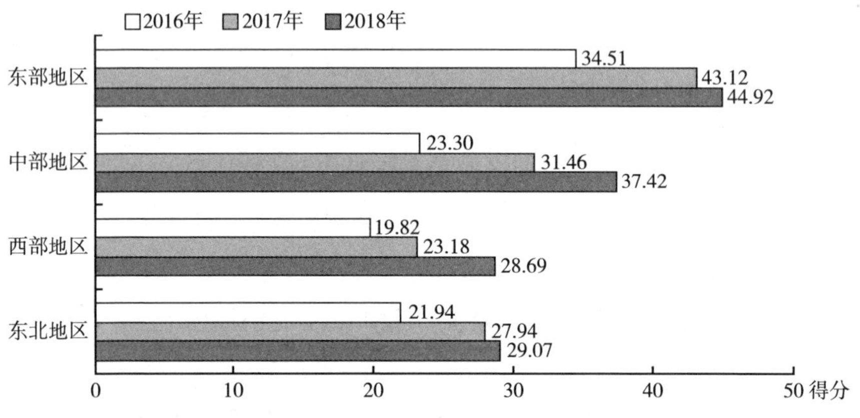

图3　2016～2018年四大区域大数据发展指数均值变化情况

二　发展类型划分分析

2018年在对各城市大数据发展类型进行划分过程中，我们采用聚类分析的方法，根据各城市在政用、商用、民用三方面的具体得分情况，将31个重点城市划分为全面领先型、相对均衡型、政用主导型、商用主导型、民用主导型和低度均衡型6种大数据发展类型，具体划分结果如表4所示。

2018年重点城市大数据发展类型划分结果显示，有16个城市属于均衡型（包括相对均衡型和低度均衡型）。发展类型为单方面主导型的城市共有13个，其中商用主导型城市数量相对较少，如成都和西宁，这也说明了我国大数据商用发展相对缓慢。

表 4　2018 年重点城市大数据发展类型概况

发展类型	城市
全面领先型	深圳、广州
相对均衡型	杭州、南京、郑州、长沙、厦门、西安、宁波、合肥、济南、青岛
政用主导型	贵阳、武汉、沈阳、石家庄、福州、哈尔滨、兰州
商用主导型	成都、西宁
民用主导型	海口、大连、太原、银川
低度均衡型	昆明、南昌、长春、乌鲁木齐、呼和浩特、南宁

与之前各城市大数据发展类型的情况相比，深圳和广州依然属于全面领先型，其大数据发展优势明显。在相对均衡型方面，数量较 2017 年有所增加，除南京、厦门、宁波、青岛之外，其他城市均是由单方面主导型和低度均衡型过渡而来。在政用主导型方面，贵阳、武汉、石家庄、福州连续三年都属于此类型，大数据在政用上的主导地位稳固。此外，沈阳连续两年属于政用主导型，作为东北地区唯一的国家大数据综合试验区，随着 2018 年《沈阳市国家大数据综合试验区建设三年行动计划（2018～2020 年）》的印发、执行，沈阳的大数据服务能力将会进一步增强，从而带动东北地区的大数据发展。在商用主导型方面，2018 年数量有所减少，与 2017 年相较，多数城市转向相对均衡型和低度均衡型，说明我国地方大数据更加注重全方面、多方位的发展。在民用主导型方面，与 2017 年相比，数量增加，但从大数据发展指数得分情况来看，其发展水平总体较低。在低度均衡型方面，多数城市是由单方面主导型过渡而来，如昆明、南昌、长春均是由政用主导型转为低度均衡型，其大数据发展平衡性有所提升。

与 2017 年各城市大数据发展类型占比分布对比情况来看，全面领先型城市所占比例没有发生变化，均为 6.5%。从单方面主导型城市内部所占比例来看，政用主导型所占比例小幅下降，为 22.6%，商用主导型和民用主导型所占比例变化幅度相对较大，其中 2018 年商用主导型占比下降，为 6.5%，民用主导型占比上升，为 12.9%，表明我国地方大数据商用发展有待加强。在均衡型城市内部所占比例中，相对均衡型所占比例增加，低度均衡型所占比例减少，也说明了我国地方大数据全面发展的向好态势。从整体大数据发展

类型所占比例来看，单方面主导型城市所占比例总体减少，均衡型城市占比增加，表明我国地方大数据正在从单方面主导型向均衡型过渡（见图4）。

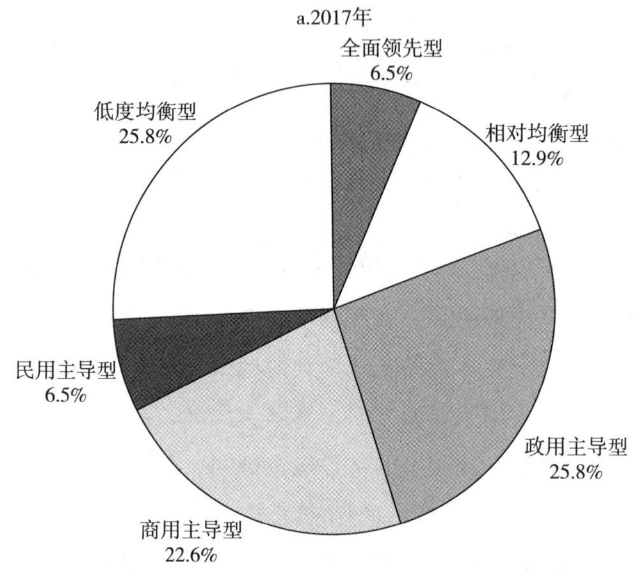

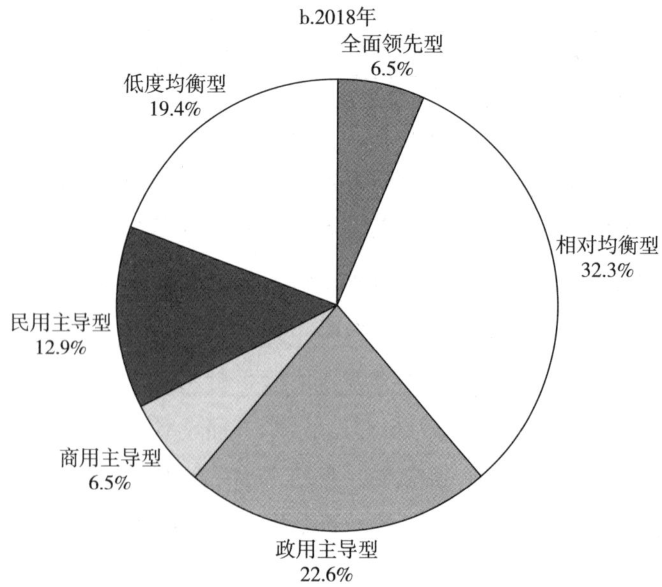

图4　2017～2018年各城市大数据发展类型分布情况

三　分指数评价结果分析

（一）大数据政用指数评价结果分析

大数据政用指数主要从关注与支持、试点示范、电子政务三方面进行综合评价分析。从2018年各城市大数据政用指数得分情况看，有17个城市的政用指数得分高于均值13.83分，占比54.8%。其中排名在前5位的城市分别为杭州、贵阳、南京、深圳和郑州（见图5）。

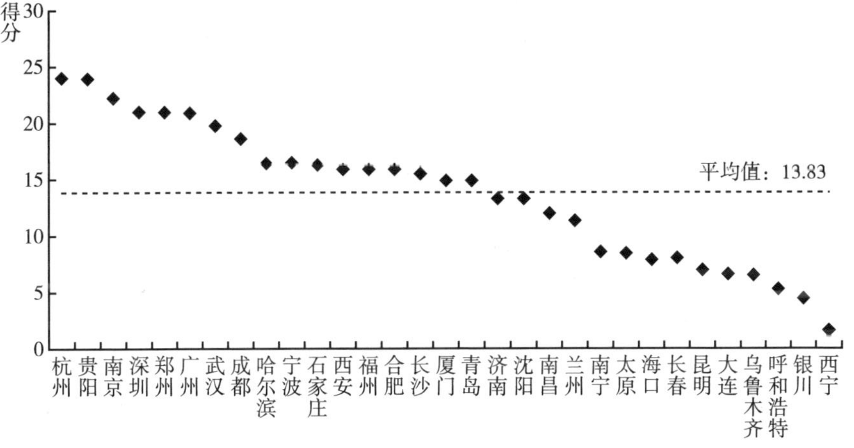

图5　2018年重点城市大数据政用指数得分与均值比较

从历年31个重点城市大数据政用指数排名变化情况来看，杭州、郑州、哈尔滨、西安排名呈持续上升状态；青岛、沈阳、大连、呼和浩特、银川排名呈持续下降状态；贵阳、南京、深圳、武汉排名虽然呈波动状态，但总体排名依然处于前10（见图6）。

从各分指标具体得分情况看，排名持续上升的城市主要在电子政务方面得分较高，其在线政务和数据开放优势明显；排名持续下降的城市主要在试点示范方面有所欠缺，地区试点创新能力较为薄弱；而贵阳、南京、深圳、武汉这四个排名呈波动状态的城市，在政用方面各指标得分相对较高，其中

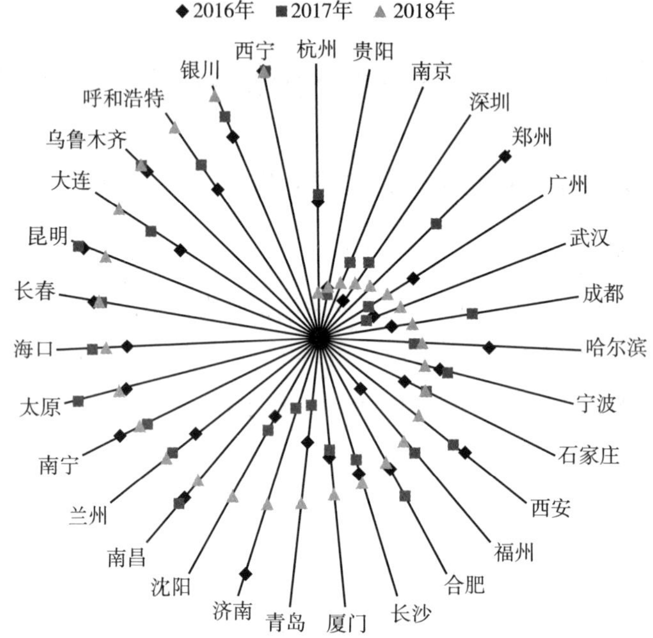

图6　2016～2018 年重点城市政用指数排名变化

注：每条射线反映一个城市的排名变化，分布从内往外延伸表示该城市位次从前往后下降。

贵阳在关注与支持、电子政务上表现尤为突出。2018 年贵阳市政府数据开放平台入选“2018 年中国网络理政十大创新案例”，截至 2018 年底，此平台已面向社会免费开放 2841 个数据集、310 个 API 资源、610 余万条数据，覆盖 52 家市级部门和 13 个区县（开发区），在一定程度上提高了当地的在线政务和数据开放水平，增加了大数据发展的社会关注度（见图 7）。

（二）大数据商用指数评价结果分析

大数据商用指数主要从发展支撑、发展活力和发展融合三方面进行综合评价分析。其中在发展支撑方面主要涵盖了人才基础、营商环境、网络安全和相关产业规模；发展活力主要从吸纳就业和创业创新上进行评价。从 2018 年各城市大数据商用指数得分情况看，有 12 个城市得分超过均值

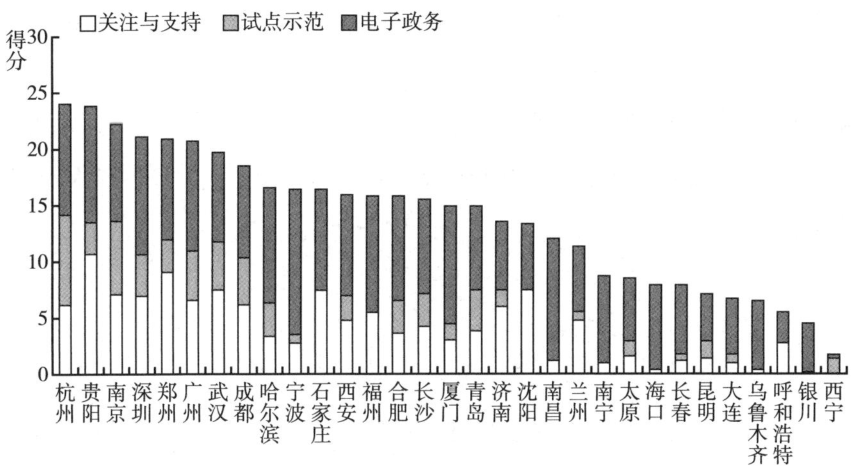

图 7　2018 年重点城市大数据政用指数得分情况

10.20 分，占比 38.7%，与 2017 年持平。2018 年大数据商用指数得分排名在前五位的城市分别为深圳、广州、杭州、成都和南京（见图 8）。

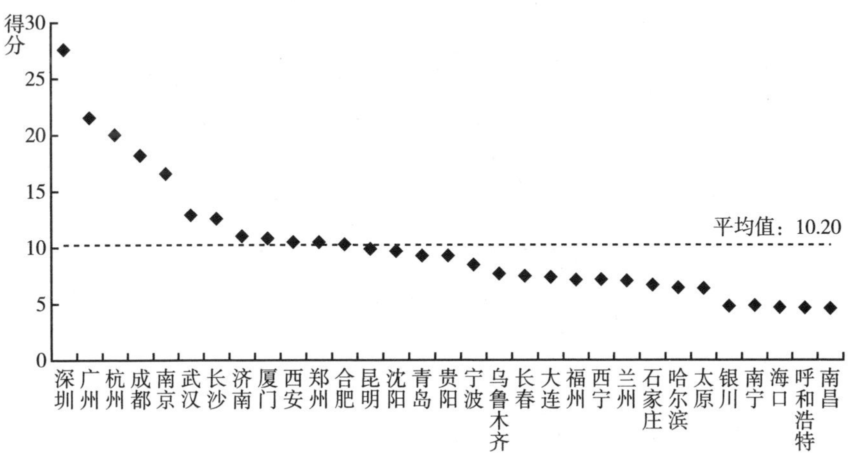

图 8　2018 年重点城市大数据商用指数得分与均值比较

从历年商用指数得分排名情况看，深圳已经连续 3 年保持第一，主要得益于当地良好的发展支撑（见图 9）。在人才基础上，深圳积极出台相关人才引进、落户政策，为城市发展储备人才；在相关产业规模上，深圳积极推动大数据与金融、商贸、物流、文化等领域的融合创新；在营商环境上，深圳市人民政府印发《关于加大营商环境改革力度的若干措施》，推出20项改革措施、126个政策点，积极营造服务效率高、管理规范、市场最具活力、综合成本最佳的国际一流影响环境。总体上，深圳大数据商用发展优势明显。

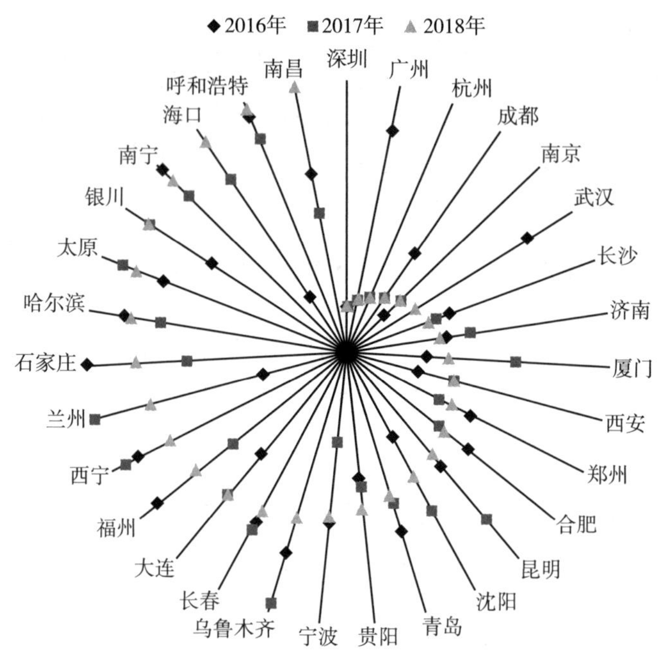

图9　2016～2018年重点城市商用指数排名变化

注：每条射线反映一个城市的排名变化，分布从内往外延伸表示该城市位次从前往后下降。

广州、成都、武汉、长沙、青岛三年来排名持续上升，其中广州、武汉排名上升幅度较大，分别提升了23个、18个位次，两地在发展活力方面优势突出，创业创新水平较高。在排名下降的城市中，兰州和海口下降幅度较大，兰州从2016年的第7名降至2018年的第23名，下降了16个位次，海口从2016年的第4名降至2018年的第29名，下降了25个位次。其排名下降的原因，除了为更全面评价大数据在商用方面的使用与推进，对相关指标进行调整与增减之外，也与当地发展有关，人才基础薄弱、吸纳就业能力较差等都会对大数据商用发展的评价结果产生影响（见图 10）。

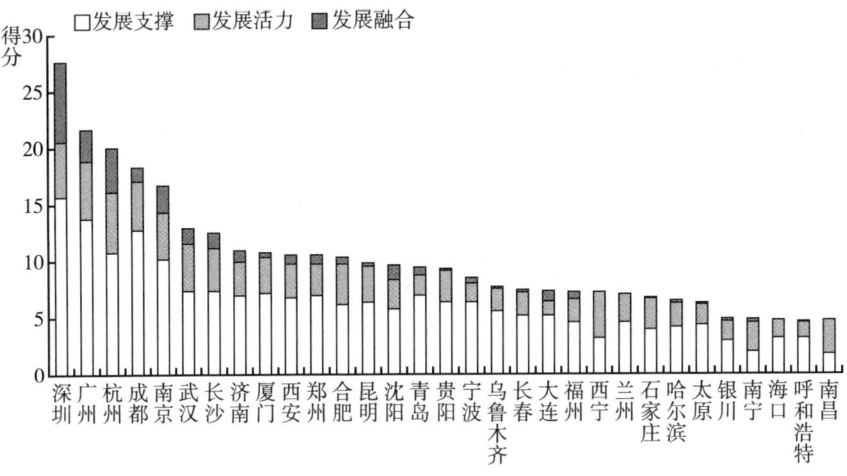

图 10　2018 年重点城市大数据商用指数得分情况

（三）大数据民用指数评价结果分析

大数据民用指数主要从数字基础、数字便民、数字能力三方面进行综合评价分析。从 2018 年各城市大数据民用指数得分情况看，有 16 个城市的民用指数得分超过均值 12.16 分，占比 51.6%，较 2017 年有所上升。其中排名在前五位的城市依次为深圳、广州、海口、贵阳和武汉（见图 11）。

从历年民用指数得分排名情况看，除深圳连续三年保持第一之外，其余城市排名均有变化（见图 12）。广州、海口、银川、南京、沈阳、昆明、南昌和石家庄排名呈现持续上升状态，通过具体指标对比发现，这些城市在数字便民或数字能力方面处于中等及中等偏上水平，从而也提高了民用指数整体得分。杭州、厦门、宁波、太原、福州和呼和浩特排名呈现持续下降状态，下降位次总体属于正常范围内，但通过具体指标的对比可以发现，这些城市在数字能力方面表现相对较弱，其中最为明显的就是杭州、厦门、宁波在数字基础、数字便民方面均表现良好，但由于在数字能力上处于中等偏下的水平，从而拉低了城市在民用方面的整体得分（见图 13）。

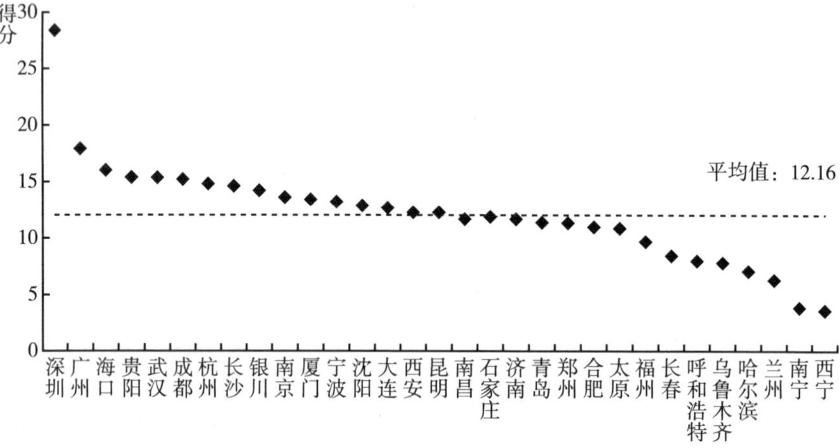

图 11　2018 年重点城市大数据民用指数得分与均值比较

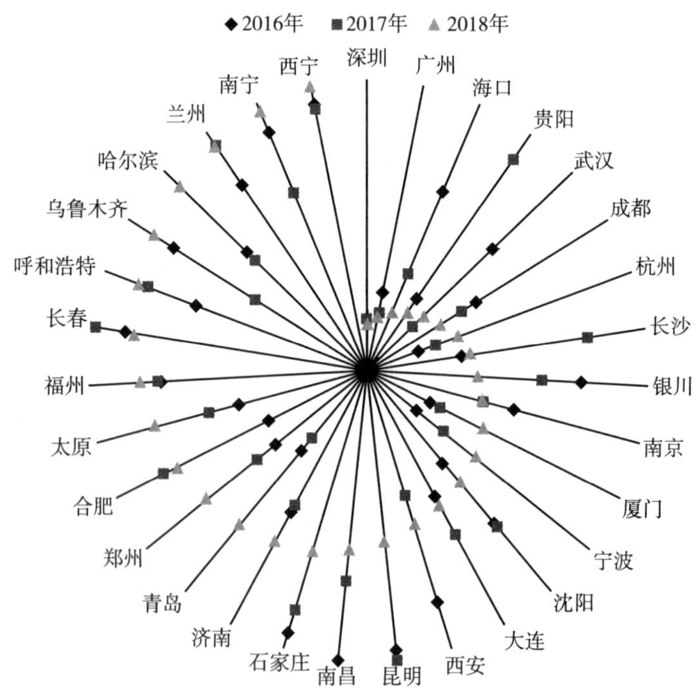

图 12　2016～2018 年重点城市民用指数排名变化

注：每条射线反映一个城市的排名变化，分布从内往外延伸表示该城市位次从前往后下降。

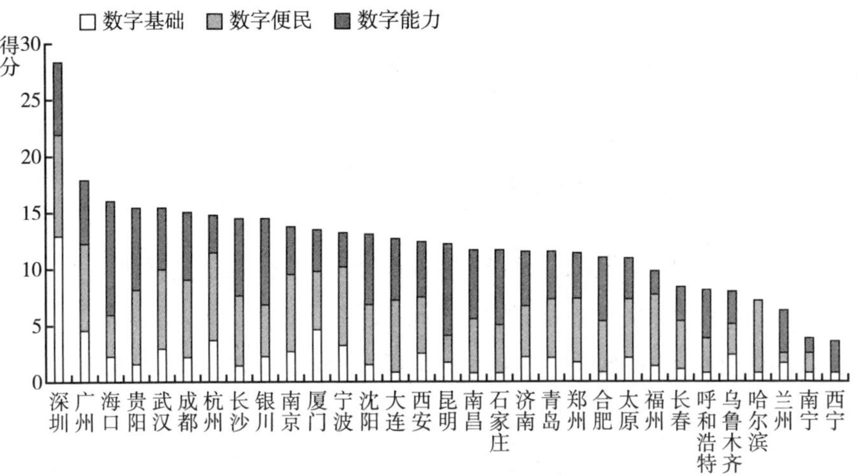

图 13　2018 年重点城市大数据民用指数得分情况

除此之外，其他城市排名呈现波动性变化。其中武汉表现得较为明显，从 2016 年的第 17 名上升到 2018 年的第 5 名，共提升 12 个位次，其在数字便民表现突出。2018 年，武汉在多方面推进“放管服”改革，推出一系列便民举措，如上门服务、延时服务、查询服务、代办服务、自助服务、减证服务等，极大程度上做到了数字服务便民化。

四　对策建议

（一）加大力度，推动大数据商用发展

通过本次对 31 个重点城市大数据发展的测评结果可以发现，大数据在商用发展方面相对缓慢，部分地区商用发展指数得分较低。从具体指标情况来看，人才基础是影响大数据商用发展的重要因素。各地不仅要积极做好相关人才引进的工作，而且对于大数据领域人才的培养也应该有所加强。另外，随着我国对于大数据发展重视程度的提高，大数据企业规模的增长，大数据技术的应用逐渐落地，为我国大数据产业的发展提供了良好的机遇，各

地还应加大相关支持力度，对于大数据产业链的各环节保持开放态度，加强对于核心技术的研发与创新，强化与行业应用的深度融合，进一步推动大数据商用发展。

（二）均衡发展，增强大数据发展动力

通过历年来大数据发展指数测评结果发现，我国西部地区大数据发展指数得分虽然有所提高，但与其他三个地区相比，总体落后。西部地区多数城市是我国经济欠发达地区，大数据发展相对滞后，如乌鲁木齐、南宁、西宁等地区大数据发展水平总体较低。对于此类地区，除做好相关人才的储备工作，为大数据发展奠定基础之外，还应提高当地对于大数据的关注度和支持度，并根据地方实际发展情况，对标西部地区大数据发展良好的成都、贵阳等地，制定并出台关于支持、推动大数据发展的政策措施，以此来增强大数据发展的动力。

（三）取长补短，促进大数据全面发展

在2018年大数据发展指数测评过程中发现，单方面发展城市虽然减少，但占比依然达41.9%。这些城市应该保持自身优势，在发展相对薄弱的方面，向全面领先型城市学习，根据实际情况，推出有针对性的政策措施。对于政用主导型来说，地方应积极吸纳人才，打造良好的营商环境，提高大数据产业发展活力，增强数字基础。对于商用主导型来说，地方应积极出台并落实大数据发展政策、数据开放政策，推动数据资源开放共享形成区域联动的发展态势，增加便民服务措施，提升数字便民质量。对于民用主导型来说，地方应加大政策力度，提高电子政务水平，促进大数据与经济发展融合，加强相关产业发展支撑。

B.5

地方金融稳定指数的理论体系与测算方法

摘　要： 金融安全是实现高质量发展的重要保障，是我国国家安全的重要组成部分。2019 年 2 月中共中央政治局第十三次集体学习时强调，要坚决打好防范化解包括金融风险在内的重大风险攻坚战，推动我国金融业健康发展。近年来，随着地方非传统金融业态的发展，我国金融风险高发区域也在一定程度上从中央转移至地方，地方逐渐成为防控金融风险的“重要战场”。加大地方金融风险防控力度、营造良好的金融生态环境、推动地方经济平稳健康发展是各地政府金融工作的重中之重。本文在分析地方金融风险现状、横向对比研究国内外学者关于地方金融稳定指标体系相关文献的基础上，初步构建起地方金融稳定指数，以期对地方金融风险有针对性地提出分级预警，并对风险进行相应的等级划分，防止小风险演变为系统性风险。

关键词： 金融稳定　地方金融　地方金融稳定指数　测算方法

一　研究背景

金融是当代社会经济的核心，金融业的稳定对经济发展和社会稳定有着至关重要的作用。自 20 世纪 90 年代以来，经济金融全球化的步伐逐渐加快，虽然为传统金融产业的发展带来了活力，提高了金融效率，但是也在一定程度上加剧了世界各国金融风险的发生程度。根据世界银行的统计结果，约有93个国家从20世纪70年代后期开始，至2000年先后爆发了112场系统性银行危机，还有46个国家产生了局部性金融危机，共计51次。2008年全球金融危机爆发，以美国为首的各国央行先后采取以降息为主的刺激经济措施，以此来充裕市场流动资金，加速经济复苏。中国也在2008年底开始实行宽松货币政策，国家统计局数据显示，货币供应量由2008年的47.5万亿元上升到2017年的169.0万亿元，成倍增长的货币供应量为世界经济做出了贡献，但也为国家后续维护金融稳定带来了隐患。

近年来，过快上升的杠杆率对我国经济金融稳定带来了威胁，国际清算银行数据测算结果显示，截至2017年6月，居民、非金融企业和政府部门的宏观杠杆率达255.9%。在地方政府债务方面，相关数据显示，截至2017年12月末，我国政府债务余额约为16.5万亿元，债务率为80.5%。由于土地收入是地方政府财政收入重要来源，土地价格如果出现大幅下降的情况，地方政府的偿债能力将会被削减，进而导致银行等相关金融机构产生不良资产，带来潜在的系统性金融风险。在房地产方面，中国人民银行数据显示，截至2017年6月，金融机构人民币的各项贷款余额约达114.6万亿元，人民币房地产的贷款余额约29.7万亿元，同比增长24.2%。房产开发贷款余额约6.4万亿元，同比增长18.3%。房地产的贷款质量下降、市场出现资产价格泡沫都对系统性金融风险的累积产生了较大的影响。在影子银行方面，其主要业务内容是将银行存款通过多种方式投向各种金融产品，虽然收益高，但风险也相对较大，并且缺乏相应的监管制度。在互联网金融方面，随着泛亚、“e租宝”等事件的连续爆发，超过1300多家P2P平台出现倒闭跑路的情况。在严峻的经济背景下，之前被高速经济增长掩盖的风险逐渐暴露出来，包括P2P行业在内的金融领域在很大程度上也受到影响。

宏观杠杆率升高、地方政府债务累积、不良资产规模攀升、房地产市场出现资产价格泡沫、部分互联网金融企业倒闭等一系列问题，都在一定程度上影响了金融系统的稳定。对此，中央予以高度重视，“防风险”也成为近几年中国经济调控的关键词。2012 年《金融业发展和改革“十二五”规划》提出，要在“十二五”期间建立健全适合中国国情的系统性金融风险监测评估方法和操作框架，对金融控股公司和交叉性金融业务的监管任务和规则进行明确的界定，在对系统重要性金融机构的监管上进行加强。2017 年 10 月，十九大报告中也明确指出，要牢牢坚守不发生系统性金融风险的底线。2017 年 12 月中央经济工作会议确定了今后三年的工作重点，对防范系统性金融更加重视。2018 年 12 月中央经济工作会议召开，并且在防范化解重大风险方面提出相关要求，对于金融市场要注意防范异常波动和共振，对于地方政府债务风险要注意稳妥处理，做到坚定、可控、有序、适度。2019 年 2 月中央政治局还就完善金融服务、防范金融风险进行第十三次集体学习，并指出防范化解金融风险，尤其是防止发生系统性金融风险，是金融工作的根本性任务。在此背景下，本文主要从理论体系构建出发，结合我国具体发展情况来构建地方金融稳定指数评价体系，对地方金融稳定情况作出评估与测算。

二 地方金融稳定指数概述

（一）金融稳定与地方金融稳定

1. 金融稳定与金融风险

在对相关文献研究的内容梳理之后可以将金融稳定的定义分为根据金融稳定的特征直接对其做出定义（即直接定义法）和按照金融不稳定的特征对金融稳定进行反向描述（即间接描述法）（见表 1）。

表 1 相关参考文献对金融稳定定义梳理汇总

方法	定义
直接定义法	德意志联邦银行在 2003 年 12 月所发布的报告中指出，金融体系可以面对各种冲击、外部竞争压力和深度结构调整，也能够有效地履行资源配置、分散风险和支付清算等主要职能，这是金融稳定的表现形式

续表

方法	定义
	中国人民银行在2005年11月7日发布的《中国金融稳定报告(2005)》中指出,金融稳定是指金融体系处于能够有效发挥其关键功能的状态。在这种状态下,宏观经济健康运行,货币和财政政策稳健有效,金融生态环境不断改善,金融机构、金融市场和金融基础设施能够发挥资源配置、风险管理、支付结算等关键功能,并且在受到内外部因素冲击时,金融体系整体上仍然能够平稳运行
间接描述法	Andrew Crockett(1996)认为,金融不稳定指的是在经济运行的过程中,因金融资产价格的波动而引起的没有预期到的变故或者是金融机构没有办法履约而危害到金融稳定的情况,除此之外的稳定形态一般为金融稳定
	Ohn Chant(2003)认为,金融不稳定状态的主要表现是金融机构和金融市场无法正常合理运作,这不仅会使金融实体的融资受到影响,还会使政府、公司、个人的利益受到损害
	Issing(2003)认为,金融稳定就是没有金融危机的一种状态,在这种状态下,市场整体的价格、利率都维持在正常、稳定的范围之内

上述文献主要根据金融稳定的主要特征和表现形式对其进行定义，同时也为本文理解金融稳定的含义提供了参照。在此基础上，本文认为金融稳定是一个宏观的动态概念，它的标准和内涵会因金融的发展而发生改变，最终形成一种可调节和控制的整体流动性制度架构，以此能够对金融形势不断发生的变化进行自适应，对系统性金融风险进行防范和化解。

金融风险从广义角度看，包括以国家部门为主体从事金融活动涉及的风险和家庭部门以及非金融机构参与金融活动所产生的风险两方面。从狭义角度来看，金融风险指的是以保险、证券、银行等为代表的金融机构业务经营风险。但是随着金融业的快速发展，金融风险不再只局限于传统金融行业的范围内，金融风险的承担者覆盖了居民、企业、政府、非金融机构、金融机构等，对于金融风险的研究计量也分成可量化风险和不可量化风险。其中由于现代市场经济制度的不断完善，货币化程度的不断加深，利率与汇率改革的不断深化，在经济运行过程中不可量化风险表现出更加重要的作用，和其他各种经济要素之间的联系愈加密切，同时其影响也变得更复杂化。金融风险是影响金融稳定的重要原因，而金融稳定是金融运行的一种状态反映。

2. 地方金融稳定与地方金融风险

地方金融稳定是将金融稳定与地方经济特征相结合的一种表现形式，其稳定状态与地方金融风险发生的程度息息相关。地方金融风险的发生与地方金融机构的经营方式、现代法人制度、审核监督机制等地方把控制度的有待完善相关，同时也会受到企业大面积亏损、政府调控能力有限、宏观经济状况恶化等因素的影响。在对于地方金融风险的研究过程中，要把握地区经济发展的整体态势，并在此基础上，对地区部门、产业、行业等形成的综合主体进行相应的考量、评价，而不是只针对某些地方企业或某个金融行业的风险水平进行测评。如若地方金融风险爆发，极有可能受到风险传递等影响，对其他地方的关联性企业形成冲击，对实体经济的健康发展造成损害。因此本文认为，地方金融稳定首先要求地方经济健康运行、金融业稳健发展，其次要求金融体系的三个组成部分——金融机构、金融市场和金融基础设施都能正常运转，并且能够对金融风险做出正确的评估、防范与化解。

地方金融稳定体系相较于国家的金融稳定来说，在构建的过程中要将不同地区的经济发展水平作为主要考虑因素。因为不同地区的经济发展水平各不相同，当经济发展速度相对较快的地区出现金融不稳定的情况时，极有可能对国家金融稳定造成影响。所以在地方金融稳定指数体系的构建上，既要对各个地方的经济发展特点进行判断，也要对所选取指标的合理性和全面性进行衡量。如果在构建国家金融稳定指数的过程中要考虑选取指标的全面性、灵敏性、可得性，那么在地方金融稳定指数的构建过程中就要重点考虑地方性特点，在国家金融稳定指数的基础上根据地方性特点进行适当的调整。

（二）指标体系构建的依据

本文在指标体系构建过程中，主要选择以中国知网为平台，对近年来引用量和下载量较为靠前的相关文献进行梳理和总结归纳，以便能够更加全面清晰地了解国内外学者关于地方金融稳定指标体系的相关研究方法与主要内容。通过对相关文献梳理总结发现，现有文献对地方金融稳定评价的指标体系一般从各地区的宏观经济、金融业及相关金融机构、金融生态环境和特殊风险点等方面来构建。

在地方宏观经济方面，仲彬、刘念、毕顺荣（2002）在《区域金融风险预警系统的理论与实践探讨》中确定了一组指标体系，分别由国家调控能力、债务和清偿能力、外汇与资本价格、企业效益、增长能力、银行业规模六类指标构成。谭中明（2010）在《区域性金融风险预警系统的设计和综合度量》中对区域经济运行拟定了相关的监测指标，使用地区 GDP 增长率、地区财政收入/GDP、贷款增长率等 6 个典型指标进行了刻画。郭俊峰、陈耀辉、刘芳（2015）在《地方金融稳定指数构建与区域经济增长关系——来自江苏省 1999 ~2012 年数据》一文中强调经济是金融系统稳定的首要前提，并且从经济总体背景、经济产业结构、经济开放度、经济可持续发展能力、人民生活水平 5 个方面评价经济情况。淄博银监分局区域金融风险研究课题组（2015）在《区域金融风险预警系统研究——基于 Z 市的实证分析》中，使用地区 GDP 增长率、固定资产投资增长率和房地产投资增长率这三个指标来反映区域宏观经济状况。罗晓蕾、张明辉、许尚超（2018）在《区域性金融风险监测预警体系研究——以河南省区域金融风险为例》一文中指出区域金融稳定的发展受外部宏观经济环境状况的影响，其有着重要的促进或者阻碍的作用，并构建相应的指标体系对区域宏观经济的运行情况进行评估，主要从区域宏观经济状况、政府调控能力及企业经营状况三方面来反映。

在地方金融业和金融机构方面，李爱喜、李甜甜（2010）在《地方金融风险的评价模型及其应用——以城市商业银行为例》一文中，从城市商业银行经营的安全性、流动性和赢利性三个方面，建立了针对城市商业银行风险的评价指标体系。郭俊峰、陈耀辉、刘芳（2015）在《地方金融稳定指数构建与区域经济增长关系——来自江苏省 1999 ~2012 年数据》中认为通过细分金融行业，能够更全面地揭示历年江苏省金融的稳定程度。从金融总体背景、银行业、证券业及保险业这四个方面拟定了指标体系。胡志强（2017）在《金融效率、金融稳定与经济增长——基于安徽省 62 个县（市）

样本的实证检验》中基于县域证券业和保险业发展不发达的考虑，对于金融机构主要选取了不良贷款率、法人机构资本充足率和法人机构存贷比这三个银行类指标，以此对县域金融机构的稳定程度进行评价。在地方金融生态环境方面，谭中明（2010）在《区域金融风险预警系统的设计和综合度量》一文中从企业、家庭、对外贸易的角度设计了评价区域金融生态的指标，具体涉及企业资产负债率、企业亏损面等多个具体指标。倪旭（2013）在《县域金融风险监测预警指标体系研究》中对于县域金融生态环境风险监测预警指标体系的构建，分别从县域经济基本面风险、企业和金融发展风险、法治监管环境风险、县域政府风险等方面进行研究。

在特殊风险点上，主要包括地方债务、影子银行和房地产三方面。在地方债务风险方面，朱文蔚（2018）在《稳增长与防风险双重目标下的地方政府债务风险评估研究》一文中从债务压力、偿债能力及经济增长潜力三个维度，选择了14项指标，构建了我国地方政府债务风险评估体系，还从省域层面采用因子分析法对我国31个省份的债务风险进行了评估。在影子银行风险方面，中国人民银行南京分行课题组（2015）在《区域金融风险分布图编制研究——基于江苏的探索》一文中，使用小额贷款公司不良贷款率、小额贷款公司资产损失准备充足率等指标来评价地方影子银行体系风险值。在房地产风险方面，谭中明（2010）在《区域金融风险预警系统的设计和综合度量》中选取房地产投资增长率、房价增长率等指标对区域房地产风险进行了度量。

通过上述文献可以发现，在金融风险识别、预警、度量上，已有学者做了大量的研究并取得了一定的成果，但是对于各个地方金融稳定的动态变化过程以及稳定程度的划分并没有深入地探究。从现阶段我国地区金融风险的具体表现来看，主要风险点如地方政府债务、房地产泡沫、影子银行等问题依然存在并具有扩大态势，这些风险点的存在对于地方金融稳定影响较大，若得不到相应的控制，很有可能诱发地方金融危机，而对于这些方面的研究，相关文献依然较少。有鉴于此，本文在构建地方金融稳定指数时，主要以我国31个省份为研究对象，将现有地方金融突出表现的风险点纳入评估并结合我国宏观经济发展情况、地方经济发展特点等来分层次选取指标、构建地方金融稳定指标体系，以期能够为我国地方金融稳定发展提供理论依据，并且对地方金融隐患做到及时发现、准确识别和分级预警，更有利于防止小问题、小风险演变为区域性、系统性金融风险。

三 地方金融稳定指数的指标体系构建

（一）指标体系构建的思路

围绕现阶段我国金融风险宏观、中观和微观三个层级的不同表现形式，我们对金融稳定指数指标体系进行了初步探析与构建，最终确定了评价我国地方金融稳定程度的三级指标体系。

1. 地方金融稳定宏观指标

地方金融稳定宏观层面的指标主要评价地方宏观经济情况。经验证据表明，地方宏观经济发展和地方金融稳定具有良性互动关系，地方宏观经济的良好发展是地方金融稳定的前提条件，而地方金融稳定又为地方经济的稳定增长提供良好保障。对地方宏观经济的评估需要综合多方面因素，不仅需要考虑经济总量的增长情况，还需要考虑产业结构、经济增长潜力和人民生活水平等方面的情况。

2. 地方金融稳定中观指标

地方金融稳定中观层面的指标主要考察跨行业、跨市场、跨区域的交叉传染的风险。当前在我国金融混业和金融创新得到快速发展的同时，金融体系的关联性和传染性也愈发突出，金融风险隐患愈发升级，因此，必须做到及早发现与遏制。对此，我们重点关注地方政府债务、房地产市场、影子银行和互联网金融的风险情况。其中，地方政府债务关系着社会稳定和金融稳定，是支撑宏观操控局面的关键因素；而国外房地产的发展历程也表明，房地产发展与金融稳定关系密切，房地产发展能引导经济的发展，但也有可能带来房地产泡沫，甚至可能会导致金融危机；影子银行系统性风险是现阶段威胁我国宏观经济运行和金融市场运作的风险之一，也必须针对这一问题予以研究；互联网金融对地方金融发展有重要作用，但也加剧了地方金融风险的溢出效应，因此，建立地方互联网金融风险综合度量的评价指标具有重要的理论和现实意义。

3. 地方金融稳定微观指标

地方金融稳定微观层面的指标主要考察地方金融机构运营风险。各类金融机构是金融市场的重要参与者，其运营情况与金融风险息息相关，区域内金融机构的盈利能力恶化和资本金严重不足等问题可能会直接引发区域金融风险。考虑到金融机构的行业性质，地方金融机构运营风险可以从银行业、证券业和保险业这三个方面来进行综合测评。本文从金融机构的营利性、资产安全性和流动性等方面切入，对地方金融机构的风险状况进行衡量。

（二）地方金融稳定指数理论指标体系

选取指标是计算地方金融稳定指数的重要步骤，指标的选取需要遵循代表性、敏感性和可操作性原则，代表性指选取代表性强、客观性强的指标，敏感性指所选取的指标数值变化能敏感反映金融形势变化，可操作性指数据能方便、快捷、准确地获得。在遵循上述选取原则的基础上，借鉴国内外学者对本课题研究的成果，构建了地方金融稳定指数理论指标体系。该指标体系共包含宏观区域经济稳定指数、中观交叉传导风险指数和微观金融机构稳定指数 3 个一级指标、11 个二级指标和 30 个三级指标（见图 1）。

1. 地方金融稳定宏观指标的选取

地方金融稳定宏观指标选取经济发展水平、经济产业结构、经济增长潜力和人民生活水平等指标。经济发展水平即地方经济的宏观经济规模、发展速度，是衡量地方经济实力和发达程度的重要指标；经济产业结构主要考察产业结构是否实现协调与平衡，是否满足社会不断增长的物质文化需求；经

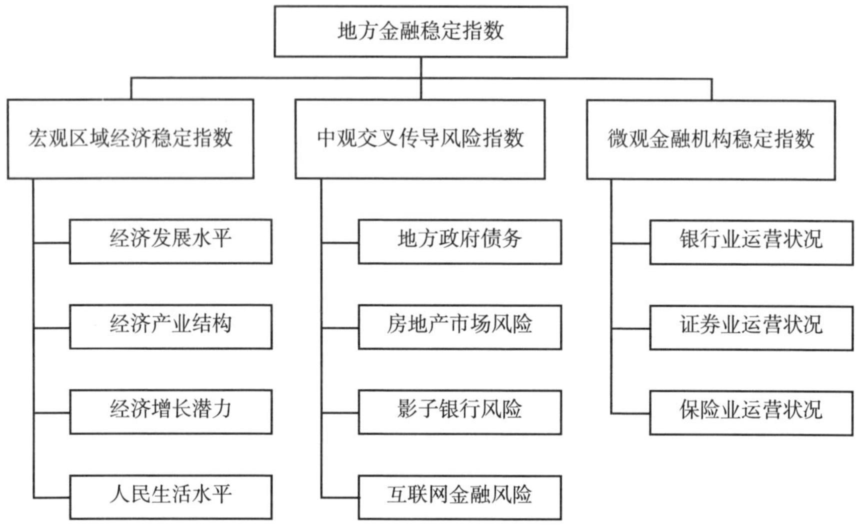

图1　地方金融稳定指数理论指标体系框架

济增长潜力和人民生活水平同样也是反映地方经济发展状况的重要因素（见表2）。

表2　地方金融稳定宏观指标的选取

二级指标	三级指标	指标说明
经济发展水平	地区 GDP 增长率	反映地区在一定时期内经济总量的增长速度
	固定资产投资增长率	反映社会总体投资规模增长情况
经济产业结构	地区支柱行业毛利率	反映地区支柱行业的收益情况
	地区支柱行业销售收入增长率	地方支柱行业在一定时间内销售收入的变化程度，反映了产品销售量、市场占有率等情况
经济增长潜力	地方企业出口总额增长率	反映外贸的增长情况
	外贸依存度	进出口总额与国内生产总值之比，是衡量地区开放程度的重要指标
	企业资金利税率	衡量区域企业经济效益和资金投入效率的主要指标，该指标和区域企业发展呈正向相关
人民生活水平	居民消费价格指数涨幅	反映居民家庭一般所购买的消费品和服务项目价格水平增长情况
	城镇调查失业率	城镇调查失业人数占城镇调查从业人数与城镇调查失业人数之和的比例

2. 地方金融稳定中观指标的选取

地方金融稳定中观指标主要关注地方政府债务、房地产市场风险、影子银行风险和互联网金融风险。地方政府债务评估主要使用偿债率、债务率和赤字率等指标，其中偿债率和债务率是衡量债务规模或压力的常用指标。房地产市场风险的评价主要选用房地产开发投资增长率和房价增长率/GDP 增长率等指标来反映（见表 3）。

表 3　地方金融稳定中观指标的选取

二级指标	三级指标	指标说明
地方政府债务	偿债率	衡量地方政府的偿债能力
	债务率	衡量地方政府的负债数额及还债压力
	赤字率	财政支出超过财政收入的部分所占的比例
房地产市场风险	房地产贷款增长率/各项贷款增长率	一定程度上反映房地产业对商业银行的依赖性
	房地产开发投资增长率	小幅增长对整个经济有支撑作用
	房价增长率/GDP 增长率	监测房地产泡沫化趋势，指标值越大，形成房地产泡沫的风险程度越高
影子银行风险	小额贷款公司不良贷款率	反映小额贷款公司的不良贷款率
	融资性担保公司担保业务收入/营业收入	《融资性担保公司管理暂行办法》（七部委令 2010 年第 3 号）中要求融资性担保公司应当按照当年担保费收入的 50% 提取未到期责任准备金
	农民资金互助社逾期未还金额/投放资金余额	反映了农民资金互助合作社的贷款资产质量
互联网金融风险	互联网金融活动总量/GDP	反映地方互联网金融发展水平
	互联网金融活动总量/金融业贷款总额	反映地方互联网金融集中度

《国务院办公厅关于加强影子银行监管有关问题的通知》（国办发〔2013〕107 号文）中指出我国影子银行主要包括三类。[①] 本文主要关注小

① 《国务院办公厅关于加强影子银行监管有关问题的通知》（国办发〔2013〕107 号文）中列举了我国影子银行的三种类型：一是不持有金融牌照、完全无监管的信用中介机构，包括新型网络金融公司、第三方理财机构等；二是不持有金融牌照，存在监管不足的信用中介机构，包括融资性担保公司、小额贷款公司等；三是机构持有金融牌照，但存在监管不足或规避监管的业务，包括货币市场基金、资产证券化、部分理财业务等。

额贷款公司、融资性担保公司、农民资金互助合作社等主要开展信贷或为商业银行信贷活动提供配套服务业务的机构。在风险监测指标的选择过程中，优先考虑已有的监管指标。

本文选用互联网金融活动总量/GDP 和互联网金融活动总量/金融业贷款总额等指标来反映互联网金融风险。其中，互联网金融活动总量主要来自电商平台、P2P 网络借贷、网络众筹、网络投资、网络保险、网络证券与理财等活动。

3. 地方金融稳定微观指标的选取

地方金融稳定微观指标从银行业、证券业和保险业这三方面进行设计。在银行业经营状况的评价中，需要综合考虑安全性、流动性和盈利性这三个方面。在安全性方面，不良贷款率和拨备覆盖率是反映银行信贷资产质量的重要指标，可以刻画地方金融系统的风险积聚程度。另外，使用资产流动性比例反映银行机构的流动性，使用资产收益率反映银行机构的盈利性（见表4）。

表 4　地方金融稳定微观指标的选取

二级指标	三级指标	指标说明
银行业运营情况	不良贷款率	金融机构不良贷款占总贷款余额
	拨备覆盖率	银行贷款可能发生的呆坏账准备金的使用比率
	资产流动性比例	流动性资产与流动性负债的比率
	资产收益率	衡量每单位资产创造多少净利润
证券业运营情况	证券业资产利润率	反映证券业市场绩效
	净资本充足率	保证证券机构正常运营和发展所必需的资本比率
	净资本负债率	反映证券业的资本杠杆率
保险业运营情况	保费收入增长率	一定程度上反映保险业的发展盈利能力
	保险深度	某地保费收入/该地 GDP 总量
	赔付率	一定会计期间赔款支出与保费收入的百分比

在证券业经营状况的评价中，选取净资本充足率和净资本负债率这两项指标来反映证券业的资本充足性、杠杆率；在保险业经营状况的评价中，选取保费收入增长率、保险深度和赔付率来反映保险业的发展盈利能力和赔付情况。

四　数据处理和测算方法

确定了地方金融稳定指标体系之后，还需要经过确定金融风险等级、划分指标的风险区间、标准化处理和确定指标权重之后，才能进行指数的计算。（见图 2）

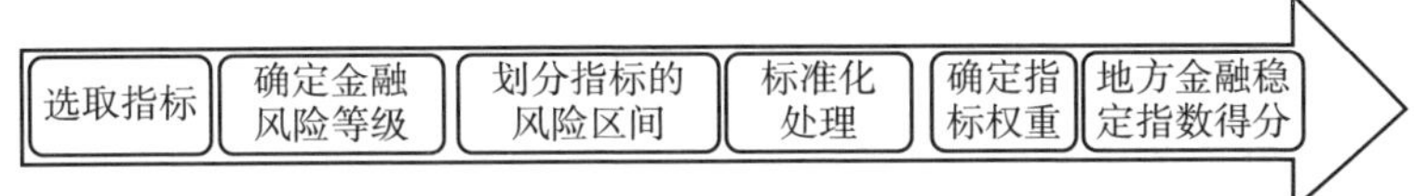

图 2　区域金融风险综合评估方法流程

（一）确定区间

1. 确定金融风险等级

地方金融稳定指数不仅能良好地反映各地区的金融稳定情况，还能对某地区的金融稳定情况实现预警。指数的最终结果也可以划分为五个风险等级：稳定、基本稳定、中度风险、高度风险、严重风险。这些风险等级可以形象地类比信号灯，分别对应绿灯、蓝灯、黄灯、橙灯、红灯。同时，为了统一度量与测算各个风险等级，方便各指标风险值做映射处理，我们划定了单独的风险区间得分。我们将风险区间划定为 0 ~ 100 分，同时拟定得分与金融稳定程度呈正相关。对于不同的风险等级，这里都设置了对应的分值跨度，便于各项指标值做映射处理（见表 5）。

表 5　金融风险等级划分表

风险状况	信号灯	综合得分	风险分析
稳定	绿灯	[80,100]	各项金融指标均在安全区间
基本稳定	蓝灯	[60,80]	部分金融指标处于安全区间边界
中度风险	黄灯	[40,60]	部分金融指标超出安全区间
高度风险	橙灯	[20,40]	部分金融指标已远超安全区间
严重风险	红灯	[0,20]	大部分金融指标已远超安全区间

2. 划分指标的风险区间

各个指标合理预设相应的临界值能够得到相对准确的预警度。因此，本文在对各个指标临界值设定时，参考监管制度规定、国际惯例、专家意见、相关研究文献、历史经验数据、风险管理经验等。例如，金融机构风险指标临界值的确定主要参考相关监管制度的规定；而地区 GDP 增长率、地区支柱行业毛利率等宏观经济运行指标临界值的确定则充分尊重相关专家学者的意见，参考有关研究文献，参照部分地区历史经验数据和风险管理经验（见表6）。

（二）数据处理

1. 标准化处理

由于各项指标的经济意义有所不同，指标的原始数据会面临计量单位不同、指标与金融风险的变动方向不统一等问题。为了能够客观统一地反映各项监测指标的风险，我们需要对各指标数值进行标准化处理。本文标准化处理的方法拟采用映射处理方法，将原始的指标值转化为分数值。其中，标准化过程所采用的公式为：

$$H_{i,j} = \begin{cases} T_L + (T_R - T_L)(Z_J - Z_L)/(Z_R - Z_L) & (1) \\ T_R - (T_R - T_L)(Z_J - Z_L)/(Z_R - Z_L) & (2) \end{cases}$$

其中，$H_{i,j}$表示每项指标计算得出的分数值，是介于 0 ~ 100 的一个数值（如果计算得出的分值小于 0 分或大于 100 分，则分别按 0 分和 100 分处理）。T_L、T_R分别为各风险等级对应的映射分值的下限和上限；Z_L、Z_R分别为各风险等级区间中指标的下限临界值和上限临界值。Z_J为指标值。（1）式和（2）式在含义和表达上稍有不同，对于正向指标，采用（1）式计算得分；对于逆向指标，采用（2）式计算得分。

2. 确定指标权重

由于各项金融风险监测指标对地方金融稳定的影响不完全相同，为了能客观衡量地方金融稳定情况，需要确定指标权重。指标权重的确定方法有很多，本文采用德尔菲法，即专家赋权方法。

表 6　地方金融稳定指标预警区间和风险状态

指标				绿灯	蓝灯	黄灯	橙灯	红灯
				[80,100]	[60,80]	[40,60]	[20,40]	[0,20]
一级	二级	三级	方向	稳定	基本稳定	中度风险	高度风险	严重风险
宏观区域经济稳定指数	经济发展水平	地区 GDP 增长率	双向	[6,9)	[5,6),[9,12)	[4,5),[12,13)	[2,4),[13,14)	<2,≥14
		固定资产投资增长率	双向	[13,19)	[10,13),[19,22)	[7.10),[22,25)	[5.7),[25,30)	<5,≥30
	经济产业结构	地区支柱行业毛利率	正向	[10,15)	[5,10)	[3,5)	[0,3)	[-1,0)
		地区支柱行业销售收入增长率	正向	[15,30)	[10,15)	[5,10)	[0,5)	[-5,0)
	经济增长潜力	地方企业出口总额增长率	正向	≥12	[5,12)	[3,5)	[0,3)	<0
		外贸依存度	反向	[20,40)	[40,60)	[60,80)	[80,100)	>100
		企业资金利税率	正向	[16,20)	[12,16)	[8,12)	[4,8)	(0,4)
	人民生活水平	居民消费价格指数涨幅	双向	[0,3)	[-0.25,0),[3,5)	[-0.5,-0.25),[5,8)	[-1,-0.5)[8,10)	<-1,≥10
		城镇调查失业率	反向	[0,3)	[3,4.5)	[4.5,6)	[6,8)	≥8
中观交叉传导风险指数	地方政府债务	偿债率	反向	≤10	[10,15)	[15,17)	[17,20)	>20
		债务率	反向	≤70	(70,80]	(80,90]	(90,100]	>100
		赤字率	反向	≤1	(1,1.5]	(1.5,2]	(2,3]	>3
	房地产市场风险	房地产贷款增长率/各项贷款增长率	反向	≤100	(100,106]	(106,113]	(113,120]	>120
		房地产开发投资增长率	双向	[20,25)	[15,20),[25,30)	[10,15),[30,35)	[5,10),[35,40)	<5,≥40
		房价增长率/GDP 增长率	反向	[0,1)	[1,3)	[3,4)	[4,5)	≥5

续表

指标				绿灯	蓝灯	黄灯	橙灯	红灯
				[80,100]	[60,80]	[40,60]	[20,40]	[0,20]
一级	二级	三级	方向	稳定	基本稳定	中度风险	高度风险	严重风险
	影子银行风险	小额贷款公司不良贷款率	反向	≤12	(12,13.5]	(13.5,15.5]	(15.5,17]	>17
		融资性担保公司担保业务收入/营业收入	同向	≥80	[70,80)	[60,70)	[50,60)	<50
		农民资金互助社逾期未还金额/投放资金余额	反向	≤10	(10,12]	(12,15]	(15,20]	>20
	互联网金融风险	互联网金融活动总量/GDP	反向	<30	[30,40)	[40,45)	[45,50)	≥50
		互联网金融活动总量/金融业贷款总额	反向	<2	[2,4)	[4,5)	[5,6)	≥6
微观金融机构稳定指数	银行业运营情况	不良贷款率	反向	<5	[5,15)	[15,20)	[20,30)	≥30
		拨备覆盖率	同向	≥100	[80,100)	[60,80)	[40,60)	<40
		资产流动性比例	同向	≥40	[30,40)	[20,30)	[10,20)	<10
		资产收益率	同向	≥1	[0.5,1)	[0.25,0.5)	[0.0,25)	<0
	证券业运营情况	证券业资产利润率	同向	≥2	[1,2)	[0.5,1)	[0,0.5)	<0
		净资本充足率	同向	≥100	[80,100)	[65,80)	[50,65)	<50
		净资本负债率	同向	≥8	[6.4,8)	[5,6.4)	[4,5)	<4
	保险业运营情况	保费收入增长率	同向	>20	(10,20]	(5,10]	(1,5]	1
		保险深度	同向	>6	(4,6]	(3,4]	(1,3]	≤1
		赔付率	反向	<50	[50,60)	[60,70)	[70,80)	≥80

注：方向指代的是三级指标与地方金融稳定指数的变动方向，双向指稳定的取值范围为某个区间。

资料来源：《商业银行风险监管核心指标（试行）》《证券公司风险控制指标管理办法》《保险公司偿付能力监管规则第 11 号》《区域金融风险分布图编制研究——基于江苏的探索》《区域性金融风险监测预警体系研究——以河南省区域金融风险为例》《区域金融风险预警系统研究——基于 Z 市的实证分析》《区域金融风险预警系统的设计和综合度量》。

（三）指数测算方法

在指数测算环节，我们采用以加权平均为基础的指标综合评分方法。其中，某地区金融稳定指数计算公式如下：

$$Z = \alpha \sum_{i=1}^{m} X_i w_i + \beta \sum_{j=1}^{n} Y_j w_j + \gamma \sum_{k=1}^{s} Z_k w_k$$

Z 为地方金融稳定指数的综合得分。α、β、γ 分别为宏观、中观和微观三个一级指标的权重。X_i、Y_j、Z_k分别为三个一级指标下属三级指标的映射分数值。w_i、w_j、w_k分别为三级指标对应的权重。m、n、s 为宏观、中观和微观维度下属三级指标的具体数目，其中 $i=1$，2，…，9；$j=1$，2，…，11；$s=1$，2，…，10。

参考文献

［1］凌涛等：《中国区域金融稳定评估：FSAP 的研究与应用》，中国金融出版社，2009。

［2］罗晓蕾、张明辉、许尚超：《区域性金融风险监测预警体系研究——以河南省区域金融风险为例》，《金融理论与实践》2018 年第 5 期。

［3］冯奇文：《区域金融风险与地区经济发展的相关性研究》，华中师范大学硕士学位论文，2018。

［4］张丽影：《我国系统性金融风险的度量及其影响因素分析》，首都经济贸易大学硕士学位论文，2018。

［5］宋巍：《我国经济新常态下影子银行的风险预警实证研究》，《技术经济与管理研究》2018 年第 1 期。

［6］胡志强：《金融效率、金融稳定与经济增长——基于安徽省 62 个县（市）样本的实证检验》，《华北金融》2017 年第 10 期。

［7］陶玲、朱迎：《系统性金融风险的监测和度量：基于中国金融体系的研究》，《金融研究》2016 年第 6 期。

［8］葛楠：《区域金融稳定评估体系研究——以山东省为例》，青岛大学硕士学位论文，2016。

[9] 淄博银监分局区域金融风险研究课题组：《区域金融风险预警系统研究——基于Z市的实证分析》，《金融监管研究》2015年第7期。

[10] 中国人民银行南京分行课题组、李文森、何敏、刘璐：《区域金融风险分布图编制研究：基于江苏的探索》，《金融纵横》2015年第7期。

[11] 郭俊峰、陈耀辉、刘芳：《地方金融稳定指数构建与区域经济增长关系——来自江苏省1999~2012年数据》，《华东经济管理》2015年第4期。

[12] 郑爽：《我国金融稳定性指标体系构建》，上海师范大学硕士学位论文，2015。

[13] 牛润盛：《区域性金融风险预警的神经网络模型研究》，《吉林金融研究》2013年第5期。

[14] 倪旭：《县域金融风险监测预警指标体系研究》，《湖北经济学院学报》（人文社会科学版）2013年第4期。

[15] 吴成颂：《我国金融风险预警指标体系研究》，《技术经济与管理研究》2011年第1期。

[16]《2010年湖南省金融稳定报告》编写组：《2010年湖南省金融稳定报告》，《金融经济》2010年第12期。

[17] 李爱喜、李甜甜：《地方金融风险的评价模型及其应用——以城市商业银行为例》，《贵州财经大学学报》2010年第3期。

[18] 谭中明：《区域金融风险预警系统的设计和综合度量》，《软科学》2010年第3期。

[19] 姚星垣、郭福春：《构建浙江省区域金融风险预警体系研究》，《浙江金融》2008年第5期。

[20] 仲彬、刘念、毕顺荣：《区域金融风险预警系统的理论与实践探讨》，《金融研究》2002年第7期。

政策法规篇

Policies and Regulations

B.6

大数据管理机构设置与职能配置分析

摘　要： 设立大数据管理机构已经成为世界各国发展大数据的重要举措，我国自实施国家大数据战略以来，各地方也纷纷设立大数据管理机构进行治理创新探索。从探索路径来看，我国大数据管理机构主要通过自下而上的方式设立。本文对各地方大数据管理机构的设置过程、职能配置和机构编制情况进行了梳理，分析总结了大数据管理机构的职能范围，并对大数据管理机构设置过程中存在的问题做了进一步思考，以期为大数据管理机构的设立提供参考借鉴。

关键词： 大数据管理机构　机构改革　职能配置　机构编制

大数据时代的行政管理体制改革，既要考虑大数据作为一种基础资源，对大数据资源做整合管理，还要考虑大数据作为技术手段，对大数据价值做充分挖掘。大数据管理机构①是在这样的时代需求下的新生产物。当前，世界各国在致力于实施大数据战略、发展大数据产业的同时，都选择了组建专门的大数据管理机构。2011 年，美国白宫科学和技术办公室（OSPT）组建了大数据高级监督组，协调和扩大政府对大数据领域的投资，并负责大数据战略的制定和实施。2013 年，澳大利亚政府信息管理办公室（AGIMO）联合其他部门组建了跨部门工作机构——大数据工作组，以保证工作组跨部门收集和整合信息。随之，英国组建了商业、创新与技术部，法国组建了中小企业、创新和数字经济部，负责大数据战略的组织实施。与之相对，为响应国务院对发展大数据的要求，我国地方政府也开始建立新的机构——大数据管理局，以利用政府的资源整合能力，统筹公共数据开放，打通数据流通的壁垒，对大数据产业进行统筹规划。

一　我国大数据管理机构的发展

在全国范围来看，我国主要通过自下而上的方式设立大数据管理机构，地级市先试点探索，2018 年政府机构改革启动后，多个省份开始着手从省级层面统筹设置大数据管理机构，贯通大数据管理职能。

（一）地级市积极探索成立大数据管理机构

福州市在 2001 年成立了“数字福州”建设领导小组办公室，负责全市电子政务与“数字福州”工作，推进信息化的应用与推广，承担市政府信息公开工作，负责对市民卡运营公司的管理、监督和相关协调工作，承担市政务微博管理工作，承担城市数字化管理服务平台的监督和综合考评工作。这是我国大数据管理机构的雏形。

而“大数据管理局”的提法最早出现在 2014 年 2 月九三学社广州市委

① 由于全国各地组建的机构名称各异，对于非特指的机构，本文统一用“大数据管理机构”代称。

员会在两会提交的集体提案中，提案建议“广州尽快成立大数据局，整合政府大数据内网，打破信息壁垒，逐步公开民生各项数据”。随后，广东省政府出台《广东省经济和信息化委员会主要职责内设机构和人员编制规定》，其中设立的21个内设机构中就包括广东省大数据管理局。广州市也顺势成立了全国第一个以“大数据”命名的地市级管理机构——广州市大数据管理局。在此之后，沈阳、成都、兰州、保山等多个城市相继加入“先行先试”行列，地市级大数据管理机构纷纷成立。据不完全统计，目前全国已有20多个地级市成立了大数据管理机构（见表1）。

表1　地级市大数据管理机构设置情况

地级市	机构名称	成立日期	机构类别
福州	福州市“数字福州”建设领导小组办公室	2001年	事业单位
广州	广州大数据管理局	2015年5月	工信委内设机构
沈阳	沈阳市大数据管理局	2015年6月	经信委内设机构
成都	成都市大数据管理局	2015年8月	经信委内设机构
兰州	兰州市大数据社会服务管理局	2015年9月	市政府直属事业单位
黄石	黄石市大数据局	2015年11月	经信委属事业单位
保山	保山市大数据管理局	2015年12月	工信委内设机构
江门	江门市政府办公室（市网络信息统筹局）	2016年5月	挂牌，政府工作部门
咸阳	咸阳市政府信息化办公室（市大数据管理局）	2016年8月	挂牌，市政府直属事业单位
贵阳	贵阳市大数据发展管理委员会*	2016年9月	政府工作部门
青岛	青岛市大数据发展促进局	2016年11月	市电政信息办组所属事业单位
银川	银川市大数据管理服务局	2016年	工业和信息化局所属事业单位
宁波	宁波市大数据管理局	2016年	经信委内设机构
昆明	昆明市工业和信息化委员会（市大数据管理局）	2017年3月	挂牌，政府工作部门
阳江	阳江市政务服务管理局（市大数据发展局）	2017年6月	挂牌，事业单位
中卫	中卫市云计算和大数据发展服务局	2017年6月	市政府直属事业单位
杭州	杭州市数据资源管理局	2017年6月	政府工作部门

续表

地级市	机构名称	成立日期	机构类别
禹州	禹州市大数据管理与发展促进局	2017 年 6 月	政府工作部门
酒泉	酒泉市大数据管理局	2017 年 8 月	政府工作部门
合肥	合肥市数据资源局	2017 年 8 月	政府工作部门
佛山	佛山市数字政府建设管理局	2017 年 12 月	政府工作部门
南宁	南宁市信息网络管理中心(市大数据统筹管理中心)	2018 年 7 月	挂牌,事业单位
福州	福州市大数据发展管理委员会	2018 年 12 月	政府工作部门
武汉	武汉市政务服务和大数据管理局	2019 年 1 月	政府工作部门
西安	西安大数据资源管理局(市新经济产业发展局)	2019 年 2 月	政府工作部门

注：*2019 年 1 月发布的《贵阳市机构改革方案》将市大数据发展管理委员会更名为市大数据发展管理局。

资料来源：根据网络公开信息整理。

从地级市大数据管理机构类别来看，主要可分为四种形式：经信委（工信委）的内设机构、独立的政府工作部门①、事业单位和挂牌单位。其中，事业单位分政府直属事业单位和部门所属事业单位两类，挂牌单位分挂牌在政府工作部门和挂牌在事业单位两类。在机构设立初期阶段，各地多采用在经信委或工信委设立相关内设机构的方式进行大数据管理体制的探索。从地方比较来看，广东省多个地级市都较早探索成立了大数据管理机构，但设置方式较为保守，全省第一个经批复成立的、以数字政府建设为主要职责的地级市政府工作部门——佛山市数字政府建设管理局于 2017 年 12 月才成立。而贵阳则借贵州大力发展大数据的机遇，早在 2016 年 9 月就将大数据管理机构设置为政府工作部门，这在地级市大数据管理机构的设置中是具有标志性的一种尝试。此后，杭州、禹州、合肥等城市也将大数据管理局设置为政府工作部门，负责大数据相关事务。此外，还有很多地级市以事业单位

① 政府工作部门是指地级市政府机构设置中的政府工作部门，是按照一定标准对政府工作进行分解和分类，并以此为依据建立的负责政府某一方面事务的机构。

的方式设置大数据管理机构，如兰州市大数据社会服务管理局与中卫市云计算和大数据发展服务局均为市政府直属的事业单位，咸阳、阳江、南宁等城市则通过在业务关联度较高的事业单位以挂牌的方式设立大数据管理机构。2018 年机构改革后，福州、武汉、西安多个城市都将大数据管理机构直接设置为政府工作部门。

（二）省级层面统筹设置大数据管理机构

2018 年，新一轮的政府机构改革陆续启动，按照党的十九大关于建设数字中国、智慧社会的部署要求，通过政府内部职能整合，山东、广东、广西、浙江、重庆、安徽、贵州、福建、吉林、河南、陕西等多个省份设置了大数据管理机构，承担全省大数据应用推广、产业发展和数据资源管理等职能。

2018 年机构改革之前，广东、浙江、贵州等省份先后在省级层面设置了大数据管理机构，其中贵州省在 2014 年 6 月便成立了贵州省大数据产业发展领导小组，2017 年 2 月，贵州省公共服务管理办公室经中央编办批复正式更名为贵州省大数据发展管理局，并成为全国第一个省级直属事业单位的大数据管理机构。2018 年机构改革后，这些省份更进一步增强机构职能，如贵州将大数据发展管理局由省直事业单位改为省政府直属机构，广东省组建了独立的政务服务数据管理局。

表 2　2018 年构改革后省级大数据管理机构设置情况

省份	机构名称	隶属关系	级别
山东	山东省大数据局	省政府直属机构	正厅
广东	广东省政务服务数据管理局	省政府办公厅的部门管理机构	副厅
广西	广西壮族自治区大数据发展局	自治区政府直属机构	正厅
浙江	浙江省大数据发展管理局	省政府办公厅的部门管理机构	副厅
重庆	重庆市大数据应用发展管理局	市政府直属机构	正厅
安徽	安徽省数据资源管理局	省政府直属机构	正厅
贵州	贵州省大数据发展管理局	省政府直属机构	正厅

续表

省份	机构名称	隶属关系	级别
福建	数字福建建设领导小组办公室(省大数据管理局)	省发展和改革委员会的部门管理机构	副厅
吉林	吉林省政务服务和数字化建设管理局	省政府的直属机构	正厅
河南	河南省大数据管理局	省政府办公厅的部门管理机构	副厅
陕西	陕西省工信厅(省政务数据服务局)	工信厅加挂政务数据服务局牌子	—

资料来源：根据网络公开信息整理。

各省份机构名称、隶属关系、设置级别等各有不同（见表2），机构名称方面，虽各省大数据管理机构名称长短不一，但均与其职能相称，以“大数据”“政务数据”“管理”“服务”等命名，体现大数据管理和应用发展、政务数据资源管理等职能。隶属关系方面，山东、广西、重庆、安徽、吉林等省份将大数据管理机构设置为省（市）政府直属机构，为正厅级单位，部分省份还加挂其他牌子，如广西壮族自治区大数据发展局加挂中国—东盟信息港建设办公室、政务服务监督管理办公室牌子，安徽省数据资源管理局加挂省政务服务管理局牌子。广东、浙江、福建、河南则将大数据管理机构设置为部门管理机构，为副厅级单位，其中，福建省是在省发改委部门管理机构——数字福建建设领导小组办公室加挂省大数据管理局牌子，其他三省份均为省政府办公厅的部门管理机构。陕西省则是在工信厅挂政务数据服务局牌子。从机构设置来看，虽然这些省份在大数据发展方面完善了体制机制，但由于多个省份属于挂牌机构，未来可能会造成机构职责权限不清以及机构管理交叉的问题。

（三）国务院机构改革重视对大数据的管理应用

2018年国务院机构改革中多个新组建的机构提出运用大数据推动职能转变，尤其在市场监督和风险防范方面。如国家粮食和物资储备局关于职能转变提出充分运用大数据等科技手段，强化动态监控，提高储备防风险能力。[1] 国家市场监督管理总局关于职能转变提出运用大数据加强对市场主体服务，积极服务个体工商户、私营企业和办事群众，促进大众创业、万众创新。[2] 海关总署则内设风险管理司，主要职能之一是研究提出大数据海关应用整体规划、制度、方案并组织实施。[3]

二　机构设置与职能分析

（一）内设机构和编制配置情况

机构编制管理关涉上层建筑、配置党和国家的执政资源，科学设置机构是明确政府职能、界定政府与市场关系、推进政府职能转变的关键。《地方各级人民政府机构设置和编制管理条例》规定，“在设置机构、核定编制时，应当充分考虑财政的供养能力。机构实有人员不得突破规定的编制。禁止擅自设置机构和增加编制”。在严控政府机构人员编制的背景下，人员编制成为新设机构面临的首要问题。

1. 统筹职能划分，设置内设机构

地市级大数据管理机构配置的主要职能数量多在 8 项左右，职能最多的是禹州市大数据管理与发展促进局，配置了 13 项职能，根据职能划分，各地方大数据管理机构设置了 3 ~ 6 个内设机构，除综合处（室）、人事处等辅助部门外，均按职能规划设置了产业发展、标准研制、数据资源管理等相关的内设机构。不同类型的大数据管理机构编制类型不同，分行政编和事业编两类，人员编制总数多控制在 20 名以内（见表 3）。

---

① 中央编办：《国家粮食和物资储备局职能配置、内设机构和人员编制规定》，中国机构编制网，2018 年 9 月 11 日。

② 中央编办：《国家市场监督管理总局职能配置、内设机构和人员编制规定》，中国机构编制网，2018 年 9 月 10 日。

③ 中央编办：《海关总署职能配置、内设机构和人员编制规定》，中国机构编制网，2018 年 9 月 10 日。

表 3　部分地级市大数据管理机构设置情况

机构名称	主要职能数量	内设机构情况	编制
广州市大数据管理局	9 项	3 个,规划标准科、数据资源科(视频资源管理科)、信息系统建设科	行政编 15 名
沈阳大数据管理局	6 项	3 个,大数据产业处、标准与应用处、数据资源处	—
兰州大数据社会服务管理局	9 项	6 个,办公室、标准规划处、产业推进处、数据资源处、稽查考核处、人事处	—
贵阳大数据发展管理委员会	8 项	5 个,综合处、产业发展处(政策研究处)、应用推进处、数据安全标准处和基础设施与数据资源处	行政编 20 名
昆明大数据管理局	9 项	4 个,规划建设处、数据发展处、基础设施处、安全协调处	—
银川大数据管理服务局	7 项	4 个,综合处、大数据产业处、标准与应用处、数据资源处	事业编 15 名
中卫云计算和大数据发展服务局	11 项	5 个,综合科、云计算产业科、信息化建设科、数据资源管理科、军民融合产业科	事业编 16 名
禹州市大数据管理与发展促进局	13 项	6 个,综合室(信息安全室)、规划发展室、大数据产业室(信息招商室)、智慧城市室、信息共享室、数字城市管理室	—

资料来源：根据网络公开信息整理。

鉴于 2018 年机构改革后成立的省级大数据管理机构均尚未拟定新的“三定”方案，而较早成立的贵州省大数据发展管理局作为首家厅级大数据管理机构，在机构改革之前出台了机构“三定”方案，其机构设置对省级大数据管理机构具有一定的借鉴意义。贵州省大数据发展管理局改革之前是省直事业单位，设置办公室（机关党委办公室）、政策法规与标准规范处、规划投资处、产业发展处、基础设施处、应用推广处、数据资源管理与安全处、对外交流与宣传处、人事人才处共 9 个内设机构，配置事业编制 60 名。由此可见，省级机构在机构设置和职能发挥上更加精细化。

2. 通过撤并划转，实现控编核编

2018 年机构改革之前成立的大数据管理机构探索了不同的机构设置方式，人员编制配置遵循“编随事走，人随编走”的原则。广州、沈阳等率先成立大数据管理机构的城市在申请新设机构时，将其设在当地工信、经信部门之下，作为内设机构管理大数据相关事务。贵阳和银川分别从市工业和信息化委员会与工业和信息化信息中心划转编制。合肥撤并了原来的畜牧水产局，整合各部门编制，设立了合肥市数据资源局。

（二）职能范围

政府机构改革是为了适应经济社会发展需要，限于编制要求，新设机构的职能配置是以原有政府职能体系为基础的进一步优化。职能范围即职能边界，大数据管理机构职能边界的划定主要包括伴随机构整合带来的职能转变和伴随机构建设带来的职能聚焦两种方式，通过明确政府职能边界，确定政府职责范围，最终实现大数据管理机构对大数据发展的依法管理。

1. 机构整合带来的职能转变

从各省份大数据管理机构的职能调整来看，职能转变主要来自政府机构的重新整合，职能的增、减、分、合体现为三个方面：一是政府职能的外部转移，即由外部组织直接划转的职能，如工信委、信息中心职能的划转；二是政府职能的内部转移，主要是作为工信（经信）委的内设机构，其职能是其他内设机构的职能划转；三是适应大数据发展需要的新职能，如指导协调大数据产业发展（见表4）。

表 4　各省份新设大数据相关机构职能调整情况

机构名称	职能调整
山东省大数据局	负责牵头制定并组织实施全省大数据发展应用规划和政策措施，加快建设“数字山东”和“互联网＋政务服务”；统筹规划大数据基础设施建设，建立完善数据开放平台和标准体系，推动政府数据开放共享利用，承担政务服务平台建设管理工作；指导协调大数据产业发展，健全大数据安全保障体系等

续表

机构名称	职能调整
广东省政务服务数据管理局	将省政府办公厅的电子政务、统筹管理省级政务服务、指导市县政务服务工作等职责,省发展和改革委员会的公共资源交易管理相关职责,相关机构的政务服务数据源管理职责,相关机构的政务数据资源管理利用职责等整合
广西壮族自治区大数据发展局	承担推进数字广西建设,统筹全区电子政务基础设施和重要信息系统建设,负责政府数据和社会数据采集、汇聚、管理,推进战略性新兴产业发展等方面重要职责,整合相关部门信息化建设、政务服务监督管理等职能
浙江省大数据发展管理局	整合省政府办公厅的公共数据和电子政务及政府门户网站建设管理职责,省经济和信息化委员会的电子政务发展、政务和社会公共服务信息资源开发利用职责等。负责推进政府数字化转型和大数据资源管理等工作
重庆市大数据应用发展管理局	整合市经济和信息化委员会的人工智能、大数据、信息化推进职责,市发展和改革委员会的社会公共信息资源整合与应用、智慧城市建设职责等
安徽省数据资源管理局	整合省政府办公厅的政务服务相关职责,省发展和改革委员会、省经济和信息化委员会的数据资源管理相关职责。加强全省大数据发展组织协调和政策统筹,打破信息孤岛,推进"互联网+政务服务"
贵州省大数据发展管理局	将省公共服务管理办公室职责全部划入贵州省人民政府办公厅。将贵州省经济和信息化委员会承担的有关数据资源管理、大数据应用和产业发展(除电子信息制造业外)、信息化(除"两化融合"外)等职责整合划入省大数据发展管理局。此外,贵州省信息中心(省电子政务中心、省大数据产业发展中心)调整由省大数据发展管理局管理
吉林省政务服务和数字化建设管理局	将省政府办公厅的电子政务建设、政务公开协调职责,省发改委、省工信厅等相关部门的省大数据建设项目和资金管理、政务信息系统整合共享、行政审批制度改革、"数字吉林"建设、优化营商环境建设职责等整合

资料来源:根据网络公开信息整理。

2. 法定职能更加聚焦

从较早设立的大数据管理机构的法定职责来看,职能范围多聚焦在大数据产业、行业大数据、数字政府、智慧城市等与大数据有密切关联的领域,主要执行战略制定实施、标准规范制定、基础设施建设管理、数据资源管理、数据安全保障等方面的职责(见表5)。

表 5　部分地级市大数据管理机构职责配置

机构	主要职责
广州市大数据管理局	①研究拟定并组织实施大数据战略、规划和政策措施，引导和推动大数据研究和应用工作 ②组织制定大数据收集、管理、开放、应用等标准规范 ③统筹规划建设工业大数据库，建立企业能耗、环保、安全生产监测指标等数据库，支撑两化融合公共信息平台的运行 ④组织建设两化融合公共信息平台和工业大数据平台，统筹协调城市管理智能化视频系统建设，推进视频资源整合共享和综合应用 ⑤承担广州超算和云计算技术平台的推广应用等
沈阳市大数据管理局	①组织制定智慧沈阳的总体规划和实施方案 ②研究制定大数据战略、规划和相关政策 ③组织制定大数据的标准体系和考核体系，统筹推动全社会大数据库建设，组织制定大数据采集、管理、开放、交易、应用等标准规范 ④指导大数据产业发展 ⑤研究制定全市电子政务建设的总体规划、实施方案并组织实施，组织协调政务信息资源共享 ⑥统筹协调信息安全保障体系建设等工作
兰州市大数据社会服务管理局	①贯彻落实中央和省市党委、政府信息化建设重大决策部署 ②研究拟定并组织实施全市信息化社会服务、智慧城市建设等大数据发展规划和政策措施，会同有关部门研究组织实施信息产业政策规划 ③统筹全市大数据平台建设，组织制定大数据收集、管理、开放、应用等相关标准规范 ④负责全市社会服务信息化建设和管理工作 ⑤负责县区信息化建设总体规划及部门信息化建设规划、方案的审核工作 ⑥负责全市信息化重大项目审核、资金使用、业务指导和工作考核 ⑦协调推进全市信息资源整合及共享 ⑧负责大数据产业、三维数字社会服务管理、信息产业促进等工作的指导、监督和考核 ⑨完成市委、市政府交办的其他工作
贵阳市大数据发展管理委员会	①研究拟定并组织实施大数据战略、规划和政策措施，引导和推动大数据研究和应用工作 ②组织拟定大数据的标准体系和考核体系，拟定大数据收集、管理、开放、应用等标准规范 ③负责以大数据为引领的信息产业行业管理，统筹推进社会经济各领域大数据开发应用 ④组织编制电子政务建设规划互联网＋行动计划并组织实施，组织协调市级重大电子政务项目建设和互联网应用工程 ⑤负责信息基础设施规划、协调、管理和监督 ⑥统筹政务信息网络系统、政务数据中心的建设、管理，促进政府数据资源的共享与开放 ⑦统筹协调信息安全保障体系建设，承担信息安全等级保护、应急协调和数字认证相关工作 ⑧承办市委、市人民政府交办的其他事项

续表

机构	主要职责
昆明市大数据管理局	①负责研究制定大数据战略、规划和相关政策，引导和推动大数据研究和应用工作 ②按照国家、省的要求拟定大数据标准体系和考核体系，组织实施大数据采集、管理、开放、交易、应用等相关工作 ③负责统筹推进社会经济各领域大数据开放应用 ④负责信息基础设施规划、协调、管理和监督 ⑤研究制定全市电子政务建设的总体规划、实施方案并组织实施，负责统筹全市电子政务建设资源的调配 ⑥负责统筹政务信息系统、网络系统、政务信息中心的建设、管理，组织协调政务信息资源的共享与开放 ⑦统筹协调信息安全保障体系建设，推进信息安全等级保护、应急协调和数字认证相关工作 ⑧统筹协调智慧城市建设的整体推进工作 ⑨承办市委、市人民政府交办的其他事项
银川市大数据管理服务局	①研究并组织实施智慧银川建设以及大数据战略、规划和政策措施，引导和推动智慧银川建设以及大数据的研究和应用工作，协调信息资源的互联互通、资源共享 ②协调、组织实施国家和地方数据技术标准，研究基础信息资源共享交换目录、技术规范和范围 ③组织实施大数据的标准体系和考核体系，推动大数据形成机制的建立和开发应用 ④组织实施大数据收集、管理、开放、交易、应用等标准规范 ⑤组织实施智慧银川运行管理规范和部件标准 ⑥协调全市信息安全保障体系建设等工作 ⑦承担上级部门交办的其他工作
中卫市云计算和大数据发展服务局	①贯彻执行国家、自治区有关云计算、大数据和军民融合产业方面的方针、政策、法律、法规、规章，研究拟定、编制全市云计算、大数据和军民融合产业发展战略、发展规划、政策措施和相关工作计划并组织实施 ②负责研究拟定信息化建设发展规划、政策措施、重点项目，统筹管理全市信息化建设资金和项目，协调信息化建设中的重大问题 ③负责组织实施大数据、信息化行业技术规范和标准；负责统筹数据资源建设管理，促进大数据的政用、民用、商用 ④统筹政府数据采集汇聚、登记管理、共享开放，社会数据汇聚融合、互联互通 ⑤统筹推进大数据安全体系建设和安全保障工作 ⑥负责全市大数据产业发展和行业管理，促进大数据核心业态、关联业态、衍生业态发展 ⑦负责云计算网络基础建设的规划、协调、管理、监督和数据中心规划建设协调服务等工作 ⑧负责西部云基地建设、云计算和大数据、军民融合产业相关项目的招商引资、技术洽淡、项目落地、工程实施等工作 ⑨负责云计算、大数据和军民融合领域对外交流合作 ⑩负责云计算、大数据、信息化人才队伍建设和单位安全生产工作 ⑪承办市人民政府交办的其他工作

续表

机构	主要职责
禹州市大数据管理与发展促进局	①负责研究拟定并组织实施全市大数据战略、规划和政策措施,引导和推动大数据研究和应用工作 ②组织制定大数据采集、管理、开放、应用等标准规范,推动信息数据资源和基础设施建设的互联互通、资源共享 ③推动全市大数据管理机制的形成和各领域大数据创新的应用 ④负责统筹全市政务信息网络系统、政务数据中心的建设、管理,协调信息安全保障体系建设 ⑤加快政府数据开放共享,推动资源整合,提升政府信息化服务能力和决策水平 ⑥协调推进全市智慧城市建设的相关工作,拟定智慧城市建设相关规划 ⑦负责组织建立禹州市大数据管理系统、数字城市管理系统,拟定云计算、大数据、数字城市管理系统等质量评价体系及监督评价制度,并组织实施 ⑧负责全市城市管理中出现的各种问题的现场信息和处置结果信息的采集、分类、处理和报送;负责城市管理各类信息的整理、分析,对城市管理状况以及相关部门(单位)履行城市管理职责的情况进行收集、评价和反馈;负责对城市部件、事件问题进行审核备案,并派遣到各专业处理部门或责任单位;负责对城市部件、事件问题处置情况进行跟踪、指导、督促 ⑨负责数字城市管理信息系统的日常维护与管理,建立城市管理工作电子档案,实施信息管理 ⑩负责信息采集工作的绩效考核并定期向社会及媒体公布纳入数字城市管理各责任单位的考核评价排名 ⑪负责线上受理民生热线、民生邮箱、民生微博、民生微信等民意通诉求,实现线上受理、线下服务 ⑫负责构建科学全新的社会管理服务信息化模式,全面规范社会管理行为和运行体系,实现全面覆盖、联通共享、资源整合、动态跟踪、功能齐全的社会管理信息化新格局 ⑬承办市政府交办的其他事项

资料来源:根据网络公开信息整理。

(三)职能分析

1. 信息化建设是大数据机构职能的基因

大数据是信息化发展的新阶段,大数据管理机构的诞生离不开信息产业的发展。从大数据管理机构设置情况来看,机构设置形式最初多为工信委和经信委内设机构或部门直属事业单位,职能配置主要由相近部门的职能调整而来,如贵阳市将工业和信息化委员会承担的信息化行业管理、统筹推进信息化工作、网络安全及相关信息安全保障等职责整合划入大数据发展管理委员会[①]；酒泉市直接撤销信息中心，成立大数据管理局。新设大数据管理机构的主要职能基本都涵盖统筹地区信息化工作、制定信息化发展战略、贯彻国家信息化方针政策等方面。这说明信息化是大数据的内在基因，信息化职能是大数据管理机构的基础职能。

2. 推进数据开放共享和数字政府建设是关键职能

随着大数据、互联网、物联网在政务领域应用的不断深入，数字政府成为国家信息化建设的重要组成部分，因此，大数据管理机构的关键职能之一是加强互联网与政务服务的深度融合，统筹公共数据资源管理，打破信息孤岛，实现数据开放共享。广州市最早成立大数据管理局时的主要职责是整合政府内网数据，推进政府部门数据采集、整理、共享和应用，建立公共数据开放共享机制。阳江市大数据发展局挂牌在政务服务管理工作委员会，作为其日常办事机构，统筹整合大数据和电子政务发展职能。此外，沈阳、贵阳、昆明、中卫、禹州等多个市级大数据管理机构都将统筹政务信息网络，推进电子政务建设纳入主要职责范畴。

2018 年政府机构改革新成立的各省级大数据管理机构承担的首要职能也是推进政务数据的整合和应用。广东新设立的政务服务数据管理局的首要任务是“数字政府”改革，推进政务信息化集约化建设，加强统筹协调。另外，还有一些省份虽没有明确提出设立以“大数据”命名的相关机构，但在职责划分上也有相似机构的设置，如湖北为加强全省数字政府建设，组建省政务管理办公室；河北组建政务服务管理办公室，进一步深化“互联网 + 政务服务”。

3. 促进大数据产业发展是核心职能

大数据、云计算、人工智能等新一代信息技术与传统产业的融合发展日渐深入，大数据产业呈现多元化发展，这对大数据管理机构的职能提出了新的要求。各地方对大数据管理机构的定位和职能配置各有不同，但大数据管

① 贵阳市人民政府办公厅：《贵阳市大数据发展管理委员会主要职责内设机构和人员编制规定》，贵阳市人民政府网站，2016 年 1 月 22 日。

理机构的核心职能大同小异，均聚焦在组织实施大数据战略、规划和政策措施，组织制定数据收集、管理、开放、交易、应用等标准规范，引导和推动大数据研究和应用，促进大数据产业发展。合肥和中卫大数据管理机构在职能设置上都提出统筹数据资源建设管理，促进大数据政用、民用、商用，引导社会数据资源汇聚融合。

4. 支撑地方发展战略是特色职能

各地方大数据发展战略的重心不同，因而，大数据管理机构在职能配置上还会有不同的侧重。广州大数据管理局强调统筹规划建设工业大数据库，建立企业能耗、环保、安全生产检测指标等数据库。沈阳、兰州、昆明、银川、南宁等地方大数据管理机构职能明确了统筹协调智慧城市建设的整体推进工作。杭州市数据资源管理局设置了组织实施城市“数据大脑”等重大项目建设的职能。青岛大数据发展促进局在海洋大数据建设方面设置了相关职能。

三　优化大数据管理机构职能配置的进一步思考

（一）理顺职能类型，去除事业单位行政化职能

由于各地方大数据发展程度不同，地方在探索成立大数据管理机构时既要符合推动地方产业发展的需要，又要满足机构编制的要求。因此，在设立初期，部分地方存在职能划分不明确，尤其是政府直属事业单位、工信委所属事业单位的一些大数据管理机构还承担着行政决策、行政执行、行政监督等职能，行使行政许可、行政裁决等行政职权。2018 年机构改革中，多个省份的机构改革方案纷纷聚焦事业单位改革，除行政执法机构外，不再保留或新设承担行政职能的事业单位。各地方应借此机会，理顺大数据管理机构职能，将诸如“信息化建设管理”“项目审核”“产业发展监督考核”等行政职能从事业单位剥离出来，或将事业单位转为行政机构，进一步使机构定位更清晰、编制管理更规范、人员身份更明确。

（二）优化职能配置，重视大数据管理机构职能法定化

根据机构改革方案明确的职责调整情况，将划出划入职责逐条逐项"定位"到具体的内设机构或下属事业单位，通过职能分析，理清职责清单，进行分类归纳，提炼机构职责。按照"编随事转"原则，做到尺度统一、划转有序。党的十九届三中全会提出，确定机构编制法定化对机构改革的保障功能。新一轮机构改革要深化机构编制依法管理，针对当前大数据管理机构职能较弱、缺乏法制保障的问题，出台完善大数据管理机构"三定"方案，做到"法定职责必须为，法无授权不可为"，在大数据发展过程中有效处理政府与市场和社会的关系，避免缺位和越位的问题。

（三）健全管理机制，突出国家对大数据发展的统筹领导

通过梳理分析可以看出，我国在促进大数据发展过程中以地方各自探索为主，且地区发展不平衡，这使得大数据发展呈现出看似"百花齐放"实则"条块林立"的尴尬局面。比如各地方都在致力于推进大数据法律法规、标准体系等制度层面的建设，这既体现了地方探索的进步，也反映出重复建设、资源浪费的问题，甚至还会由于在法律制度、数据应用等方面的规定不统一，给企业和社会组织对数据的采集和使用带来困惑。因此，在地方探索大数据管理机构职能配置、推进大数据发展的过程中，国家层面也需要逐步完善大数据统筹管理机制，突出国家对大数据发展的统筹领导，推进大数据战略的有效落实。

参考文献

［1］何哲：《完善大数据、人工智能统筹治理机制》，《中国社会科学报》2019 年 1 月 3 日。

［2］钟以山：《以习近平总书记关于深化党和国家机构改革重要思想引领地方机构改革（上）》，《中国机构改革与管理》2018 年第 9 期。

[3] 钟以山:《以习近平总书记关于深化党和国家机构改革重要思想引领地方机构改革（下）》,《中国机构改革与管理》2018 年第 10 期。

[4] 黄璜、孙学智:《中国地方政府数据治理机构的初步研究：现状与模式》,《中国行政管理》2018 年第 12 期。

[5] 陈剑:《对地方大数据管理机构定位的思考》,《中国机构改革与管理》2018 年第 2 期。

[6] 王红茹:《31 省份机构改革的地方特色 多省市设置“特色部门”》,《中国经济周刊》2018 年第 49 期。

[7] 罗一平:《市场经济条件下我国政府职能法定化探析》,《法制与社会》2016 年第 8 期。

B.7
大数据开放共享标准体系建设研究

摘　要：　数据已成为国家基础性战略资源，一个国家的数据共享开放程度，在很大程度上成为国家数字经济竞争力的决定要素。目前我国国家大数据开放共享平台正处于构建之中，各地开放数据平台存在标准不统一、元数据信息匮乏、数据集描述不全面、缺乏可机读格式、互操作水平低等问题，使数据价值难以被有效挖掘利用。推动数据开放共享，提升应用效率，关键在于建立健全标准和规范。本文通过实证调研与系统比较分析相结合的方法，对大数据开放共享标准建设的主要领域和地方实践进行重点研究，客观剖析大数据开放共享标准的发展现状，并在此基础上提出问题思考和建议，为加强大数据开放共享标准顶层设计，发挥标准在规范市场、强化管理、引导发展等方面的作用提供参考。

关键词：　大数据　开放共享　标准体系

标准体系建设是大数据开放共享可持续发展的内在需求和走向成熟的重要标志。《标准化工作指南　第1部分：标准化和相关活动的通用词汇》（GB/T20000.1－2014）将“标准化”定义为，“为了在既定范围内获得最佳秩序，促进共同效益，对现实问题或潜在问题确立共同使用和重复使用的条款以及编制、发布和应用文件的活动”。大数据开放共享标准体系建设就是通过数据采集、数据处理、数据流通、数据定价、数据开放管理等系列标准的研制对数据开放共享过程和结果进行规范和引导，从而形成科学、高效的数据开放共享秩序，促进相关主体的共同利益，最大化数据开放共享的政治、经济和社会效益。

一　大数据开放共享标准建设的重要意义

谁制定标准，谁就拥有发言权；谁能够掌握标准，谁就占据制高点。标准之争既是技术研发之争，也是市场开拓之争，更是发展战略之争。国家大数据发展战略的实施主要体现在数字经济发展和提升数据治理水平上。通过大数据开放共享实现“数聚融合”从而释放数据价值推动数字经济发展是大数据经济价值实现的基本途径。大数据时代，数据治理是衡量政府治理水平的标尺，而大数据开放共享标准体系建设则是决定数据治理水平的关键环节。

（一）大数据开放共享标准体系建设是抢占大数据规则创新制高点的重大战略

大数据开放共享标准不仅是大数据领域的世界通用语言，也是参与国内外大数据市场活动的“通行证”，更是抢占国际数据开放共享规则甚至大数据市场发展规则制高点的重大战略。全球范围内特别是欧美等发达国家正争先制定大数据开放共享标准，抢占大数据规则制定中的话语权。尽管我国在大数据标准体系建设的重要性上从中央到地方都已达成普遍共识，并积极探索相关标准体系的建设，但建设力度和相关成果还不足以支撑我国大数据应用发展需求，在多个方面缺乏统一规范和标准，制约了大数据产业的健康可持续发展。因此，无论从国际形势还是从国内发展来看，大数据开放共享等标准体系建设的紧迫性和必要性都愈加凸显。

（二）大数据开放共享标准体系建设是实现数据流通、释放数据价值的重要基础

大数据的价值是建立在“数据标准”上的融合，任何孤立的数据都无

价值。推动大数据开放共享标准化是数据价值得以充分释放的基础。发挥数据的生产力作用，需要通过标准化来建构统一的数据格式、接口、规则等，实现数据资源整合，巩固现有成果，在维护和增进共同效益中促进各方达成共识，真正实现互联互通与数据流动，为数据开放共享提供基础，为数据安全应用提供保障，促进数据交易等新兴服务模式规范发展，对推动大数据发展国家战略和数据立法具有重要意义。在尚未有某个国家或地区建设起完善的大数据标准化体系背景下，我国政府部门、企业、行业协会、高校及科研院所等各行各业专家学者应该更加积极投入大数据开放共享标准体系的研制活动，并积极与世界各国或国际组织展开合作，在输出先进经验或成功案例的同时，引进世界先进经验和做法服务于我国大数据产业发展。

（三）大数据开放共享标准体系建设是决定数据治理能力和水平的关键环节

大数据时代，数据已成为政府治理能力和治理体系现代化的决定性因素。政府治理要依托大数据发展战略，运用大数据技术和方法，开展基于大数据的智能化治理，塑造全新的政府治理模式。数据治理能力是政府治理能力的衡量标尺，数据能发挥价值的前提是数据标准化，数据标准化能够加强政府、企业或组织对数据的采集存储、共享开放、开发应用、安全保护等技术和管理的规范，通过提高大数据的科学性、统一性和规范性来实现数据的高度共享，从而提升政府数据治理能力具有重要意义，大数据开放共享标准体系建设是未来政府最重要的基础工程之一。目前数据治理还面临着诸多困境，主要表现为数据碎片化、数据标准缺乏、数据质量不高、数据流动性弱等方面。未来要加快建立统一的大数据开放共享标准体系，整合大数据资源的数据标准和应用规则，开创数据治理的新蓝海。

二　国内外大数据开放共享标准体系建设现状分析

共享是大数据的核心价值，而开放共享标准体系是大数据价值实现的重要保障。大数据开放共享已成为世界各国的一项基本政策，并已成为经济社会发展的主要动力来源之一，大数据开放共享标准体系建设的重要性和迫切性愈加凸显。在此背景下，欧美等发达国家凭借其先进的信息技术较早地在大数据开放共享标准体系建设领域进行了探索，我国利用后发优势，也积极加入大数据开放共享标准体系建设队伍，通过标准体系建设对数据开放共享进行规范，为我国大数据应用发展提供保障。

（一）主要发达国家大数据开放共享标准体系建设现状

1. 美国大数据开放共享标准体系建设情况

合作是推动美国政府数据开放运动进程的关键因素。2009 年 1 月，美国公布了《透明与开放的政府备忘录》。通过不同层级政府间的层级式合作，无隶属关系的同级政府机关或者不属同一系统的政府机关间的平行式合作，以及通过参与国际会议、签订合作协议或成立合作组织等灵活多样的交流协商方式形成的区域间合作，三种合作方式共同构成了政府合作的良性模式。三种合作方式互为补充、缺一不可，推动了美国政府数据的开放共享与合作。在此基础上，2013 年 1 月美国国家标准与技术研究院成立了大数据公共工作组，包括术语和定义、用例和需求、安全与隐私、参考体系结构和技术路线图等 5 个分组。工作组成立的目的是通过研制大数据相关标准，使业界、学界和政界在大数据定义、术语、安全参考体系结构和技术路线图等内容上达成共识，通过普遍认同的标准进一步促进和规范数据开放共享。目前，已研制发布《大数据定义》《大数据分类》《大数据用例和需求》《大数据安全和隐私需求》《大数据参考架构》《大数据技术路线图》等标准，并于 2017 年 9 月完成相关标准 V2. 0 版本的征求意见，同时开展 V3. 0 版本的研制工作。

2. 英国大数据开放共享标准体系建设情况

2010 年，英国公布的《政府数据许可框架》，首次授权使用政府开放数据。其中，规定了三种许可协议，包括政府许可协议、非商业性使用政府许可协议和收费许可协议，为之后的政府数据开放奠定了基础。2012 年公布的《开放数据白皮书：释放潜能》，采用了“五星级机制”① 作为标准来衡量开放数据的可用性，要求以开放标准来开放数据。之后的《开放标准原则》对开放标准进行了定义，并在政府信息技术规范中制定了标准原则。在《英国开放政府国家行动计划（2016－2018）》中，英国作为开放政府伙伴关系（OGP）的发起国，承诺实施开放合同数据标准、授权数据、开放选举数据等，采用了《开放合同数据标准》，并相应发布了该标准的实施指南。

3. 欧盟大数据开放共享标准体系建设情况

2011 年 12 月，欧盟将开放数据战略作为实现“欧盟 2020 战略”目标的新路径之一。作为开放政府数据（OGD）运动的参与方，将 OGD 运动嵌入“欧盟 2020 战略”和“数字经济战略”之中。同时为顺利搭建 OGD 行动的实践框架启动了“地平线 2020”项目，其中包括对大数据的使用及再利用技术以及数据格式标准等方面的研究资助。为推动欧盟机构和其他欧盟单位的政务透明度与问责制，欧盟建立了开放数据门户网站，提供基于共同的编码规则以及标准化词汇的元数据目录服务。2015 年，欧盟发布的《欧盟大数据价值战略研究和创新议程》中，正式将“标准化”作为互补的非技术重点优先创新发展领域提出来。2017 年欧盟委员会发布的《打造欧洲数据经济》针对“数据的可移植性、交互性和标准；个人数据可移植性是一项权利；在非个人数据的云存储数据服务”领域的费用昂贵及技术复杂性问题，提出“降低更换成本，以刺激创新友好的环境，制定数据可移植性权利，提升技术互操作性和数据标准”的解决方案，强调了数据标准的实用操作性。2018 年 5 月 25 日正式生效的《一般数据保护条例》（GDPR）对欧盟企业和非政府组织等机构收集、储存、处理和转移个人数据的相关事项制定了规则，明确规定了“与个人数据处理相关的自然人的保护及个人数据的自由流动”相关领域数据保护与利用的基本原则，保障“个人数据

① 蒂姆·伯纳斯－李提出“五星级机制”（Five Star Scheme）是用以作为衡量大数据可用性的标准。

在欧盟内部的自由流动”的同时将个人数据保护嵌入组织运行全过程，为欧盟促进数据开放共享提供了规则保障。

4. 日本大数据开放共享标准体系建设情况

2012 年 6 月，日本发布了《电子政务开放数据战略草案》，成为日本政府迈出数据开放共享的关键性一步，利用信息公开方式标准化技术实现统计、测量、灾害等公共信息可视化和实现行政信息重复利用。2012 年 7 月，日本发布了《面向 2020 年的 ICT 综合战略》，以大数据为重点，加快推进大数据应用。2013 年 6 月，日本政府发布的《世界最尖端 IT 国家创造宣言》提出推进公共数据向民间开放，推进大数据的灵活运用，促进个人数据流通，同时在八国集团首脑峰会上签署《开放数据宪章》。2013 年 7 月，为推动产、官、学联合，促进日本公共数据开放共享、应用和实现处理公共数据的 API 等标准化，日本三菱综合研究所牵头成立“开放数据流通推进联盟”。同时，日本政府开展首部大数据类标准 “大数据收集标准”的研制工作，标准要求企业用平民化的语言描述公开的用户个人隐私条款说明，并使用户了解其使用方法。2014 年 6 月，日本政府在“智慧日本 ICT 战略”中提出要进一步促进农业、医疗和社会基础设施等领域的数据开放共享和运用。2015 年 6 月，日本正式发布开放数据方案，并在 2016 年 5 月进一步强化落实。2017 年 10 月，运用《独占禁止法》① 对“数据垄断”行为提出了规制的主要原则和判断标准。

（二）中国大数据开放共享标准体系建设现状

1. 中国大数据开放共享标准体系建设总体情况

为推动大数据开放共享，中央先后出台《政府信息公开条例》《促进大数据发展行动纲要》《关于推进公共信息资源开放的若干意见》等政策文件，2018 年 1 月由中央网信办、发展改革委、工业和信息化部联合印发的

---

① 日本政府为调节市场经济、维护竞争秩序、实现资源有效配置而制定的“竞争法”或“反垄断法”。

《公共信息资源开放试点工作方案》，把北京、上海、贵州等五地作为公共信息资源开放的试点，为大数据开放共享标准体系建设提供了试验场。在推进大数据标准体系建设方面，2014 年 12 月，全国信息技术标准化技术委员会大数据标准工作组正式成立；2017 年 7 月，大数据标准工作组第二届组长会议通过决议，设立总体专题组、国际专题组、服务大数据专题组、政务大数据专题组、工业大数据专题组、产品和平台专题组、技术专题组 7 个专题组；2019 年 1 月，又增设了 3 个专题组，各专题组分别负责大数据领域不同方向的标准化工作。与此同时，在大数据开放共享方面，我国依托全国信标委大数据标准工作组，已经开展了相关标准的研制工作（见表 1），[①] 为推进我国大数据开放共享发展奠定了基础。

表 1　全国信标委大数据标准工作组标准研制情况

序号	标准号	标准名称	状态
1	GB/T 35295 – 2017	信息技术大数据术语	发布
2	GB/T35589 – 2017	信息技术大数据技术参考模型	发布
3	GB/T34952 – 2017	多媒体数据语义描述要求	发布
4	GB/T 34945 – 2017	信息技术数据溯源描述模型	发布
5	GB/T35294 – 2017	信息技术科学数据引用	发布
6	GB/T36073 – 2018	数据管理能力成熟度评估模型	发布
7	GB/T 36343 – 2018	信息技术数据交易服务平台交易数据描述	发布
8	20141201 – T – 469	信息技术数据交易服务平台通用功能要求	发布
9	GB/T36344 – 2018	信息技术数据质量评价指标	发布
10	GB/T 36345 – 2018	信息技术通用数据导入接口规范	发布
11	20160597 – T – 469	信息技术大数据分析系统基本功能要求	征求意见
12	20160598 – T – 469	信息技术大数据存储与处理平台技术要求	草案
13	20171083 – T – 469	信息技术大数据基于参考架构下的接口框架	草案框架
14	20171082 – T – 469	信息技术大数据分类指南	草案框架
15	20171082 – T – 469	信息技术大数据系统通用规范	草案
16	20171081 – T – 469	信息技术大数据存储与处理系统功能测试规范	草案框架
17	20171065 – T – 469	信息技术大数据分析系统功能测试规范	草案框架

① 资料来源：中国电子技术标准化研究院、全国信息技术标准化技术委员会大数据标准工作组：《大数据标准化白皮书（2018 版）》，2018。

续表

序号	标准号	标准名称	状态
18	20171066 – T – 469	信息技术大数据面向应用的基础计算平台基本性能要求	草案框架
19	20171067 – T – 469	信息技术大数据开放共享第 1 部分:总则	草案
20	20171068 – T – 469	信息技术大数据开放共享第 2 部分:政府数据开放共享基本要求	草案
21	20171069 – T – 469	信息技术大数据开放共享第 3 部分:开放程度评价	草案
22	20173818 – T – 469	信息技术大数据系统运维和管理功能要求	草案框架
23	20173819 – T – 469	信息技术大数据工业应用参考架构	草案框架
24	20173820 – T – 469	信息技术大数据产品要素基本要求	草案框架

2. 广东省大数据开放共享标准体系建设情况

广东省于 2017 年 3 月 24 日成立了大数据标准化技术委员会，以此为平台在广东省开启了大数据标准战略工作，牵头研制了大数据开放共享系列地方标准，其中《政务信息资源标识编码规范》（DB44/T2109 – 2018）、《电子政务数据资源开放数据技术规范》（DB44/T2110 – 2018）、《电子政务数据资源开放数据管理规范》（DB44/T2111 – 2018）等已发布，并于 2018 年 4 月 25 日起正式实施。系列标准分别从政务信息资源的信息分类编码原则和方法、标识符、提供方代码、标识符管理、分类组织方式、元数据、数据格式、版权声明、数据使用策略、数据更新及数据质量要求、管理的角色与职责、管理过程等方面对电子政务数据资源进行规定。2018 年 7 月，广东省发布了《广东省大数据标准体系规划与路线图（2018 – 2020)》（征求意见稿），拟分别从基础类、技术类、安全类、工具类、应用类、管理类等 6 个方面进行大数据标准体系建设。

3. 四川省大数据开放共享标准体系建设情况

为推动政务信息资源开放共享，2011 年 9 月四川省发布了《成都市政务信息资源交换标准体系》，包括《第 1 部分：总体框架》《第 2 部分：交换技术规范》《第 3 部分：Web Service 接口技术规范》《第 4 部分：核心元数据》《第 5 部分：公共数据元》等系列地方标准，就数据采集、数据共享、数据开放和安全等方面制定规则。为推进城乡社区及建制村综合管理与服务信息化建设，成都市计划研制《社区综合管理与服务信息化技术规范》共8部系列地方标准，2014年发布了其中《第2部分：数据采集》《第5部分：数据元》《第7部分：信息安全》等3部大数据社区治理服务标准，就门户与渠道、应用、支撑服务、数据、基础设施和信息安全等方面制定规则。为建立政务数据整合共享协调机制，推动智慧政府建设，2016年成都市发布了《关于深入推进政务数据资源整合共享工作的意见》，推动社会主体利用开放数据资源进行增值开发利用，促进信息产业转型发展。同时，四川省大数据产业联合会积极开展相关标准的研制，并参与国家标准的试点验证工作，于2018年3月签署了《数据管理能力成熟度评估模型》（GB/T 36073－2018）国家标准试点推广及认证单位合作协议。

4. 浙江省大数据开放共享标准体系建设情况

为推进“最多跑一次”改革标准化建设，2017年5月浙江省陆续发布了《政务办事“最多跑一次”工作规范》（DB33/T 2036－2017），包括《第1部分：总则》《第2部分：一窗受理、集成服务》《第3部分：政务服务网电子文件归档数据规范》《第4部分：服务大厅现场管理》等系列地方标准。其中，作为“最多跑一次”工作的基础数据规范，《第3部分：政务服务网电子文件归档数据规范》重点解决了“最多跑一次”改革过程中各类权力事项电子文件“应归尽归”① 所遇到的数据组织、交换、质量和拓展问题，明确存档信息包的构成和相关权力事项归档范围目录及分类组织原则，对种类繁多的自建系统提供统一的数据结构和命名规则，同时明确政务服务网（自建系统）形成、获取的电子文件等应当满足电子文件的真实性、完整性、安全性、有效性要求，由于数据结构具有通用性，为政务文件归档提供了一个可复制、可拓展的解决思路。为规范相关法人、其他组织及分支机构各方面信息的采集，浙江省还建立了“政府公共基础信息数据库”，由于数据来源部门众多，为保证数据来源的准确性、及时性、安全性和权威

① 各类机关部门权力事项电子文件应该归档的尽量归档。

性，2017 年 11 月浙江省发布了《法人库数据规范》（DB33/T 2067 - 2017），分别从法人信息分类、法人库数据框架、法人库基础数据元等方面制定标准。

5. 山东省大数据开放共享标准体系建设情况

为统筹全省农业大数据开放共享，2016 年山东省出台了《山东省推进农业大数据运用实施方案（2016～2020 年）》，推动相关标准的研制与应用，并于 2018 年出台《农业大数据　标准体系》（DB37/T 3431 - 2018）、《农业大数据　数据处理基本要求》（DB37/T 3432 - 2018）、《农业大数据　基础数据元　第 1 部分：公共》（DB37/T 3433. 1 - 2018）、《农业大数据　基础数据元　第 2 部分：植物保护》（DB37/T 3433. 2 - 2018）、《农业大数据　基础数据元　第 3 部分：蔬菜》（DB37/T 3433. 3 - 2018）、《农业大数据　基础数据元　第 4 部分：土地确权》（DB37/T 3433. 4 - 2018）、《农业大数据　基础代码集　第 1 部分：公共》（DB37/T 3434. 1 - 2018）、《农业大数据　基础代码集　第 2 部分：植物保护》（DB37/T 3434. 2 - 2018）、《农业大数据　基础代码集　第 3 部分：蔬菜》（DB37/T 3434. 3 - 2018）、《农业大数据　基础代码集　第 4 部分：土地确权》（DB37/T 3434. 4 - 2018）等规范农业大数据数据采集、处理、交换等系列地方标准，形成了较为完备的农业大数据开放共享标准体系。2018 年，山东省组建了山东省农业大数据交换管理中心、建立政府数据统一开放平台。实现了数据统一共享交换平台的全覆盖，实现种植业、经管、畜牧、农机、农村“三资”管理等信息系统数据共享和交换。

6. 贵州省大数据开放共享标准体系建设情况

为推进大数据标准体系建设，2016 年贵州省印发了《贵州省公共数据标准体系框架》《贵州省大数据市场交易标准体系框架》《贵州省大数据标准试验验证与符合性测试评估体系框架》，相继发布了《政府数据资源目录》[①]《政府数

① 具体包括《政府数据资源目录　第 1 部分：元数据描述规范》（DB52/T 1124 - 2016）、《政府数据资源目录　第 2 部分：编制工作指南》（DB52/T 1125 - 2016）。

据　核心元数据》[①]《政务云》[②]，以及《政府数据　数据分类分级指南》（DB52/T 1123－2016）、《政府数据　数据脱敏工作指南》（DB52/T 1126－2016）等系列大数据地方标准。2017 年贵州省成立了贵州省大数据标准化技术委员会，并组建国家技术标准创新基地（贵州大数据）大数据开放共享专业委员会，为大数据开放共享标准体系建设提供平台支撑。2017 年贵阳市实施《贵阳市大数据标准建设实施方案》，明确在“十三五”期间积极参与和主导大数据安全标准、交换共享标准、政府公共数据关键共性标准，以及政府数据分类、开放、共享、安全管理等国家和地方标准建设。此外，贵阳市开展了《政府数据的基础元数据　数据质量　数据分类技术标准》《政府数据共享交换标准》《政府数据共享安全标准》三项国家标准试点。贵阳大数据交易所作为全国信标委“大数据交易标准试点基地”，参与了全国信标委《大数据交易标准》《大数据技术标准》《大数据安全标准》《大数据应用标准》的研制工作。

（三）中国大数据开放共享标准体系建设的问题分析

1. 现有标准主要局限于政务领域，社会数据开放共享标准有待研制

我国现有大数据开放共享标准主要集中于政务数据领域，社会上企业和个人数据开放共享标准建设未取得实质性进展。事实上，个人数据不完全等于个人隐私，大部分个人数据已经被机关或机构获取。例如百度、淘宝、腾讯、京东、华为、小米等大型搜索引擎、电商服务平台和电子信息企业拥有大量的公民日常生活消费信息，通过数据清洗处理后，如果能够实现开放共享，成为研究机构研究公民生活指数、消费能力、消费倾向、消费习惯、生活质量等的分析资料，无论在学术研究还是在政府政策制定等方面都极具价

---

① 具体包括《政府数据　核心元数据　第 1 部分：人口基础数据》（DB52/T 1239. 1－2017）、《政府数据　核心元数据　第 2 部分：法人单位基础数据》（DB52/T 1239. 2－2017）。

② 具体包括《政务云　贵州省电子政务网应用平台公文数据交换规范》（DB52/T 1260－2018）、《政务云　政府网站数据交换规范》（DB52/T 1259－2018）、《政务云　贵州省电子政务网应用平台接入规范》（DB52/T 1261－2018）。

值和意义。因此，在推进政务数据开放共享标准体系建设的同时，探索社会数据开放共享标准体系建设、促进社会数据开放共享已成为亟待解决的问题。

2. 现有标准主要涉及技术领域，缺乏对相关主体利益关系的规范

目前我国有关大数据开放共享标准体系建设主要涉及数据的基础标准、采集标准、处理标准、质量标准、开放元标准、安全标准等基础性和技术性领域，对于数据开放共享的分级标准、流通标准、交换标准、定价标准甚至数据确权标准等涉及市场主体利益关系的标准项目未得到重视，数据开放共享主体利益关系未得到明确界定，开放共享面临数据滥用的风险，不能为进一步推进大数据开放共享提供保障。

3. 现有标准互补性弱、衔接度低，具有普遍共识的标准体系有待完善

我国现有大数据开放共享标准体系建设不完整，主要表现为：同一标准体系不同标准项目建设不能实现同步，建设内容互补性不足，不同领域标准之间衔接程度低，缺乏具有普遍共识和基于共同利益的统一标准，导致数据开放共享过程中政务领域、行业领域和个人领域开放数据呈现出孤立性、重复性和散碎化等特征，以致出现各领域（特别是政务领域）信息资源“拥”而难“用”的现象，不仅限制了各领域数据价值的实现，而且打击了相关领域数据开放共享的积极性。

三　大数据开放共享标准体系建设的主要领域

大数据开放共享标准体系是大数据价值实现的重要基础，是大数据产业繁荣发展的重要保障。结合国内现有大数据开放共享标准要素，研制由数据的采集、处理、分类分级、流通、开放元、质量、确权、安全、定价、应用、管理、数据共享平台等13项标准组成的大数据开放共享标准体系建设框架，推进统一规范、相互衔接、安全可控的大数据开放共享体系建设。

（一）基础标准

基础标准是大数据开放共享标准体系建设的基石，主要包括总则及数据

的术语、参考模型、元数据、平台运行环境、平台功能与性能等标准。其中，总则对标准的适用范围和基本准则进行说明和规范，数据术语为标准相关术语建立共同语言和语义，数据参考模型为领域内通用数据模型进行说明和描述，数据元数据对相关数据的功能、结构、格式设计、方法语义、语法规则进行说明，数据平台运行环境和数据平台功能与性能等对共享数据平台建设进行规范。

（二）数据采集标准

数据采集标准主要包括采集目录、登记汇聚、采集频率、文件格式和命名、数据项分隔符、数据文件准备、空值缺省值处理等标准。其中，采集目录、登记汇聚等标准对数据采集范围和系统录入进行规定，采集频率标准对数据采集次数、采集速度和数据的时效性等进行规范，文件格式和命名、数据项分隔符、数据文件准备、空值缺省值处理等标准为数据采集过程中的数据分类、储存和数据开放共享中的数据搜索等提供规范和便利。

（三）数据处理标准

数据处理标准主要包括数据分析、数据表示、数据访问和数据清理等标准。其中，数据分析标准对大数据环境下数据分析的性能、功能等要求进行规范，数据表示或数据可视化标准通过运用计算机图形学、图像、人机交互等技术或运用统计图表或信息图等方式将数据映射为易于识别的图形、图像、动画、音频或数据列表等形式进行展示，数据访问标准则提供标准化的数据接口和数据共享途径，数据清理标准提供对身份证号码、手机号码等敏感数据的收集、加工、转移、删除规范。

（四）数据开放元数据标准

元数据是保证数据质量的关键。数据开放元数据标准主要包括开放数据元数据的中英文名称、结构、内容、值域、类型、编码、管理等内容。通过对元数据中英文名称及其短名、数据结构、数据内容、取值范围、数据类型

（例如字符串、日期型、时间型、布尔型、整型、浮点型等）、数据编码和管理等进行规定，形成开放数据的信息模型，为数据开放共享提供数据支撑。

（五）数据分类分级标准

数据分类分级标准主要包括数据分类分级规则及分类分级编码、分类分级指南、分类分级类别等标准。其中，数据分类分级规则对数据分类分级的相关事项进行规定，数据分类分级编码标准则通过代码为将数据分类分级、快速识别、科学储存等提供方法和途径，分类分级指南标准为工作人员从事数据分类分级提供指引和规范，分类分级类别标准包括农业、建筑业、房地产业、金融业等分类类别和公开共享数据、审批共享数据和不共享数据等分级类别。

（六）数据安全标准

数据安全标准主要包括数据的安全要求、隐私保护、脱敏、安全风险评价和报告、安全监督检查等标准。其中，数据安全要求标准对数据安全标准进行总体规定和描述，数据隐私保护标准提供相应措施对数据开放共享过程中涉及国家、企业和个人等相关主体信息安全的行为进行规范，数据安全风险评价和报告、数据安全监督检查等标准作为一种常态机制对数据采集、利用等过程进行风险评估并向相关部门或行为主体发出预警或提示报告。

（七）数据质量标准

数据质量是数据价值的基础，通过建立数据质量标准为实现数据价值提供保障。数据质量标准主要包括数据的一致性、完整性、准确性、新鲜度、溯源、质量评价、质量检测等内容，通过规范数据采集的一致性、完整性、准确性和新鲜度来保障数据的可利用性，同时对数据进行溯源、评价、检测，从而对数据价值进行评估，为数据价值的真实性、合法性和延展性提供保障。

（八）数据确权标准

数据确权标准从数据分类的角度来看主要包括政务数据确权、企业数据确权、个人数据确权等内容，从数据分级的角度来看主要包括公开共享数据、审批共享数据和不共享数据等内容。通过数据确权标准研制对不同性质数据的产权属性进行界定，对数据交易主体的利益关系进行规范，为规范数据交易市场发展提供保障。

（九）数据流通标准

数据流通标准主要包括数据流通方式、流通平台、流通规则、授权方式、转移方式、流通数量、流通速度、流通范围等内容。通过研制相关标准，营造良好的大数据流通环境，降低数据流通风险和成本，为大数据开放共享和数据流通提供规范保障。

（十）数据定价标准

数据定价标准主要包括大数据市场交易定价方法、定价评估规则、定价目录等标准。以数据质量、数据安全和数据确权等标准为基础，制定数据定价方法、定价评估规则，形成具有普遍共识的数据定价目录，为数据交易主体提供合理的数据定价方法、规则和策略，形成科学有效的数据定价机制，为规范数据交易市场秩序提供保障。

（十一）数据应用标准

应用是大数据开放共享的目标，通过制定数据应用标准为数据开放共享和数据价值实现提供激励机制。数据应用标准主要包括数据应用规则、应用技术和方法、应用途径、应用范围等内容。通过提供数据应用总体规则，优化数据应用技术和方法，为数据使用者提供最终的应用程序，规范数据应用途径和范围，为使用者提供安全、高效的数据应用环境，从而对大数据开放共享形成良好的激励机制。

（十二）数据开放管理标准

数据开放管理标准主要包括数据开放各部门的角色与职责、开放流程、开放内容、技术应用、发布格式和方式、使用与维护、数据备份与恢复、管理人员考核等内容。通过制定标准对政府等数据提供部门、共享平台等数据运维部门和企业等数据使用者的角色及其职责进行规定，对数据开放流程、开放内容等进行监管，对开放数据发布格式和方式、使用与维护、数据备份与恢复等进行技术规范，对管理人员职业素养和能力进行考核，形成科学高效的数据开放管理体系，提升数据开放共享体验环境。

（十三）数据共享平台标准

数据共享平台标准主要包括数据共享平台的建设技术、数据的对接、储存、目录展示、平台登录、数据获取技术、数据平台安全技术要求、平台扩展性要求等内容。通过科学、统一的技术和操作标准对数据共享平台、数据对接、数据储存、目录展示、平台登录、数据获取以及平台安全等进行规范，对数据资源进行适配、转换、传输从而实现数据交换的相关节点和流程进行技术规范和监督，降低数据共享平台建设维护成本和使用成本，优化数据共享平台的服务功能和性能，为促进数据开放共享提供支撑。

四　大数据开放共享标准体系建设的对策建议

借鉴国内外先进经验，探索社会数据领域标准体系建设，推进社会数据开放共享，研制数据确权、数据定价等规范相关主体利益的大数据标准，明确大数据开放共享中相关主体的利益范围，研制完整的政务数据开放共享标准体系，为促进政务数据开放共享提供相互衔接的标准保障等是目前大数据开放共享标准体系建设的重要任务，也是推进数据开放共享的重要手段。

（一）探索社会数据领域标准体系建设，为推进社会数据开放共享提供激励机制

政务数据与企业和个人等社会数据的开放共享，对实现全领域数据开放共享和全域数据资源“数聚融合”，延长数据价值链，实现数据价值增值从而推进我国大数据产业健康、可持续、全面发展具有重要意义。推动社会中企业和个人数据开放共享，一方面，需加强政企合作，政府不仅可以利用外部资源提升自身的公共服务能力和治理水平，降低因信息不对称造成的政策制定与社会需求脱节而导致的治理成本和社会风险，通过探索社会数据资源开放共享标准体系建设，推进社会资源与政务数据资源开放融合，从而实现降低政府治理成本和社会风险目标，促进社会创业创新。另一方面，需加强政民合作，通过社会数据开放共享标准体系建设提升公众数据开放共享意识，并在数据开放共享中变成积极的参与者、监督者和受益者，从而对社会数据开放共享形成激励机制。

（二）研制规范相关主体利益的大数据标准，规范数据开放共享和数据交易市场

就市场交易的角度而言，通过明晰的产权来界定相关利益主体的利益范围是规范大数据流通、交易的前提。在大数据开放共享立法的基础上，研制数据分类分级、数据确权、数据流通、数据定价等标准，通过分类分级和确权来规范数据流通并为数据定价提供参考，从而实现对相关市场主体利益范围的清晰界定，并在规范的数据开放共享和大数据市场交易环境中激励企业、社会组织和个人参与数据交易活动，进一步推进社会数据资源开放共享。

（三）统一规划数据开放共享标准体系，促进不同领域数据开放共享标准相互衔接

统一性标准是建构共同意识或共同价值的基础，而共同价值是各方达成

共识并形成合作的前提。大数据开放共享标准体系建设，就是通过统一标准从而形成共同意识和共同效益并促进合作，真正实现不同领域的数据开放共享。事实上，大数据时代“数聚融合”使得不同领域大数据标准之间都存在内在联系，这种联系也体现了大数据开放共享的内在逻辑。因此，统一规划大数据开放共享标准体系，将可以通过关联融合实现价值的部门数据建立起相互依存、相互衔接、相互补充的关系，并通过完整的标准体系建设为不同部门提供相互衔接的标准保障，从而使相关领域数据开放共享从被动向主动转变。

参考文献

[1] 范文龙：《大数据与工程造价有效融合的思考》，《广东开放大学学报》2018 年第 1 期。

[2] 韩晶、王健全：《大数据标准化现状及展望》，《信息通信技术》2014 年第 6 期。

[3] 黄如花、陈闯：《美国政府数据开放共享的合作模式》，《图书情报工作》2016 年第 19 期。

[4] 黄如花、刘龙：《英国政府数据开放的政策法规保障及对我国的启示》，《图书与情报》2017 年第 1 期。

[5] 赵蓉英、梁志森、段培培：《英国政府数据开放共享的元数据标准——对 Data. gov. uk 的调研与启示》，《图书情报工作》2016 年第 19 期。

[6] 魏红江、李彬、祝慧琳：《制定我国大数据战略与开放数据战略：日本的经验与启示》，《东北亚学刊》2016 年第 6 期。

[7] 广东省工业和信息化厅标准与应用处：《数据开放和共享系列标准正式发布》，广东省工业和信息化厅官网，2018。

[8] 金春华：《浙江省三项标准规范现场服务数据共享》，《浙江日报》2017 年 12 月 11 日。

[9] 金春华：《浙江省加快构建“最多跑一次”改革标准化体系》，《浙江日报》2017 年 12 月 11 日。

[10] 姜超：《推动电子化归档拓面提升助力“最多跑一次”改革——对〈政务办事“最多跑一次”工作规范第 3 部分：政务服务网电子文件归档数据规范〉的解读》，《浙江档案》2018 年第 2 期。

［11］山东省农业厅：《山东省推进农业大数据运用实施方案（2016—2020年）》，山东省人民政府网站，2016。

［12］中国电子技术标准化研究院、全国信息技术标准化技术委员会大数据标准工作组：《大数据标准化白皮书（2018版）》，中国电子标准化研究院网，2018。

［13］全国信息安全标准化技术委员会大数据安全标准特别工作组：《大数据安全标准化白皮书（2018版）》，中国电子标准化研究院网，2018。

［14］国脉研究院：《政务数据资源体系建设白皮书：政府数据开放发展之道》，国脉电子政务网，2016。

［15］复旦大学提升政府治理能力大数据应用技术国家工程实验室、国家信息中心数字中国研究院：《2018中国地方政府数据开放报告》，中国开放林指数网，2018。

［16］张群、吴东亚、赵菁华：《大数据标准体系》，《大数据》2017年第4期。

B.8

健康医疗大数据标准体系建设研究

摘　要：　党的十九大报告将实施健康中国战略作为发展方略中的重要内容，事关人的全面发展、社会全面进步，是人民群众最关心、最直接、最现实的民生问题。新兴技术与健康医疗加速整合，特别是以健康医疗大数据为代表的新型医疗形态，正在重塑医疗卫生体制改革机制，不断满足人民群众多样化、个性化的健康需求。健康医疗大数据标准体系建设有助于促进和规范数字时代健康医疗行业发展，持续释放健康红利。本文围绕健康医疗大数据标准体系建设的意义、创新实践、主要框架等方面介绍我国当前健康医疗大数据标准体系建设成果，分析当前标准体系建设存在的不足，并提出对策建议。

关键词：　健康中国　健康医疗大数据　标准体系

“人民健康优先”是党的根本宗旨和执政理念在医疗卫生健康领域的集中体现，没有全民健康，就没有全面小康。数字时代，生命科技和新一代信息技术驱动健康医疗大数据在精准诊疗、公共卫生、药物研发、健康管理、临床科研等核心领域融合突破，使之成为创新最活跃、融合最深入、应用最广泛的经济新引擎。健康医疗大数据是医疗机构、计卫部门、医保部门等为人们提供健康医疗服务时所产生的数据。作为新兴事物，健康医疗大数据在蓬勃发展的同时也遇到一些新情况、新问题，需要加快健康医疗大数据标准体系建设，进一步推动健康医疗大数据产业有序发展。

一　我国建设健康医疗大数据标准体系的重要意义

健康医疗大数据涉及面广，主要包括医药研发与管理数据、生物医学数据、健康医疗服务数据、患者行为与情绪数据、公共卫生数据、卫计统计数据、医疗保险数据、人口管理数据、健康环境数据等方面，通过健康医疗大数据标准体系建设来促进和规范医疗机构、健康管理部门等运用大数据为人们提供优质、高效的健康管理服务，它不仅是我国经济社会全面发展的必然要求，也是推进“健康中国”建设的必然举措。

（一）健康医疗大数据标准体系建设是“健康中国”的重要支撑

国家高度重视健康医疗大数据发展，要求发挥健康医疗大数据的便捷性和低成本优势，着力改善民生，建设普惠性的健康社会。健康医疗大数据的应用发展是一项能够满足群众需求、培育新兴产业和新经济增长点的民生工程。健康医疗大数据已成为“健康中国”重要的基础性战略资源。当前“健康中国”建设面临着人口老龄化加速和疾病谱变化趋于复杂、“三医联动”改革滞后、健康领域投入不足、环境污染和食品安全问题形势仍然严峻等挑战，健康医疗大数据标准体系建设迫在眉睫，关系国家战略安全、国家生物安全、人民生命安全和公民个人隐私安全，将为“健康中国”的建设提供强有力的支持。

（二）健康医疗大数据标准体系建设促进健康医疗行业有序发展

健康医疗大数据行业的有序发展，离不开标准、安全和服务的系统支撑。标准是发展的基本前提，安全是发展的有力保障，服务是发展的最终目的。三者形成构成健康医疗大数据的逻辑系统。大数据时代，健康医疗行业的发展将逐步数据化，形成海量的健康医疗大数据。在互联互通、标准规范、安全可控、政策支持的基础上，有利于政府出台相关法律法规，建立国家健康医疗数据资源目录体系，促进医疗数据分类、分级；有利于促进医疗数据互联互通和产业融合发展；有利于个性化智能监控医疗服务的培育，促进个体生命周期内疾病的预防、治疗以及健康管理整合；有利于提高医疗服务水平，扩大医疗服务覆盖范围；有利于提高医疗机构管理规范水平，规范部门数据交流机制，实现健康医疗大数据的交换共享。

（三）健康医疗大数据标准体系建设有助于持续释放大健康红利

健康医疗大数据标准体系的建设将有助于健康医疗大数据形成长效机制，持续释放健康红利。一是形成新兴服务业态。大数据分析应用技术能够有效推动全生命周期的预防、治疗、康复和健康管理，实现一体化健康服务。在健康医疗卫生服务机构及新型数据集成平台的支持下，患者能够通过互联网完成健康咨询的各个环节，使用可穿戴设备、移动应用等物联网设备对个性化数据进行连续监测和共享，达到数据分析辅助医疗诊断的目标，助推健康医疗服务模式新业态蓬勃发展。二是提升健康医疗服务体验。从近年医疗实践看，医疗数据的规范化过程就是互联网健康咨询、网上预约分诊、移动支付、结果查询、随访跟踪等应用快速发展的过程，患者可在网上自助预约挂号、远程候诊、诊间支付、报告查询，较好地解决了就诊过程耗时费力的问题，提升了患者的就医体验。三是延伸优质医疗服务范围。健康医疗的应用发展，特别是新兴科技与健康医疗的深度融合应用，催生了“互联网＋健康医疗”，为优质医疗资源的延伸放大提供了扎实可靠的技术支撑，以数字化的形式将知名医院、医生精湛的健康医疗知识分享到偏远欠发达地区，最大限度地筛选汇聚各地优质医疗资源，有效推动分级诊疗制度落地落实。

二　我国建设健康医疗大数据标准体系的创新实践

卫生健康问题关乎民生福祉，受到世界各国政府的共同关注。我国政府始终致力于持续提升卫生健康事业水平，在长期的实践中积累了大量的医疗卫生标准，为健康医疗大数据的标准研制奠定了坚实基础。为推动健康医疗大数据战略深入实施，建立健全健康医疗大数据标准体系成为当前及今后一段时期内的发展目标和重要任务，国家、地方政府和健康医疗行业都在标准建设方面进行积极探索，形成了丰富的创新实践成果。

（一）国家健康医疗大数据标准建设实践

1. 医疗卫生标准奠定健康医疗大数据标准建设基础

我国在长期的医疗卫生实践过程中，积累了丰富的医疗卫生经验，专门成立国家卫生标准委员会，下设信息、传染病、寄生虫病、地方病、营养、病媒生物控制、职业卫生、放射卫生、环境卫生、学校卫生、医疗机构管理、医疗服务、医院感染控制、护理、临床检验、血液、消毒等17个标准专业委员会。卫生标准委员会主要负责涉及卫生医疗健康等标准的制定、修订、解释、实施，形成了17个专业标准体系，自2009年以来发布了强制性国家职业卫生标准和推荐性卫生行业标准等多项标准。卫生标准委员会的工作推动我国形成较为完善的医疗卫生标准体系，为健康医疗大数据标准体系建设在总体框架、术语标准、信息模型等基础标准，在数据元标准、分类与编码标准、数据集标准、共享文档规范等数据标准，在系统功能规范、系统建设技术规范等技术标准方面提供了框架范式。

2. 多项政策文件指引健康医疗大数据标准建设方向

大数据时代的来临，为健康医疗行业带来了机遇与挑战。为促进和规范健康医疗大数据健康应用发展，推动建设“健康中国”，国务院先后发布多项指导性文件，指引健康医疗大数据标准建设方向。2016年6月24日，国务院发布《国务院办公厅关于促进和规范健康医疗大数据应用发展的指导意见》（国办发〔2016〕47号），要求建立健全健康医疗大数据标准体系，建立疾病诊断编码、临床医学术语、检查检验规范、药品应用编码、信息数据接口和传输协议等相关标准。该意见的出台对数据开发、挖掘、应用行为、准入标准提出了规范要求，有利于促进健康医疗大数据产品、服务流程标准化，推动个人健康管理和国家医疗卫生改革发展进入历史新阶段。2016年10月25日，中共中央、国务院印发《“健康中国2030”规划纲要》，要求加强健康医疗大数据相关法规和标准体系建设，制定分级分类分域的数据应用政策规范，完善健康领域标准规范，建立健康医疗指南体系。该纲要的出台推进健康医疗大数据应用发展走向深入，凸显了我国建设健康医疗大数据标准体系的前瞻性和紧迫性，进一步明确了标准体系建设在“健康中国”建设中的基础性地位，也为健康医疗大数据标准体系建设的未来性和系统性提出了更高的要求。2018 年 4 月 25 日，国务院发布《国务院办公厅关于促进“互联网 + 医疗健康”发展的意见》（国办发〔2018〕26 号）提出，制定医疗服务、数据安全、个人信息保护、信息共享等基础标准，加强对“互联网 + 医疗健康”的标准管理。完善医疗健康数据资源目录与标准体系，全面推进医学名词术语、疾病分类与代码、病案首页书写规范、手术操作分类与代码“四统一”。该意见的出台有利于加快建设医院信息化，加强医疗信息平台功能，推动数据标准广泛应用，提升健康医疗信息互通共享能力。

3. 发布标准规范推动健康医疗大数据标准建设进程

国家卫生健康委员会先后确定福建、江苏、山东、安徽、贵州等五省为健康医疗大数据中心试点省份，为健康医疗大数据采集、开发、共享、运营、安全等具体目标任务实施提供了实践基础，为健康医疗大数据标准体系建设提供了经验数据支持。2018 年 7 月 12 日，国家卫生健康委员会出台了《国家健康医疗大数据标准、安全和服务管理办法（试行）》，阐明了健康医疗大数据的定义、内涵、外延，从标准管理、安全管理、服务管理三个方面对标准建设进行了解释。在标准管理方面，要求优化标准管理流程，建立标准管理的激励约束机制，注重标准应用的效果评估，完善标准的开发应用；明确了标准管理的原则，鼓励多方参与标准管理，建立健全标准化管理平台。在安全管理方面，要求建立安全管理制度，形成完备的操作规程和技术规范，明确数据分级分类分域存储的要求；加强对数据安全的管理，做到信息基础设施不受损毁，网络安全等级得到有效保护，数据传输过程保留痕迹，保障数据安全措施得当，对数据泄露事故进行无障碍追查，保障数据安全。在服务管理方面，明确了数据在产生、收集、存储、使用、传输、共享、交换和销毁等各环节责任，要求所有医疗卫生机构接入全民健康信息平台，开放监管端口；在管理上做到分级授权要统一，应用管理要分类，权利与责任要一致。该试行办法的实施，首次明确了标准管理、安全管理、服务管理在健康医疗大数据标准建设中的基础性作用，将引导我国健康医疗大数据标准工作围绕这三方面进行，推动健康医疗大数据标准建设进程。

（二）地方健康医疗大数据标准建设实践

1. 重庆市先行先试，领先出台地方标准

一直以来，重庆市持续加大健康医疗大数据发展力度，特别是在标准研制方面，出台了一系列地方标准，使其离建设健康医疗大数据标准体系的目标更近一步。2016 年 12 月 26 日，重庆市发布《重庆市健康医疗大数据应用发展行动方案（2016—2020 年）》（渝府办发〔2016〕264 号），行动方案重点要求对大数据挖掘、开放和应用行为以及健康医疗大数据应用领域的准入标准进行严格规范，强化药品应用编码、临床医学术语、信息数据接口和传输协议、疾病诊断编码、检查检验规范等标准的建设工作。加强对健康医疗大数据开放共享和诚信管理，切实保护各方合法权益，推动建立健康医疗大数据应用标准体系。重庆市根据当前健康医疗大数据发展态势，结合自身健康医疗大数据产业基础，发布了《医疗物联网　远程监控业务　第 1 部分：平台功能》（DB50/T 712. 1 –2016）、《医疗物联网　远程监控业务　第 2 部分：终端基本要求》（DB50/T 712. 2 –2016）、《医疗物联网　远程监控业务　第 3 部分：数据采集》（DB50/T 712. 3 –2016）、《医疗物联网　远程监控业务　第 4 部分：通讯接口和应用层协议》（DB50/T 712. 4 –2016）等重庆地方标准，助推健康医疗大数据标准体系建设进入快车道。

2. 贵州省创制性立法，出台首部地方性法规

作为国家健康医疗大数据中心建设和国家医疗健康信息互联互通工作试点省份，贵州省大力推进贵州省国家健康医疗大数据西部中心建设和标准规范体系建设工作，出台了我国健康医疗大数据应用发展的首部地方性法规。2017 年 7 月 18 日，贵州省印发《关于促进和规范健康医疗大数据应用发展

的实施意见》（黔府办发〔2017〕24 号），要求严格按照国家疾病诊断编码、药品应用编码、临床医学术语、信息数据接口和传输协议、检查检验规范等相关标准，规范开放、挖掘、应用行为，规范准入标准，推进产品、服务流程标准化，健全法规、政策、标准，建设标准规范体系。2018 年 10 月，贵阳市发布《贵阳市健康医疗大数据应用发展条例》（市人大字〔2018〕12 号），对数据采集的标准和要求、数据采集汇聚的对象范围、数据汇聚存储的平台载体进行了规范，从建立健康医疗大数据应用发展诚信档案、记录违法失信行为、采集健康医疗数据、推进实名就诊、建立医疗检查检验结果互认机制等方面规定了健康医疗大数据的信息数据共享机制。同时，鼓励有关医疗领域的移动应用、可穿戴设备等采集到的健康医疗基础数据和整理后的存量数据，集中汇聚、存储到市级平台。作为全国第一部地方性法规，该条例的出台对于贵阳市健康医疗数据的采集、医疗健康信息的互通共享和应用发展具有十分积极的作用，也为全国健康医疗大数据标准建设提供了生动实践。

3. 山东省出台数据治理措施，夯实标准建设基础

山东省是国家健康医疗大数据北方中心，在健康医疗大数据标准建设上稳扎稳打，出台指导文件和多项数据治理措施，进一步夯实健康医疗大数据建设基础。2017 年 7 月，山东省印发《促进和规范健康医疗大数据应用发展的实施意见》（鲁政办发〔2017〕55 号），明确提出建立健全健康医疗大数据标准规范体系，完善全民健康信息平台、数据库、业务应用系统的建设标准、技术规范，对应用领域的准入标准进行规范，强化药品应用编码、临床医学术语、信息数据接口和传输协议、疾病诊断编码、检查检验规范等标准的建设工作。为了确保数据可用性，需要加强数据治理力度，通过技术手段解决健康医疗数据的结构化、规范化和关联性难题，尽量减少数据在使用过程中的缺失、重复和错误。在健康医疗大数据的应用发展基础上，山东省建立健康医疗大数据专家委员会研制标准规范，出台了四大资源库基本共享数据集和疾病、药品、手术、检验检查四大目录值域代码匹配规范，制定了数据质量 8 大校检原则、2899 条数据校检规则等

数据治理措施，基本实现平台对上传数据自动进行质量控制和审查，为山东省健康医疗大数据发展提供了坚实基础，为健康医疗大数据标准体系建设提供了宝贵借鉴。

4. 福建省关注数据开放规则，加强标准数据动态管理

福建省作为国家健康医疗大数据南方中心，立足自身优势，在推进健康医疗大数据标准建设工作中，重点关注数据开放规则，加强标准数据动态管理。2017 年 4 月 21 日，福州市发布《福州市健康医疗大数据资源管理暂行办法》（榕政综〔2017〕122 号），明确了标准体系组成，要求建立标准管理机制，对标准的开发与应用、各级各类医疗卫生计生机构信息化建设项目的标准应用情况进行动态管理，加强健康医疗大数据标准应用效果评估，及时更新相关标准状态。随后，福州市印发《福州市健康医疗大数据开放开发实施细则》（榕政办〔2017〕300 号），明确了数据合规标准，要求健康医疗数据通过合法渠道获取，只有满足合法合规要求才能进行数据开放。

5. 广东省成立标准工作组，绘制标准研究计划

广东省在健康医疗大数据标准建设工作中，成立了健康医疗大数据标准工作组，在省大数据标准化技术委员会领导下研制“互联网 + 医疗健康”标准，开展健康医疗大数据领域标准化的技术工作。目前，已绘制了未来五年标准研制工作计划，围绕基础标准、应用标准、标准体系研制十余项标准。2017 年 2 月 8 日，广东省发布《关于促进和规范健康医疗大数据应用发展的实施意见》（粤府办〔2017〕12 号），明确了标准研制工作目标，力争到 2020 年底，健康医疗信息标准规范体系基本完善，数据安全与隐私保护制度基本健全，健康医疗大数据应用标准体系基本形成。值得关注的是，该实施意见重点就建设中医药大数据分析和应用相关标准提出了要求，对健康医疗大数据产品、服务流程标准化和标准应用水平提出了工作目标。此外，广州市也大力推进健康医疗大数据标准建设工作，并印发了《广州市人民政府办公厅关于推进健康医疗大数据应用的实施意见》（穗府办〔2018〕11 号），要求制定技术和安全标准规范体系，规范数据采集、处理、共享、开放、应用及授权运营等各环节，制定统一的接入控制、应用

审计、数据存储标准和技术要求，从数据源头进行治理，提升数据质量。该实施意见特别提出要立足数据开放应用的分级分类分域授权，制定健康医疗大数据应用伦理标准、准入标准和开放规则，推动健康医疗大数据健康发展。

（三）行业健康医疗大数据标准建设实践

一直以来，各标准建设离不开行业的探索与实践。在健康医疗大数据标准建设的实践中，健康医疗行业积极参与标准化建设工作，有力地推动了本项工作的展开。为解决健康医疗大数据面临的数据来源、结构、存储、计算、质量规范、标准化等问题，中国卫生信息学会成立健康医疗大数据标准研究院，发挥全国专家、学者、企业的集体智慧，重点制定健康医疗大数据应用标准，建立健康医疗大数据标准体系。目前，该研究院正在研究《个人健康档案的文档格式规范》《常用医疗健康监测设备类数据元格式规范》《基于本体的医学术语模型》《健康体检的基本内容和格式规范》等四项标准。其中，《健康体检的基本内容和格式规范》作为一项国家标准，阐明了健康检查的基本项目设置规范，健康相关信息数据元的数据元标识符和数据元值的数据类型等内容，能够在数据信息、标识信息的标准交换与共享等健康领域发挥重要作用。《健康体检的基本内容和格式规范》目前处于专家征询意见阶段，其他三项标准正处于立项中。健康医疗大数据标准研究院等行业组织的标准建设探索与实践，将有效地配合国家标准体系建设，推动健康医疗大数据标准体系早日形成。

（四）我国健康医疗大数据标准体系实践分析

1. 健康医疗大数据标准化建设滞后于多态融合需要

当前，我国大数据蓬勃发展，但标准化建设落后于形势发展需要，医疗数据存量庞杂、增量巨大、变量多元、质量良莠不齐，没有标准的规范，健康医疗大数据产业不可避免进入弯道，极易在医疗数据公开、交易等领域衍生灰色地带，扰乱市场秩序，影响健康医疗行业发展。此外，随着医疗技术与大数据技术的不断突破，产业应用的逐步深入，特别是健康医疗与人工智能等新一代信息技术的多态融合，健康医疗产业数据正在进行着量与质的突变，不断累积的超量数据以几何级数飞速增长，催生出新的数据标准化需求，导致原有标准已经不能与之匹配，亟须研制新标准。

2. 健康医疗大数据标准建设的市场自主培育不足

自国家确立健康医疗大数据的战略地位以来，各地积极出台政策鼓励健康医疗大数据应用发展。在市场的自身发展和政府政策的合力作用下，市场对健康医疗大数据作出积极反应，涌现出一系列健康医疗大数据关联产业。健康医疗大数据产业的发展对于其标准建设在理论上会起到较大的促进作用。目前，从我国健康医疗大数据标准体系建设的实践来看，众多标准主要由政府主导制定。政府主导制定的标准主要对健康医疗大数据基础进行规范，更多地面向基础性强、约束性高、协调性广的标准需求，起到了规范引导、行业管理、支撑保障等作用，具有全局性、普遍性、广泛性。处于健康医疗大数据产业最前端的市场在标准建设上没有很好地发挥其自主培育能力，使得我国健康医疗大数据标准建设缺乏局部的、具体的、可操作的标准规范。建设标准的根本目的是规范市场行为，引导市场方向，缺乏市场自主培育的标准规范会在一定程度上产生衔接困难，最终导致健康医疗大数据标准体系缺乏灵活性和可操作性。

3. 健康医疗大数据标准化建设缺乏国际话语权

在前大数据时代，我国的全民健康信息标准与国际接轨。进入大数据时代，欧美等发达国家率先在健康医疗大数据标准研制上占领话语权，比较而言，我国健康医疗大数据标准国际化水平较低，特别是标准对健康医疗产业的支撑能力不足，标准研究与产业应用还有较大差距。国外较早形成健康医疗大数据标准化工作机制，在基础标准、技术体系和核心架构上研制出足够支撑本国健康医疗产业发展的健康医疗大数据标准，支撑平台完善，标准和产业平台之间互动良好。目前来看，我国健康医疗大数据标准还不成熟，健康医疗产业发展在标准研制过程中的实效性作用发挥不明显，在国际接轨方面还不成熟。

三　我国健康医疗大数据标准体系主要框架

梳理国内外全民健康信息标准研制情况，全民健康信息标准体系框架主要由基础、数据、技术及应用四类标准组成。根据目前健康医疗大数据标准初步探索取得的实践经验，健康医疗大数据标准体系建设应结合我国大数据标准化工作部署和全民健康信息标准要求，着眼于健康医疗大数据发展应用、全生命周期管理特点和未来的发展趋势，基于全民健康信息标准体系框架和大数据标准体系框架，形成健康医疗大数据标准体系框架，如图 1 所示。

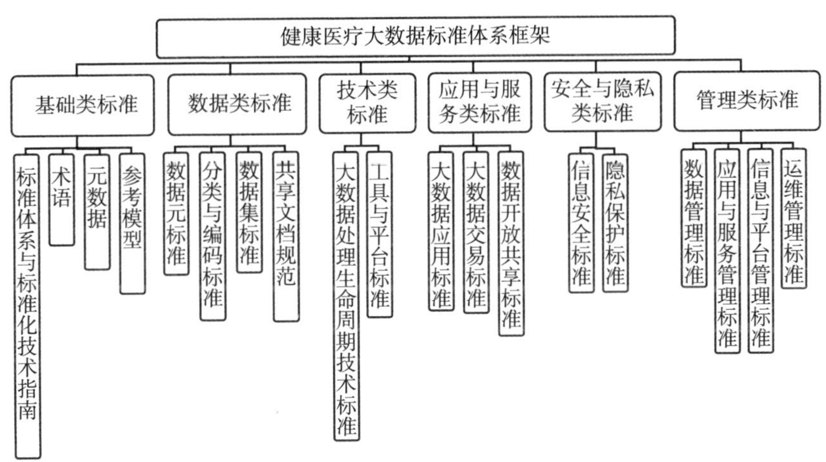

图 1　健康医疗大数据标准体系框架

（一）基础类标准

基础类标准分为标准体系与标准化技术指南、术语、元数据和参考模型，是标准体系的基石。其中，标准体系对医疗数据的层次结构和线性结构进行规定，标准化技术指南对标准体系建设的有关技术工作进行规定，术语标准对中西医的概念内涵、外延、特征、关系、订名等进行规定，元数据对健康医疗数据的属性进行规定，参考模型对医疗技术及卫生信息模型进行规定。

（二）数据类标准

数据类标准分为数据元标准、分类与编码标准、数据集标准、共享文档规范，数据元标准对健康医疗数据的语义、规则、语法等进行规定，分类与编码标准对健康医疗数据的分类、汇聚、编码、转换等进行了规定，数据集标准对类型化和非类型化健康医疗数据进行规定，共享文档规范对健康医疗数据在交换共享时进行规定。这类标准能够保证数据在被理解时不发生语义偏差。

（三）技术类标准

技术类标准分为大数据处理生命周期技术标准、工具与平台标准。大数据处理生命周期技术标准对数据的汇聚、分析、访问等技术环节进行规定，工具与平台标准对技术标准、系统架构、技术实现方式等进行规定。

（四）应用与服务类标准

应用与服务类标准分为数据开放共享标准、大数据交易标准、大数据应用标准，为数据需求操作提供规范。数据开放共享标准对医疗数据的开放共享进行规定，大数据交易标准对医疗数据的交易过程和要素进行规定，大数据应用标准对健康医疗数据的应用发展进行规定。该类标准是健康医疗数据市场化的重要工具。

（五）安全与隐私类标准

安全与隐私类标准分为隐私保护标准和信息安全标准。隐私保护标准对健康医疗数据的个人信息第三方授权、留存期、保护措施等进行规定，信息安全标准对健康医疗数据的信息泄露、系统安全、数据销毁等进行规定。

（六）管理类标准

管理类标准主要分为数据管理标准、应用与服务管理标准、信息与平台管理标准、运维管理标准。数据管理标准对健康医疗元数据的管理进行规定；应用与服务管理标准对医疗卫生机构的数据管理进行规定；信息与平台管理标准对健康医疗数据的信息传递等各环节及产生数据的平台进行规定；运维管理标准对数据的数据标准的评价、监管进行规定。

四　我国建设健康医疗大数据标准体系的未来方向

基于当前我国健康医疗大数据标准体系建设存在的问题，结合健康医疗大数据发展的实践情况，建立健全健康医疗大数据标准体系需要把握好几个方向。

（一）强化标准与应用同步，促进应用与标准协调发展

我国健康医疗大数据标准体系建设需要向实践与应用转变，集中解决来源多元、结构多元、标准多元、跨界多元问题。需通过大量的实践应用促进大数据分析工具和技术的成熟发展，特别是在数据整合、分析和挖掘上，更需要集中力量进行突破。此外，数据共享和隐私保护也是健康医疗大数据在实践中最活跃的部分，可以通过在解决数据隐私纠纷的过程中动态制定标准，保持标准的动态性，促进应用与标准协调发展。

（二）强化标准市场培育，增加标准有效供给

健康医疗大数据标准体系建设离不开市场的自主培育，在遵循政府主导制定的框架性标准原则的约束下，支持具备专业执照的社会组织、技术联盟、市场主体积极参与标准建设，共同制定满足市场和创新需要的标准，根据自身产业发展特征和方向，重点在产品竞争力提升、组织管理、技术创新、消除技术壁垒等方面进行研制，增加标准的有效供给，不断填补标准体系空白，保障健康医疗大数据标准体系满足各类市场需求，为服务和技术创新提供具备市场活力的标准化潜力，最终促进健康医疗大数据产业良性发展。

（三）强化标准合作交流，创新对接国际前沿

我国健康医疗大数据标准体系建设在立足国内标准研制的基础上，要瞄准国际前沿标准，加强合作交流，突破当前国际交流障碍，积极参与健康医疗大数据标准重大国际合作项目，搭建广泛而深入的健康医疗合作交流网络，与欧美健康医疗大数据先行国家在人才、项目、平台方面形成良好互动，吸收国外健康医疗大数据标准研制经验，形成良好的产业支撑，全面提升我国健康医疗大数据标准水平，后来居上，掌握一定的标准体系话语权。

参考文献

[1] 韩亦舜：《健康医疗大数据应用研究》，《中国国情国力》2019 年第 2 期。

[2] 陈敏、牟海燕、秦健：《健康医疗大数据标准体系框架研究》，《中国数字医学》2018 年第 4 期。

[3] 华颖：《健康中国建设：战略意义、当前形势与推进关键》，《国家行政学院学报》2017 年第 6 期。

[4] 向雨航、郭悦：《精准医学时代健康医疗大数据需要标准化》，《中国高新技术产业导报》2017 年 10 月 2 日。

[5] 代涛：《健康医疗大数据发展应用的思考》，《医学信息学杂志》2016 年第 2 期。

[6] 汤学军、董方杰、张黎黎、武琼、王才有、孟群：《我国医疗健康信息标准体系建设实践与思考》，《中国卫生信息管理杂志》2016 年第 1 期。

[7] 颜延、秦兴彬、樊建平、王磊：《医疗健康大数据研究综述》，《科研信息化技术与应用》2014 年第 6 期。

B.9 欧盟《一般数据保护条例》对中国的启示

摘　要： 作为数字经济发展的关键生产要素，大数据的价值日益凸显，随之而来的个人数据保护问题也已经成为全球各国都面临的首要难题。与此同时，传统的个人数据保护框架已经不能适应时代发展需要，构建新时代个人数据保护法律框架并在个人数据保护、社会经济发展和国家总体安全之间寻求合理且有效的解决方案尤为迫切。欧盟为此积极探索并在2016年推出《一般数据保护条例》，为大数据时代的全球个人数据保护树立了新标杆。本文旨在通过对该条例的立法理念、立法模式、立法亮点及国际影响等方面加以剖析，为我国构建公民数据隐私保护法律体系以及维护国家数据主权提供借鉴和参考。

关键词： 欧盟　数据保护　GDPR　数据权利

自语言、文字、符号等记录方式发明以来，数据开始产生并伴随人类文明发展不断增多，人类在记录、处理和应用数据的过程中获得了智慧、产生了文明。今天，随着大数据、云计算、移动互联网、物联网、人工智能等一系列新技术的出现，全球数据急剧增长，大数据技术和思维正在对人类文明产生革命性影响，一个新的文明——数字文明正向我们走来。但与此同时，个人数据在公共管理、社会服务和商业拓展中的资源地位愈发重要，全球性个人数据保护问题也愈发凸显并严重影响着大数据的发展。为此，欧盟推出了史上最严的个人数据保护法案——《一般数据保护条例》（General Data Protection Regulation，GDPR）。

一　欧盟《一般数据保护条例》的出台背景

（一）全球数据保护面临的突出问题

1. 数据安全问题全球频发

数据保护是一个全球性问题，特别是网络技术创新发展对数据保护问题的放大效应，使得数据保护问题更加复杂和棘手。近年来，在全球范围内，网络安全和数据保护事件此起彼伏。例如，2007 年以来的谷歌街景侵犯隐私案件、2011 年索尼游戏机数据遭窃案、2011 年奥地利法律系学生马克思·斯雷姆斯（Max Schrems）诉 Facebook 案、2013 年斯诺登棱镜门、2017 年 Gmail 和雅虎账户售卖案、2017 年 Facebook 和谷歌多起数据违规事件、2018 年 Facebook 泄密大选门等。在中国，近年来也发生多起电商、门户网站、互联网金融平台“泄密门”事件，既有邮箱账号、密码外泄，更有多起银行卡信息泄露事件，包括持卡人姓名、身份证号、持卡类别、卡号、CVV 码等所有信息，均在地下产业链中明码标价、公开买卖。

大数据和人工智能时代，公共部门和大型企业采集、存储和处理着海量级的公民个人数据、企业经营数据、客户信息、雇员信息、企业或商业合作伙伴的商业机密，数据安全逐渐成为一个全球各国都不得不面对的棘手问题。

2. 数据权益关系较为复杂

数据关系到国家、企业和个人利益，不单单是资产，还涉及国家秘密、商业秘密和个人隐私等各个方面。个人数据兼有财产权和人格权，同时具有价值和使用价值，数据权属是数据利用和流通及数据产业化的逻辑起点。数据资产所有权的归属决定着数据价值利益的分配以及对数据质量、安全责任的划分。现有立法没有明确规定数据资产所有权的归属，数据主体与数据处理者或数据控制者对此认识存在争议。[①] 有观点认为，个人对数据拥有绝对的财产权，个人产生的数据理所当然地应当属于个人所有。无论数据如何被流转或利用而产生出的新数据，其所有权都属于个人所有。另有观点认为，用户使用互联网企业所提供的服务所产生的数据属于企业所有。应当是“谁投资，谁所有”“谁产生，谁所有”“谁记录，谁所有”。进而有学者认为，被记录方单方记录的数据，所有权归数据记录者。[②] 总体来看，数据是一项新事物，涉及面广、权利特征多，同传统权利相比，数据权益关系较为复杂。

3. 数据治理全球共识缺失

数据治理是一项系统工程，不仅涉及技术、经济、法律，还涉及政策、环境、公共管理等多个方面，需要多方的共同努力。但当前来看，数据治理的全球共识仍旧缺失，主要体现在以下两个方面。

一方面，数据相关法律难以形成全球共识。数据治理的目标是推动数据的合理化使用。但是，各国在 ICT 和大数据产业发展成熟度不同，关于数据采集、确权、流通、存储等方面的权利界定未达成法律上的共识，各国立场不同，难以协调。

另一方面，数据利益纷争日益激烈。数据是大数据时代的基础生产要素，是数字经济发展的关键一环。大数据给人类生产生活带来的变化是革命性的，被称为继工业革命之后的又一时代变革。为了抢抓这一全球性的时代发展机遇，各个国家和地区均积极布局大数据产业，围绕着经济发展和国家安全相关的数据利益展开了激烈的角逐。例如，美国倡导跨境自由流动数据，而印度采取数据本地化政策，与美国形成强烈冲突，导致美国科技巨头联合反对印度数据本地化计划。欧盟在全球互联网产业竞争中相对落后的情况下选择通过推出 GDPR 的方式来提高互联网产业话语权。

---

① 丁道勤：《基础数据与增值数据的二元划分》，《财经法学》2017 年第 2 期。

② 陈筱贞：《大数据权属的类型化分析——大数据产业的逻辑起点》，《法制与经济》2016 年第 3 期。

（二）欧盟数据保护立法的发展历程

1. 第一阶段：以公约为代表

1981 年，欧盟《有关个人数据自动化处理之个人保护公约》及其附加议定书在法国斯特拉斯堡签署，因是欧洲系列条约第 108 号，又称《COE108 公约》。该公约及其附加议定书是全球首个关于数据保护的有法律约束力的公约，也是欧洲层面首次制定具有法律约束力的个人数据保护文件。考虑到自动化处理的个人数据的跨国流动日益增多，公约旨在保护个人基本权利和自由，尊重个人隐私，促进信息的自由流动。但是，公约的实施效果并不好，直至 1989 年，只有 7 个成员国批准了该公约，但均未建立配套的国内实施法规和细则，而葡萄牙、荷兰、意大利、比利时等国家迟迟未批准该公约。①

2. 第二阶段：以指令为代表

在《COE108 公约》签订后，预期效果并未实现，各国信息保护法发展现状也对欧洲市场的信息服务和通信设备等发展造成贸易障碍，通过颁布新的法律文件以促进欧洲个人数据保护法律的统一成为共识。为此，1990 年，欧洲委员会向欧洲理事会提交了《关于保护共同体个人数据及信息安全的指令草案》，标志着欧洲信息保护法律一体化进程的正式开启。

在该指令草案的基础上，欧盟于 1995 年正式颁布《关于个人数据处理保护及个人数据自由传输的指令》（以下简称《95 指令》）。颁布该指令有两个目的：一方面，在欧盟各成员国推动个人数据保护的基本权利得以落实；另一方面，为成员国之间各类数据的合法自由传输提供法律保障。对欧盟个人数据保护立法发展来说，《95 指令》具有里程碑意义，至 1998 年，欧盟各成员国均根据《95 指令》颁布了个人数据保护国内法。

3. 第三阶段：以条例为代表

在《95 指令》实施后的二十几年里，信息技术飞速发展，个人信息保护

① 刘云：《欧洲个人信息保护法的发展历程及其改革创新》，《暨南学报》（哲学社会科学版）2017 年第 2 期。

出现前所未有的挑战。《95 指令》有许多开放式条文，须经由成员国转化为国内法，各成员国在立法和执法的过程中存在较大的解释空间，为个人数据保护带来分歧。为此，2016 年 4 月，欧洲理事会和欧洲议会分别通过了《一般数据保护条例》（GDPR）以及《2016 年刑事犯罪领域个人数据保护指令》。

相比《95 指令》，此次颁布的 GDPR 可以由欧盟成员国直接实施，无须将其转化为国内法即可直接适用于各成员国的企业和公民。GDPR 通过后，将取代成员国的数据保护国内法，并在 28 个成员国间建立统一的数据保护和流动规则，构建“一个大陆、一部法律”的数据保护格局，从而有效优化企业营商环境。与此同时，在政府机构利用个人数据处理刑事犯罪的问题上，《2016 年刑事犯罪领域个人数据保护指令》为各成员国提供了便利，也设置了必要的限制，从而在个人数据保护与公共安全保障之间实现了平衡。

二　欧盟《一般数据保护条例》的主要亮点

GDPR 促进了欧盟范围内个人数据保护立法的统一，旨在推动欧盟内数据流动的安全与高效，相比《95 指令》，GDPR 加强了对欧盟数据主体的权利保护，主要亮点体现在以下方面。

（一）大幅扩展条例适用范围

相比《95 指令》，GDPR 的适用范围得到大幅扩展。《95 指令》的适用范围是依据传统的管辖权范围来确认的，包括在欧盟或使用在欧盟境内的设备进行处理活动的控制者。而 GDPR 为加强对欧盟公民数据的保护，将适用范围从传统的“管辖范围”扩大到“影响范围”。这个“影响范围”体现在两个方面：其一，对于设立在欧盟的控制者或处理者，无论其对个人数据的处理行为是否在欧盟发生，都应遵守该条例；其二，对于控制者或处理者对欧盟数据主体的个人数据处理，只要其处理行为是在向欧盟数据主体提供服务或商品过程中发生的，或者控制者和处理者监控了数据主体在欧盟发生的行为，即使该控制者和处理者没有设立在欧盟，也要受到该条例的制约。

GDPR 适用范围的这一扩展，突破了地域限制和管辖权限制，结合数据的流动特性着重强调了具有实际影响意义的个人数据处理场景，大大加强了欧盟个人数据主体权利的保护。它除了适用于欧盟成员国境内设立的数据控制者、数据处理者外，还将适用于向欧盟成员国公民或企业提供服务、存储数据的企业。这意味着不管是在欧盟境内设立的企业，还是跟欧盟内部成员发生业务往来的企业，都应在处理相关业务时受到该条例的约束。

为了应对 GDPR，微软、Facebook、苹果等公司开始修改其在欧盟境内对于用户个人数据的处理方式；在我国，腾讯也在微信公众平台发布《关于欧盟数据保护通用条例的通知》，声明为遵守 GDPR 的相关要求，当欧盟地区微信用户撤销授权该公众号获取其个人数据（主要包括该微信用户取消关注公众号或其自行注销微信个人账号）时，会以邮件形式告知公众号的注册邮箱删除欧盟用户的信息。

（二）全面增强数据主体权利

1. 增设了可携带权和被遗忘权

GDPR 规定，数据主体拥有可携带权，即有权从数据控制者处获取本人数据，并对其使用具有自主权。数据主体拥有被遗忘权，即有权要求数据控制者删除本人数据并避免传播。与此同时，数据主体有数据转移权，数据控制者不得故意阻碍其对该权利的行使。这意味着数据主体可以自主管理自身数据，有利于个人隐私的维护。

表 1　GDPR 规定的数据主体权利

数据主体权利	权利的主要内容
知情权	数据控制者必须以清楚简单明了的方式向个人说明其个人数据是如何被收集处理的
访问权	数据主体在提供信息时，有权确认自己的数据是否正在被处理，并有权访问个人数据。数据控制者应为用户实现该权利提供相应的流程，且不能基于提供该服务而收费
反对权	禁止采集的数据不得被数据控制者、处理者归案，对于以下两种情形，数据主体享有绝对的拒绝权：①有权拒绝数据控制者基于其合法利益处理个人数据；②有权拒绝基于个人数据的市场营销行为

续表

数据主体权利	权利的主要内容
限制处理权	当数据主体提出投诉时(例如针对数据的准确性),数据主体并不要求删除该数据,但可以限制数据控制者不再对该数据继续处理
反自动化决策(包括画像)权	若数据控制者和处理者仅仅依靠自动化处理(包括画像)作出决策,会对数据主体产生重大影响时,数据主体有权不受其约束
被遗忘权	当数据主体依法撤回同意或数据控制者不再有合法理由继续处理数据等情形时,数据主体有权要求删除数据
可携带权	数据主体可以无障碍地将其个人数据从一个信息服务提供者转移至另一个信息服务提供者

2. 加强了个人数据授权要求

GDPR 规定，只有在数据主体被告知并自愿的情况下做出的确定性表示才能成为数据主体授权，极大加强了数据主体对本人数据的控制力。数据授权满足以下要求：第一，除了数据主体授权之外，数据控制者应确保数据不被用于其他目的；第二，数据主体的授权可以随时撤回，不具备法律上的永久效力；第三，书面授权与其他事项授权要相互区分；第四，数据主体的缄默不构成完整的数据使用授权。

3. 赋予了数据主体申请司法救济的权利

GDPR 规定，数据主体拥有对监管决定或对数据控制者的不法行为提出司法救济申请的权利，有向监管机构提出异议的权利。对于违法违规侵害数据的行为，相关的数据主体有权要求监管机构对其开展调查；如果调查不力，相关的数权主体也有对数据监管机构提起诉讼的权利。这一权利的赋予使数据主体的相关权利得到更好的保护。

4. 设置了数据保护影响评估

GDPR 规定，数据控制者应当对个人数据的数据保护影响进行充分的评估认定，并根据评估认定结果采取相应的数据保护措施。这项规定是为了将数据处理带来的风险最小化，以切实保护数据主体的相关权利，在对个人具有重大影响的数据保护上十分重要。

（三）切实加强义务主体责任

1. 创设了企业数据保护专员制度

数据保护专员制度是 GDPR 的首创，该制度要求在企业内部设立专门负责数据保护的工作岗位——数据保护专员。其职责主要有两个：一是，负责沟通数据主体，围绕企业数据管理进行问题查找并及时整改；二是，与数据监管机构合作，并对企业在 GDPR 相关规定的执行上进行监督。

2. 明确了数据处理者的责任义务

数据处理者不参与数据的采集、存储和使用等环节，仅负责数据的相关分析活动，与数据控制者不同，它与数据主体没有直接关联。但 GDPR 规定，要同数据控制者一样，将数据处理者一并纳入监管范畴，并规定在数据处理过程中，数据处理者必须切实保护数据主体的个人数据权利。

3. 规定了企业必须履行的告知义务

GDPR 规定，在数据采集和数据泄露等情况下，数据控制者具有告知义务。当发现数据泄露事故发生时，数据控制者必须及时告知相关数据主体，并在规定时间内向数据监管机构报告。此外，数据控制者有义务采取必要措施，以消除或最大化降低数据泄露事件给数据主体带来的各类负面影响。

4. 提出了个人数据保护的基本原则

为了保证数据控制者的业务经营满足 GDPR 的个人数据保护要求，GDPR 还规定了数据控制者的数据保护须满足两个基本原则：一是最小化原则，即数据采集的时间、数量、范围以及接触主体等应当最小化，不得超采；二是一一对应原则，即数据采集与数据的真实使用目的要一一对应。

（四）完善跨境数据传输机制

1. 增加充分性认定的对象类型

根据《95 指令》，如果一个国家或地区通过了欧盟委员会的充分性认定，那欧盟可与其自由进行欧盟居民个人数据的传输和转移。但目前仅有 11 个国家或地区通过充分性认定。鉴于此，为了进一步扩展充分性认定的覆盖面，GDPR 规定欧盟委员会可以对一个国家内的特定行业、地区和组织的数据保护水平进行充分性认定评估。

2. 明确禁止许可管理方式

许可管理方式是欧盟一直以来采用的跨境数据流动制度，但实践表明，这种制度并未让个人数据出境的保护水平得到实质性提升，反而滋生了官僚主义。鉴于此，GDPR 规定，只要企业的跨境数据流动行为符合 GDPR 相关条款，其行为便受法律保护，任何成员国不得再以许可管理的方式加以阻挠或限制。

3. 正式确立 BCR 法律地位

对于集团型跨国企业来说，有约束力公司规则（Binding Corporate Rules，BCR）是一种有效的跨境数据传输机制，集团在得到监管机构充分认可后可以被看作一个“安全港”，个人数据可以在集团内部的成员之间合法传输。埃森哲等 70 多家跨国公司已经获得 BCR 认可。GDPR 将 BCR 纳入相关法律程序，并明确给予其正式的法律地位，而且为企业在获取 BCR 认可的标准、流程、内容等方面作了详细规定。①

4. 引入新型合规机制

为了使市场自律与第三方监督作用得到最大化发挥，GDPR 引入了新型合规机制，即经批准的行为准则和市场认定标志。针对从欧盟接收数据的主体，GDPR 规定，数据控制者可以成立具有详细行为准则的协会，并经由欧盟数据保护委员会或成员国数据保护机构批准后生效。此外，针对公共机构间的数据转移，GDPR 规定，在数据跨境转移活动中，可以将经批准的市场认证标志作为合法机制。

（五）创新数据资源监管方式

1. 优化了数据资源监管机制

GDPR 的立法层级高于成员国国内法，有利于欧盟数据监管规则的统一。GDPR 规定，欧盟数据监管采用“一站式”原则：一是主要监管责任

① 王瑞：《欧盟〈通用数据保护条例〉主要内容与影响分析》，《金融会计》2018 年第 8 期。

由数据主营机构所在国的监管机构承担；二是数据主营机构所在国与各成员国的监管机构之间要积极合作，共同监管。“一站式”监管原则优化了数据资源监管机制，明确了数据监管机构的管辖权，有助于降低企业的合规成本。

2. 加大了违规处罚的力度

与《95 指令》相比，GDPR 的处罚力度明显加大。根据 GDPR，如果欧盟境内的公司违反相关规定，除了面临严厉行政处罚外，将面临巨额罚款，最高可达该公司全年经营额的 4%。这项规定意味着公司规模越大，违规成本越高，如苹果、微软、谷歌等世界级的跨国公司，一旦违反 GDPR 相关规定，面临的违规处罚将达到“天价”。

3. 强化了数据资源集中监管

对数据集中监管的全面强化是 GDPR 的最大特点之一。为此，欧盟增设了数据保护理事会，并通过 GDPR 以法律形式正式确立其为欧盟最高数据监管机构。数据保护理事会直接对欧盟委员会负责，是一个完全独立的数据监管机构。

4. 完善了数据跨境转移的监管规则

GDPR 对欧盟数据传输的目的国有严格要求：第一，数据传输目的国要有完善的个人数据保护法律；第二，数据传输目的国要有能切实履行保护数据主体权利责任的数据监管机构；第三，数据传输目的国要有完善的数据权利司法救济体系。此外，还有一种方式可以成为欧盟数据传输目的国，即通过欧盟数据保护充分性认定。

三　欧盟《一般数据保护条例》的全球影响

GDPR 被称为欧盟史上最严格的数据保护法案，但其关于境外企业和机构的数据权利规定表明，GDPR 是一部全球性的数据保护法案。该条例在 2018 年 5 月 25 日正式生效，必将在全球范围内产生巨大影响。

（一）推动全球个人数据保护

随着互联网技术的迅速发展、数字基础设施的日趋完善，全球数字产业获得巨大发展，个人数据的价值逐渐显现。然而，相比数字产业的发展，数据规则的发展明显滞后。大数据时代，财产属性和人格属性是数据最为典型的二元特征，而保护是两者得以发展的基础条件和共同需求。诚然，数据安全这一紧随大数据发展而产生的问题一直是人们最为关心的，与之相关讨论、研究与合作十分丰富，可以说，个人数据保护已经成为全球共识。但具有标志性或引领性的个人数据保护法律并不多。

在这一背景下，GDPR 对全球个人数据保护起到的推动作用是十分巨大的。第一，GDRP 是一部涵盖个人数据采集、处理、使用等的全方位立法，对数据主体权利、监管机构职责、企业义务等都作了详细规定，显著提升了欧盟的个人数据保护水平。第二，欧盟市场十分巨大，GDPR 促使各类外国企业主动遵守其相关规定，企业如果不加强合规性的个人数据保护，就等于放弃欧盟市场，凸显了 GDPR 在个人数据保护上的外溢效应。第三，GDPR 是个人数据保护立法的标志性法案，其推出标志着全球个人数据保护进入新的时代，表明大数据发展正从无序走向有序，这是大数据从生产走向生活、从企业走向个人的必须和必然，在这个过程中，个人数据保护立法是抢夺大数据发展国际话语权的重要路径，GDPR 抢占了先机，但也助推了其他国家和地区的个人数据保护立法进程。第四，GDPR 是当前最为完善的个人数据保护法案，其立法理念具有相当的前瞻性和实践性，对于全球其他地区的个人数据保护立法具有重要借鉴意义。

（二）促进全球数据跨境流动

欧盟在数据出境的问题上非常严格，《95 指令》规定，只有当一个国家或地区通过欧盟个人数据保护充分性认定时，才能进行欧盟公民个人数据的跨境转移、存储和处理。实际上，不仅仅只是欧盟，限制数据出境是大部分国家和地区的普遍规定，如俄罗斯、印度采取防御性立场，严格限制跨境数据流动。即便像澳大利亚这类允许一般公共数据有条件跨境流动的国家，也设置了严格复杂的安全风险评估规则和流程。

GDPR 虽然被称为史上最“严”的数据保护条例，但是它适度放松了对数据跨境流动的限制，这对数据出境相对有利。第一，GDPR 的条款设计准确、内容清晰。企业只需符合 GDPR 相关规定，就能获得数据出境的批准，不再需要通过许可管理的方式。第二，GDPR 对标准合同条款进行了拓展。GDPR 在对已经生效的三个标准合同加以保留的基础上，规定欧盟成员国可以指定其他标准合同条款。这有利于商业合作和企业创新。此外，GDRP 认定了 BCR 的合法性。这意味着获取 BCR 的认可将成为跨国企业在数据传输上的优先的、合法的选择。

（三）制约跨国公司国际业务

近年来，欧盟在数据保护上越来越严格，并在许多案件审理中采用了开创性的方式。例如，被遗忘权就是欧洲法院在 2014 年 5 月的谷歌案审理中裁决提出的。2015 年 10 月，在威尔提莫（Weltimmo）案件中，欧洲法院认可了国家数据保护机构的调查义务。同月，在马克思·斯雷姆斯（Max Schrems）案中，欧洲法院将美欧跨境数据传输“安全港”协议废除。除此之外，谷歌、微软等跨国集团相继被欧盟委员会判定存在市场垄断的行为，这些公司为此付出高额罚金。

强数据保护规制虽然能够显著增强个人数据保护力度，但也必然会导致泛安全化。过高的数据保护标准（例如手续复杂、费用过高的美欧跨境数据传输“隐私盾协议”）会给跨国企业尤其是中小企业造成巨大的合规成本，从而形成市场壁垒，自由贸易及其依附的商业发展因此面临严峻挑战。[①] 如今，各行各业都离不开数据的支撑，GDPR 的实施必然对各种领域的企业都会造成一定影响。在制约跨国公司欧盟业务的同时，GDPR 也逐渐

① 大数据战略重点实验室：《欧盟最严数据保护法的深度影响及对中国的启示》，《大数据新时代》2018 年第 5 期。

改变了各类企业的未来经营策略，正如欧洲网络和信息安全联合机构负责人史蒂夫所说的，“未来企业经营首先需要考虑的是如何与用户达成互信，而不是像以前一样怎么赚钱就怎么来”。

（四）影响全球数字经济发展

和农业经济的土地、工业经济的能源一样，数据是数字经济时代的重要生产资料。欧盟正试图谋求在数字经济中的领袖地位，GDPR 这一法案所提出的个人数据保护问题正是欧盟数字经济发展总体布局的关键一环，其种种有利于欧盟的设定必将对未来全球数字经济发展形成巨大影响和挑战。

企业合规成本的大幅上升是 GDPR 造成的最直接影响。美国普衡（Paul Hastings）律师事务所调查发现，世界 500 强公司将平均为 GDPR 增加 100 万美元的支出。不仅仅是大企业，小企业也受到影响。GDPR 虽然对小企业给予了特别义务豁免，但豁免条件模糊、豁免范围不大，不利于中小企业的发展。

除了合规成本以外，GDPR 最终会通过复杂的连锁反应，对整个数字经济产业造成巨大影响。在人工智能领域，GDPR 要求算法透明，要对输出原理做出相应解释，这意味着深度学习难以合规，数据数量和类型也会因此减少。在区块链领域，GDPR 提出的被遗忘权、更正权等与其不可篡改的特性直接冲突。分布式记账与共识机制的设定意味着每个节点都要承担相应的义务。在科技金融领域，GDPR 的实施会增加欧盟的信贷获取难度。德勤会计师事务所估计，欧盟境内的消费信贷将因此下降 19%。在“行为定向广告”领域，GDPR 将会大幅提升个人数据的商业化利用成本，整个行业将会因此损失 32 亿欧元。

四　欧盟《一般数据保护条例》对我国的启示

欧盟 GDPR 开创了与美国个人数据保护不同的新模式，为全球个人数据保护树立了新标杆，其立法理念、立法模式和立法经验也给我国个人数据保护立法工作带来了重要启示。

（一）明确界定相关数据主体的权利与责任

清晰的权责关系是法律得以实施的先决条件，法律保护的第一步应当是将相关主体的权利与责任界定清楚。同样，在大数据领域，数据确权是个人数据保护的法律基础。

一方面，要明确界定数据主体、数据控制者的基本权利与责任。对于数据主体，应当赋予其一定的基本数据权利，如知情权、修改权、获取权、携带权等。而 GDPR 开创的被遗忘权则应根据我国国内个人数据保护需要进行认真研究再做选择。对于数据控制者，应当对其在个人数据保护中该承担的法律责任予以明确，并效仿 GDPR 要求其采取必要的技术、制度等措施确保个人数据安全。

另一方面，要有效规范数据控制者的数据活动。一是引入数据泄露告知制度。当个人数据泄露等安全事件发生时，要及时告知相关用户并上报数据监管机构。二是确立个人数据保护原则。公民个人数据应当仅被采集并用于合法的相关业务，不得超范围采集和违规使用。三是规定数据控制者的监督责任。对于数据控制者委托第三方机构处理数据的，数据控制者负有监督的义务和法律责任。

（二）坚持审慎监管与保护创新并举的原则

大数据是新事物，代表着未来发展的新趋势，不能一上来就管死，应当找到保护与发展之间的平衡，坚持包容审慎监管与保护创新并举，有效促进大数据发展，把握新一轮国力提升的重大机遇。

一方面，要做好数据安全与大数据发展间的平衡。安全是发展的前提而不是阻碍。在大数据领域，数据的特性使得安全与发展一直很难兼顾。GDPR 以“严”著称，虽然其对个人数据起到了强有力的保护作用，但同时也限制和阻碍了大数据创新，从 GDPR 使企业合规成本大幅提升及其对全球数字经济产业造成的严重影响来看，其规定过于严格和保守，对大数据发展十分不利。我国在数据立法中，应当防止过“严”，建立容错试错机制，包容审慎监管，在确保安全的前提下，为大数据创新营造环境、拓展空间，真正促进大数据发展。

另一方面，要做好个人隐私与企业发展间的平衡。GDPR 颁布实施后，强调个人隐私权而忽视企业发展权的法律设定对经济社会造成了巨大影响，我国个人数据隐私保护的法律设定应当考虑隐私保护与企业发展两者之间的权利平衡原则。要“有理、有利、有度”地开展公民个人隐私数据保护，切勿为了保护而保护，从而牺牲企业利益和影响整个互联网产业的发展。事实上，被遗忘权在执行中常常忽视企业的地位，以数据主体为核心，从而造成企业在执行时的被动局面。并且缺乏对企业数据权益维护的相应指导，造成企业维权难。因此，在为个人隐私数据提供司法保护的同时，也应当建立和完善对互联网企业的司法和行政救济体系，从而平衡好双方利益，促进我国互联网行业健康持续发展。①

（三）加快构建数据资源权益保护立法体系

欧盟的数据保护立法已经走在全球前列并有许多可取之处，我国应当充分借鉴其立法理念，以立法为先导，加快构建数据资源权益保护立法体系。

首先，要加快数据保护立法进程。一是建立完善的个人数据保护法制环境，积极探索建立新的、符合时代发展要求的个人数据保护相关法规。二是修订现有法律法规的相关条款，确立个人数据的重要地位及个人数据保护的重要意义。三是结合行业特点制定相关领域的个人数据保护专项法规，确保法规的可落地性。

其次，要加快构建数据保护标准体系。一是完善数据采集、存储、处理、转移、管理等方面的数据保护标准，建立覆盖数据全生命周期的个人数

① 王达、伍旭川：《欧盟〈一般数据保护条例〉的主要内容及对我国的启示》，《金融与经济》2018 年第 4 期。

据保护标准体系。二是完善现有数据保护标准，提高标准的可用性和适用性。三是建立个人数据保护的评价标准，使数据控制者和监管机构在从事相关活动时有参考、有模板，从而更好地实现数据安全防护。

另外，要加快健全数据保护管理体制。一是在机构设置上要考虑增加数据保护专职部门，并以此为权威机构，负责监管、评估、通告和执法与个人数据保护相关的工作。二是建立个人数据保护的快速响应机制，确保在突发个人数据安全事件时能够灵活、迅速应对。三是要按照“统一领导、分级负责、分域管辖”的原则，实行个人数据保护的区域化自治方式，并加强宣传教育，全面提高个人数据保护的社会意识。

（四）提升数据治理国际话语权和规则制定权

GDPR 是欧盟通过规则制定抢占大数据时代国际话语权的重要手段，其推出必将在全球掀起新一轮数据规则制定浪潮。对于中国而言，应当积极参与并主导国际数据规则制定，在全球数据治理中抢占主动权和话语权。

一方面，要加强国际间数据保护领域的交流与合作。一是加强国际国内交流学习，认真总结国内外个人数据保护相关的管理模式、立法实践和标准建设等方面的先进做法和成熟经验，助推我国个人数据保护发展。二是加强国际数据保护执法协作，积极参与国际数据保护框架协议的构建，力争主导数据跨境流通的国际规则制定。三是加强数据安全理论和技术应用的国际交流，以国际领先标准为目标，切实提升国内数据安全专家的理论水平和技术水平。

另一方面，要大力提升我国数字产业市场的国际地位。首先，欧盟推出 GDPR 之所以会造成这么大的全球影响，其根源在于欧盟巨大的市场价值。即使 GDPR 过于严苛，但面对巨大的欧盟市场，全球许多国家和地区的企业也不得不在合规上做出巨大改变和牺牲，我国要取得数据治理的国际话语权和规则制定权，就得大力发展数字产业，做大数字市场，提升数字经济的国际影响力。其次，数据治理规则构建必须符合国内外现实状况和发展趋势，提升我国数字产业市场的国际地位，使我国的数据治理规则创新得到国际认可，继而主导并引领全球数据治理规则的研究和制定。

参考文献

[1] 王瑞：《欧盟〈通用数据保护条例〉主要内容与影响分析》，《金融会计》2018年第8期。

[2] 大数据战略重点实验室：《欧盟最严数据保护法的深度影响及对中国的启示》，《大数据新时代》2018年第5期。

[3] 王达、伍旭川：《欧盟〈一般数据保护条例〉的主要内容及对我国的启示》，《金融与经济》2018年第4期。

[4] 丁道勤：《基础数据与增值数据的二元划分》，《财经法学》2017年第2期。

[5] 陈筱贞：《大数据权属的类型化分析——大数据产业的逻辑起点》，《法制与经济》2016年第3期。

[6] 刘云：《欧洲个人信息保护法的发展历程及其改革创新》，《暨南学报》（哲学社会科学版）2017年第2期。

综 合 篇

Surveys

B.10
数权法对推进互联网全球治理的特殊意义

摘 要： 互联网治理是一个掣肘良久的时代议题。当前，互联网全球治理存在规则不健全、秩序不合理、发展不均衡等历史诟病，同时还面临结构畸形、霸权宰制、法治贫乏的现实困境。形式上技术社群自发制定规则，实则从源头上受到技术强国的霸权控制，形成国际互联网“伪去中心化”下的权力垄断。互联网不是法外之地，国际社会需要公正的互联网法治体系。为此，本文基于“数权—数权制度—数权法”的法理架构，对“网络空间命运共同体”的构建做出进一步阐述，并深刻研究和探讨数权法对推进互联网全球治理的特殊意义，以期为互联网全球治理指出法治之道，贡献“中国方案”。

关键词： 数权法　互联网全球治理　网络空间命运共同体　中国方案

一 互联网全球治理的法治困境

互联网治理是全球治理的重要内容，也是大国间博弈的重要方面。当前，互联网全球治理制度供给不足，“四个没有变”的法治困境依旧存在：一是全球互联网发展不均衡、规则不健全、秩序不合理的基本现状没有变；二是侵害个人隐私、侵犯知识产权、侵占信息资源等网络威胁日趋严峻的基本态势没有变；三是网络监听、网络攻击、网络犯罪等网络安全事件频发的基本形势没有变；四是网络恐怖主义、网络霸权主义、网络军国主义等全球公害亟待解决的基本格局没有变。[①] 互联网全球治理体系沉疴缠身、法治贫乏，亟待治理。

（一）互联网全球治理的趋势与挑战

1. 全球互联网运行与管理失衡

互联网世界与现实世界一样，其运行是需要分配资源和消耗资源的。IP 地址、域名、端口、协议等是互联网运行必要的核心资源。这些资源既不能凭空产生，也不能随意使用，而是需要专门的机构来进行分配和管理。据不完全统计，目前全球互联网主要运行与管理机构有 ICANN、RIRs、ISOC、IAB、IETF、IRTF、ISO、W3C、INOG 等[②]（见表 1）。这些机构为全球互联网自身运行提供着有力的技术支持，拥有绝对的管理权和支配权，几乎掌控着全球互联网运行必要的关键基础设施，以及管理层面和技术层面的核心标准与重要协议，成为互联网全球治理体系下一家独大的“丛林社会”。分析这些机构可以发现，它们几乎都掌握在以美国为首的西方

① 参见支振锋《网络空间命运共同体的全球愿景与中国担当》，《光明日报》2016 年 11 月 27 日。

② 在一定程度上扮演和参与全球互联网运行的机构和组织还有亚太经济合作组织、东南亚国际组织、欧洲理事会、欧洲联盟、事件响应和安全团队论坛、八国集团、IEEE（电机及电子学工程师联合会）、国际电信联盟、互联网治理论坛、国际刑警组织、Meridian 进程、北大西洋公约组织、美洲国家组织、经济合作与发展组织等。

技术强国手中，其成员也以西方发达国家公民为主，在根源上形成了严重的失衡现象。这种失衡会造成部分利益攸关主体话语权缺失的困境，其典型表现是“两个得不到保障”：一是管理机构及人员主要由欧美国家及其公民组成，互联网技术弱国及其公民的合法权益得不到保障；二是互联网全球治理体系垄断化，技术弱国互联网发展道路自主权和话语权得不到保障。

表1　全球互联网主要运行组织及其职责

互联网运行组织	主要职责
互联网名称与数字地址分配机构(ICANN)	负责在全球范围内对互联网唯一标识符系统及其安全稳定的运营进行协调,包括互联网协议地址的空间分配、协议标识符的指派、通用顶级域名以及国家和地区顶级域名系统的管理、根服务器系统的管理。管理团队由国际互联网协会(ISOC)成员组成;工作人员来自全球多个国家,但美国人为多数
五大地区性互联网注册管理机构(RIRs)	负责分配和注册本地区互联网数字资源,承接ICANN的分配,向经济体分配IP地址和自治域(AS)号码等。会员单位包括ISP、国家(或地区)互联网注册管理机构(NIR)等互联网组织,性质为非营利性会员组织
国际互联网协会(ISOC)	旨在为全球互联网的发展创造有益、开放的条件,并就互联网技术制定相应的标准、发布信息、进行培训等。此外,ISOC还积极致力于社会、经济、政治、道德、立法等能够影响互联网发展方向的工作。理事由全球各地区挑选出的互联网杰出精英构成。性质为非政府、非营利的行业性国际组织;总部设在美国。“ISOC是世界互联网政策、技术、标准以及未来发展的可信独立的领导力量”
互联网架构委员会(IAB)	定义整个互联网的架构和长期发展规划,进行技术监督和协调,任命和监管各种与因特网相关的组织。成员由国际互联网协会(ISOC)理事任命,成员由IETF参会人员选出,有国际上来自不同专业的15个志愿者(专业研究人员)。该机构系由1979年美国国防部及其高级研究计划局所创建,1992年隶属ISOC,从美国政府实体变成国际公共实体
国际互联网工程任务组(IETF)	负责互联网相关技术规范的研发和制定。由专家自发参与和管理,并向所有对该行业感兴趣的人士开放。该机构隶属于ISOC,是具有开放性的国际性民间组织
互联网研究专门工作组(IRTF)	由IAB授权和管理。分为多个小组,分别对不同的互联网技术问题进行理论研究

续表

互联网运行组织	主要职责
国际标准化组织(ISO)	在世界范围内促进标准化工作的发展,以利于国际物资交流和互助,并扩大知识、科学、技术和经济方面的合作,主要任务是制定国际标准,协调世界范围内的标准化工作,与其他国际性组织合作研究有关标准化问题。参加者包括各会员国的国家标准机构和主要公司;最高权力机构是 ISO 全体大会,所有 ISO 团体成员、通信成员、与 ISO 有联络关系的国际组织均派代表与会。性质上属于全球性非政府组织
万维网联盟(W3C)	致力于 Web 的广泛使用,研究和制定互联网开放平台及无线互联网技术等相关的国际互联网网络标准。该机构由 Web 的发明者 Tim Berners - Lee 及 W3C 的首席执行官 Jeffrey Jaffe 领导,由设立在美国麻省理工学院、欧洲数学与信息学研究联盟、日本庆应大学和中国北京航空航天大学的四个全球总部的全球团队联合运营。性质属于作为欧洲核子研究组织的一个项目发展起来的国际中立性技术标准机构
互联网运营者联盟(INOG)	讨论和影响与互联网运行有关的事务,成员主要包括互联网服务提供方和互联网交换机中心等

资料来源：参见支振锋《互联网全球治理的法治之道》,《法制与社会发展》2017 年第 1 期。

2. 网络霸权与网络宰制

美国作为互联网发源地，拥有全世界最发达的互联网技术和互联网关键基础设施的所有权和管理权，控制着全球主要信息产品的生产和互联网地址资源与根服务器的管理，具有其他国家不可比拟的绝对控制权。同时，网络空间的控制权也几乎被美国独自掌控，包括中国在内的其他国家基本都处在网络空间主权的灰色地带，即处在网络空间“半主权”甚至是“无主权”的混沌状态。此外，美国还坚持“双重标准”,[①] 倡导技术自由主义，制造技术独裁，为恐怖分子和军国主义留下了可乘之机。“尽管新科技革命对国家主权削弱和制约对所有国家都一样，但这种削弱和制约对技术水平迥异的发达国家和发展中国家来说，是不均衡和不平等的”。[②] 这种不均衡和不平等实则反映的就是网络霸权之下宰制与被宰制的国际关系，对国际正义，尤其是第三世界国家极为不利。

① “双重标准”指的是在网络自由与安全方面奉行双重标准，即对自己和盟友是一套标准，对发展中国家是另外一套标准。

② 赵旭东：《新技术革命对国家主权的影响》,《欧洲》1997 年第 6 期。

表 2　网络霸权形式及主要表现

网络霸权形式	主要表现
网络管理霸权	以美国为首的少数西方发达国家垄断了国际互联网核心部位的控制权。国际互联网的命脉是根服务器和域名体系。当前，世界上支撑互联网运转的根服务器共有 13 个。其中，1 个主根服务器设在美国，12 个副根服务器中有 9 个设在美国、1 个在英国、1 个在瑞典、1 个在日本。现在，由美国政府授权、实际由美国操纵的 ICANN 负责全球互联网根服务器、域名体系和 IP 地址等的统一管理。美国商务部有权随时否决 ICANN 的管理权，可以随时干涉其他国家的互联网系统。另外，以美国为首的少数西方发达国家垄断了国际互联网规则的制定
网络技术霸权	美国是计算机信息技术的发源地，美国人制造出世界上第一台电子计算机，铺设世界上第一条互联网。美国在 IT 领域遥遥领先于包括西方发达国家在内的世界各国，美国控制了计算机和互联网的核心技术。芯片、操作系统、搜索引擎等互联网产业链上的每个关键环节，基本上都由美国公司主宰。其中，微软和谷歌就具有明显的垄断性质
语言霸权及网络信息内容垄断	计算机汇编语言、操作系统以及软硬件标准等都是使用英语。在国际互联网的信息流量中，超过 2/3 来自美国，位居第二名的日本占 7%，排第三的德国占 5%。中国在整个互联网的信息输入流量中仅占 0.1%，输出流量只占 0.05%。可见，因特网中占主导性的语言是英语，发达国家是网络信息的主要“制造”者。其中，美国是网络信息最主要的“制造”者，美国是名副其实的“网络信息宗主国”
网络意识形态霸权	以美国为首的少数西方发达国家在互联网上大力宣扬、美化西方的“自由”“民主”“人权”“平等”“博爱”“公正”等价值观，推广西方政治模式，把互联网视作西方在海外长期“推进民主”的重要工具。“网络自由”成为西方推行网络霸权主义的主要借口之一。美国所谓的“网络信息自由流动”，实质上就是让互联网信息按照美国的需要“自由流动”

资料来源：参见王正平、徐铁光《西方网络霸权主义与发展中国家的网络权利》，《思想战线》2011 年第 2 期。

3. 网络安全与网络犯罪

网络安全与网络犯罪是互联网全球治理的另一大难题。由于互联网具有虚拟性与匿名性、跨国界与无界性、开放性与无中心化、即时交互性。这些天然特性为犯罪分子匿名实施网络攻击、网络诈骗、网络传销等违法犯罪活动提供了可能的“温床”。网络犯罪形式有两种：第一种是监听网络、袭击网站、传播病毒等非法侵入和破坏，如“斯诺登事件”“五眼联盟事件”“震网事件”等。第二种则是利用互联网实施的传统犯罪，如互联网金融诈骗、网络非法集资、网络盗窃等，其他诸如虚假广告、人肉搜索、侮辱诽谤、在线间谍等都是传统犯罪形式在互联网上的另一种体现，严重冲击了现有的全球安全体系。与传统犯罪相比，网络犯罪有三个明显特点：一是破坏力明显，低龄化发案趋势逐年升高；二是犯罪成本低，受害人多，造成的经济损失严重；三是危害面广，涉及各行各业各领域，部分犯罪活动甚至危及国家政治安全、经济安全和社会稳定。

（二）互联网法治的国际分歧与探索

由于世界各国互联网发展水平不平衡，加之各国国情、历史、经济、文化等存在较大差异，各国对互联网治理的治理理念、治理机制和治理模式也不尽相同。围绕建立互联网全球治理体系，抢占互联网全球治理的战略高地，提升国际话语权，各主权国家间的博弈正在加剧，治理进程面临困境，治理模式陷入分歧，互联网全球治理正进入一个不稳定和不确定性突出的无序时代。总体来说，全球主要的互联网治理模式可以分为多方治理模式①和多边治理模式②两种（见表3）。两种模式互有长短，各有利弊，

① 多方治理模式即“多利益相关方模式”。国际互联网协会（ISOC）认为，多方治理模式并不是单一的模式，也不是唯一的解决方案，而是一系列基本原则，例如包容和透明、共同承担责任、有效的决策和执行。ICANN 对多方治理模式的定义是：“一种组织治理或者政策制定的组织架构，目标在于让所有受到治理和政策制定影响的利益相关方共同合作，参与对特定问题和目标的对话、决策和执行”。2003 年，信息社会世界峰会日内瓦会议确认了互联网治理方面多利益相关方的原则：“确保所有利益相关方均能有机会参与那些对他们产生影响的政策决定的制定，同时保持语言的多样化”。虽然各方对多方治理模式的认识有所不同，但它是当前网络空间全球治理领域被广泛认同的治理模式，多方治理模式不仅被认为是互联网治理的最好途径，也被认为是提供了更普遍的全球治理的创新模式。相对于多边治理模式，多方治理模式既可以最大程度降低决策失误和单方面利益主导，也更加灵活、开放，且包容性更强。

② 多边治理模式是多边主义全球治理理念在网络空间治理领域的延伸。多边主义在国际交往实践中有着悠久的历史，但直到 20 世纪初期才形成全球化的多边机制，多边主义理论及其系统化的研究则是最近二三十年才逐步兴起的。罗伯特·基欧汉最早对多边主义的概念作了界定：“多边主义是在三个或三个以上国家间协调国家政策的实践活动”。多边主义研究的另一位代表人物约翰·鲁杰认为，“多边主义是根据普遍的行为原则，协调三个或者更多国家之间关系的一种制度形式”。因此，对于多边治理模式的理解可以认为是“参与主体是主权国家，其目的是用以协调国家间的关系。”在应对大规模网络安全挑战、打击网络犯罪、维护传统世界和网络世界的安全有序等方面，以及在推进互联网信息基础设施建设和提供网络公共服务等方面，多边治理模式的作用不可替代，较多方治理模式具有明显优势。

在各自擅长的治理领域都发挥着不可替代的重要作用，不存在绝对的好与坏之分、优与劣之别。两种治理模式的根本区别是政府在治理中的角色不同。通常美国和中国分别被认为是多方治理模式和多边治理模式的典型代表。

表 3　多方治理模式和多边治理模式的特征比较

比较内容	多方治理模式	多边治理模式
治理主体	强调治理主体的多样性，认为网络治理必须经过政府、私营部门、社群等各方参与才能完成，包括政府在内的各治理主体是平等的，不存在中央权威	主权国家的政府是网络空间的治理主体，在整个治理体系中处于核心位置，在治理过程中发挥主导作用
治理机制	奉行自下而上的治理机制，各利益相关主体以协商合作的方式，平等参与互联网的技术发展和公共政策的制定，各司其职	实行自上而下的治理机制，表现出高度集权化的特征，强调运用政府的政治权威，通过制定政策和实施政策，对网络事务实行单一向度的管理
决策机制	治理的决策基于各利益相关方之间达成的共识。这种共识机制涵盖了治理主体之间的互动，是在事先进行多层次、多回合的沟通、协商的基础上达成的	基于政府的强制性，政府通过行政命令的方式推行治理决策，而其他治理主体需要被动服从政府的决策

二　互联网全球治理法治化的中国方案

（一）数权、数权制度与数权法

法治是互联网全球治理的重要手段。法治的核心是法律，“法律源于人性，法律由人而生、为人而存，出发点和归宿点都是人”。[①] 针对互联网全球治理，从人性假设的基本理论出发，以“数据人”假设来破解这一全球难题，并基于该假设建构一个从数权、数权制度到数权法的法律架构。

---

① 覃英：《从人性恶之假设认识法律》，《理论观察》2009 年第 3 期。

1. 数权

数权是人格权与财产权的综合体，表现为数据人格权和数据财产权。数据人格权的核心价值是维护数据主体——人的尊严，承认数据人格权就是强调数据主体依法享有自由不受剥夺、隐私不被窥探、信息不被滥用等权利。数据财产权的前提是“数据有价”，核心是强调数据可作为新的财产客体。数权的主体是特定权利人，客体是特定数据集。数权拥有不同的权能，如数据采集权、数据使用权、数据收益权、数据可携权、数据修改权等。数权突破了“一物一权”的局限，往往表现为“一数多权”。数权天然地具有利他的、共享之权的属性，是私权和公权冲突与博弈中的一种存在，兼具私权属性、公权属性和主权属性。法律保护权利，而权利保护价值。数权设定的目的在于保护数据的价值。对数据而言，数据拥有原始价值与共享价值。数据的共享价值是无限的，远远大于数据的原始价值。数据共享权则是数据共享价值增长的核心引擎，是数权的本质。数据共享权一方面保护数据的共享价值，另一方面推动数据共享价值的无限扩大，实现“数尽其用”。

2. 数权制度

法律制度是社会理想与社会现实这二者的协调者，或者说它处于规范和现实之间难以明确界定的居间区。数权制度亦是如此。其意义不仅在于维护和实现正义，而且须致力于创造秩序，即通过数权关系和数权规则结合而成的且能对数权关系实现有效的组合、调节和保护的制度安排，最大程度降低数据交易费用，提高数据资源配置效率。这就要求我们围绕数权建构一套数权制度体系与运行规则，包括数权法定制度①、数据所有权制度②、公益数权制度③、用

① 数权法定制度是指从制度层面对数权进行法律的规定和描述，使数权实现从应然权利向法定权利的转变。

② 数据所有权是一种对数据享有最完全的支配权。数据所有权制度是指从制度层面将数据归依于特定主体，使前者处于后者的支配之下的归属形式。数据所有权制度的构建，既有助于保护数权主体的利益，又能促进数据在整个社会范围内的共享和利用。

③ 作为被让渡的用益数权，公益数权在国内外现有的权利体系中尚没有明确的定义，但就数据的利用和保护而言，界定公益数权是非常必要的，公益数权是行政主体、公共机构、公益组织等为保障和增加社会的公共福利，在公益数据上设定的公法性权利的总称。

益数权制度①和共享制度②。这五大制度的核心，是基于安全、风险防范等价值目标而确立的个人数据保护制度。但个人数据保护不能仅限于考虑私权的保护，需要超越“同意”或“知情”模式，兼顾对产业发展和社会公正更加开放、包容和友好的态度，保持规则的动态和弹性，更好（但不是更多）通过自下而上、分布式的规则产生机制，建立起更加符合特定价值目标的配套制度，形成更加符合现实需要的数据保护规制和法律体系。

3. 数权法

数权法是基于数权制度而形成的法律规范，其核心是调整数据权属、数据权利、数据利用和数据保护。数权法规范的是以数据为核心的网络空间发生的各种新型社会关系及其权利义务关系，与民法、商法、刑法、行政法、物权法等传统法律不同，数权法具有基础性、协调性、整体性等法律特征，是未来互联网法治的基本纲领和重要内容。从调整范围来看，数权法具有跨界性，可能兼具民事的、行政的、刑事的等多重法律关系内容。从调整对象来看，数权法具有广泛性，可能涉及特定权利人、特定数据集、特定权利团体等多元法律主体，涵盖数据人格权、数据财产权、数据共享权、数据主权等新型法律权利，不断颠覆以往法律体系对人权、物权、产权等的法律界定和法律规范。但无论如何，数权法是网络空间数据有序流通之必需、数据再利用之前提、个人隐私与数据利用之平衡，是构造网络空间的法律帝国这个“方圆”世界的基本材料。

（二）数权法是全球互联网法治化治理的解决方案

网络空间不是“法外之地”，国际社会需要公正的互联网法治体系。自1994 年中国正式接入国际互联网以来，互联网法治经历了互联网法治 1.0、

---

① 用益数权是为了解决数据的所有与需求之间的矛盾而产生的，是在一定条件下对他人所有的数据进行使用和收益的权利。用益数权制度的建立，是数权从控制走向利用的产物，有助于更好地实现数权的经济价值，它是所有权的一种实现方式。

② 数权作为人类生存和发展的一项基本权利，其本质是共享权，反映了承担社会责任和享受数据权利的有机统一。当然，数据共享权无法做到自我实现，必须要借助相关的制度，解决各类因数权共享而产生的矛盾分歧，发挥数权的最大价值。

2.0 和3.0 阶段（见表4）。互联网法治3.0 阶段，全球互联网事业和产业都得到了前所未有的大发展与大繁荣，但也是风险丛生、威胁不断，需要一套公正的且具有前瞻性的法律体系加以规范。围绕数据共享、数据安全、数权保护、数据主权等互联网法治核心问题，数权法应运而生，成为互联网法治3.0 的核心要义和重要内容。数权法的本质是为网络空间和网络社会定规矩、明纪律、画底线，是调整网络空间各种关系和利益冲突的法律规范，是维护网络空间主权和推进互联网产业创新、技术创新、商业模式创新的重要保障。如果说物权法是工业文明时代的必然需求，那么，数权法则是大数据时代互联网法治的本质要求，是一种网络空间法律秩序的基本架构，体现的是国家威权对于网络空间的法治治理，是互联网全球治理的重要支撑和法治化解决方案。

表4　互联网法治1.0、2.0 与3.0

阶段	特征表述
互联网法治1.0 阶段（1994～2000 年）	互联网主要传递信息,且以静态内容的信息为主。信息的传递方式比较单一,互联网并没有深刻地影响社会、经济和生活。因此,这个阶段的互联网法治以IP 地址管理、域名管理、计算机信息系统安全管理等互联网基础设施的治理为主
互联网法治2.0 阶段（2000～2013 年）	互联网主要传递价值,电子商务、社交媒体、搜索引擎成为互联网的“三大支柱”,并逐渐由信息流转向价值流,用户成为互联网服务的核心。此阶段的互联网法治以互联网行业管理、互联网信息服务、互联网等级保护以及网络交易管理等为主
互联网法治3.0 阶段（2013 年至现在）	呈现互联网快速发展且亟须秩序维护的混乱状态。此阶段,大数据、人工智能、区块链等新一代信息技术的迅速兴起,信息经济、网络经济、数字经济等发展为新的经济形态。同时,个人信息泄露、数据跨境传输、网络恐怖主义活动等为互联网的负面影响拉开了序幕,敲响了警钟。网络安全、数据安全、数权保护等互联网问题亟须法治规范

（三）数权法推动构建网络空间命运共同体

构建“网络空间命运共同体”是互联网发展的美好愿景，也是让互联网更好造福人类的重要保证。进入大数据时代，中国对数权、数权制度、数权法的探索和研究从未停止。截至目前，以数权法为总揽的互联网法治建设取得了初步成效，形成了良法善治的现代互联网法治格局。[①] 数权法作为决定网络空间资源的权利义务配置方式，体现了互联网时代的意识形态、价值观念和思想理念。从农业文明到工业文明再到数字文明，法律将实现从“人法”到“物法”再到“数法”的跃迁。数字文明为数权法的创生提供了价值原点与革新动力，数权法也为数字文明的制度维系和秩序增进提供了存在依据。数权法的意蕴凝结在数字文明的秩序范式之中，并成为维系这一文明秩序的规范基础。[②] 从这个意义上，数权法是文明跃迁的产物，与物权法一起共同构成数字文明时代的两大法律基础，共同推进人类从工业文明向数字文明踏步迈进，共同推动网络空间命运共同体实质建构。

三　数权法推进全球互联网治理体系变革

（一）理念变革：从边界管理到主权治理

互联网全球治理最核心的问题是主权问题。网络主权[③]是推进互联网全球治理体系变革，实现良法善治的重要基石。尊重网络主权就是反对网络霸权。针对互联网全球治理，传统的法律规制和技术规制强调的是互联网的边界管理，构建自主可控的路由认证方法。然而，大数据时代各利益主体围绕数据的竞争与控制日益激烈，传统上基于国家、企业、个人的网络管理边界

① 以数权法为总揽的互联网法治建设形成了互联网专门立法和传统法律在网络空间继续沿用的双重制度构造，建立了互联网关键基础设施保护、互联网行业监管、互联网内容管理、互联网刑事立法、互联网司法解释等内容，覆盖互联网重要领域和关键环节，涵盖法律、法规、规章等不同层级的互联网法律法规体系，法律规范的结构性体系呈现法律渊源规章化、法律形式成文化和法律属性公法化特征。

② 大数据战略重点实验室：《数权法 1.0：数权的理论基础》，社会科学文献出版社，2018。

③ 网络主权植根于现代法理，是国家主权在网络空间中的自然延伸和表现，是国家主权的重要组成部分。

逐渐被打破，迫切需要一套基于主权治理的数据权属关系的重新界定与调和优化的全球化法律规制。网络主权作为数权法的核心要义和重要内涵，是互联网全球治理体系能够尊重相关国家主权、平等对话、实现网络空间共建共享的重要保障。数权法强调互联网全球治理一定是基于主权的治理，主权国家在合法合规的前提下享有网络管辖权、独立权、防卫权、平等权等。基于主权治理实现的互联网治理才是公正的互联网法治。

（二）制度变革：从霸权独裁到协商民主

“单边主义”是互联网全球治理面临的关键难题。互联网发达国家利用技术优势和强势话语权粗暴践踏国际正义，倡导网络自由主义，实施网络威慑战略，借助互联网推行网络意识形态霸权。中国立足全球互联网共商共享共治的大格局和大视野，倡导互联网全球治理应当坚持多方参与、多边参与，不搞单边主义，不搞霸权独裁，其治理要由各主权国家商量着办，充分发挥好政府、国际组织、互联网企业、技术社群、民间机构、公民个人等各个主体的作用。数权的本质是共享权。数权法是基于数权制度而形成的法律规范，先天具有利他主义基因的文化和协商民主的基础与特质。数权法在坚持网络主权的同时倡导多边主义，倡导协商民主，倡导国际合作，支持联合国协调互联网全球治理，充分体现全球范围内各利益攸关方的利益，“找到最大公约数，画出最大同心圆”，共同携手建设网络空间命运共同体。

（三）结构变革：从去中心化到再中心化

互联网诞生于美国，网络技术架构使得互联网天生具有“去中心化”的独特品格。但从本质上看，这是一种误解。这里的“去中心”不是绝对的“去中心”，而是在以美国为“中心”的结构上的“去中心”。例如，前文提到的全球互联网主要运行与管理机构就几乎全部掌控在以美国为首的西方国家手中，这就会造成部分利益攸关主体话语权缺失的情况，一是本国合法利益得不到保障，二是本国互联网发展道路与管理模式的自主权堪忧。数权法是以构建网络空间命运共同体为核心导向的互联网全球治理法治化解决方案。数权法强调网络结构是分散多中心化的，而不是绝对的去中心化，各主权国家可以基于本国的网络空间主权实现各节点的身份认证和账户管理。在分散多中心化的网络结构中，每个中心的地位平等、权重同等，不存在霸权与宰制，中心与中心之间没有绝对权威性存在。

（四）模式变革：从技术之治到良法善治

互联网发源于美国，其治理机制和治理模式多由技术社群自发组织。然而，这些技术社群多半是美国组织，其核心管理人员和科学家几乎都来自欧美等主要发达国家，他们崇尚自由，倡导互联网技术治理。技术没有国界，但是科学家拥有国籍。哪个国家的科学家掌管了互联网全球治理的核心技术和重要话语权，将直接影响这个国家的科技命运和网络安全。数权法不倡导单一的技术之治，而是强调互联网全球治理需要一套由法律规则和技术规则①共同形成的"组合拳"。这套"组合拳"的本质是"重混"，目标是实现"法律规制下的技术之治"，其核心要义有三点：一是适应互联网技术架构和商业模式创新之需要；二是整合多元利益关系和价值理念之需求；三是引导促进互联网产业良性发展及维护公平正义之必然。在此基础上，数权法可形成互联网社会的共同行为准则和价值规范，实现良法善治，推动全球秩序互联网的真正到来。

四　结语

互联网全球治理法治化的核心是需要一套公平正义的法律规则。从全球来看，世界各国都在积极推进互联网治理立法，加强数权保护，提升互联网监管效能，探索新技术新业务监管规则，不断应对数字经济对法律制度带来的挑战。面对新的权利形态和法律变革，我国也应积极调整和完善当前法律

① 技术规则由软件、协议、程序、算法、配套设施等技术要素构成一个混合技术构架，本质上是一串可机读的计算机代码，具有执行不可逆的特性。法律规则由法规框架、条文、行业政策等组成，一旦违犯，需要承担相应法律责任。

规定，从数权—数权制度—数权法出发，弥补立法空白，完善既有立法，以数权法推动网络空间命运共同体实质性发展，回应数字经济发展带来的法治新要求，为全球互联网治理贡献出“中国方案”。

（一）加快数据权益立法研究

数据确权是数权保护的逻辑起点，是促进数据流通和数据产业发展之必须。目前，《民法总则》《网络安全法》等对数权的表述仍较模糊和分散，且尚未形成数权体系和统一法理。为明确数据法律地位，规范数据收集、处理、使用、交易以及监督管理的行为，保护数据主体的合法权益，促进数据共享开放，促进数据产业健康发展，保障数据安全，建议尽快启动《数据资源权益保护法》立法研究。《数据权益保护法》将以合法、公平、安全为原则，加强数据在采集、存储、流通、交易、使用过程中的权益保护，实施数据资源安全多元监管，优化行业自律环境。条例拟涵盖数据权益归属、数据产权保护、数据主权、数据维权、安全防范等内容，重点研究数据合理使用的边界、数据主权保护、数据所有者权益保护、数据产权保护等问题。

（二）加快数据安全立法研究

数据安全是大数据时代最为紧迫的核心问题。各国通过确立数据分级分类、数据留存、跨境数据流动以及数据泄露通知等制度，加强对数据安全的保护。党的十八大以来，我国已出台包括《“十三五”国家信息化规划》《促进大数据发展行动纲要》《网络安全法》在内的相关文件50余个，对数据安全保护提出了具体要求。但整体来看，我国数据安全制度比较分散，且以宣誓性、原则性规定为主，缺乏体系化，难以保障数据的全生命周期安全。因此，建议尽快启动《数据安全法》立法工作。《数据安全法》和《个人信息保护法》同时列入第十三届全国人大常委会立法规划，但两法的价值着眼点理应不同，《数据安全法》的立法价值更宜侧重于保障数据全生命周期安全、国家数据权益以及产业安全等方面，考虑规定或明确数据安全管理机制、数据安全监管主体、数据分级分类制度、数据全生命周期管理规范、数据安全风险评估制度等内容。

（三）加快个人信息立法研究

全面建立统一的个人信息保护制度已经成为国际趋势。① 个人信息保护立法不仅关乎个人隐私权保护，还关系到国家数据主权、文化主权以及经济发展。我国历经了对个人信息从间接保护到直接保护、从分散立法到集中立法、从公法治理到综合治理的历史沿革，形成了多层次、多领域的个人信息保护法律体系。但整体来看，我国个人信息保护立法呈现分散、杂乱、层次低、系统性欠缺等不足，亟须一部专门统一的个人信息保护基本法。鉴于《个人信息保护法》已正式列入第十三届全国人大常委会立法规划，建议立足我国国情和法律传统，合理吸收国际经验，尽快启动《个人信息保护法》立法工作。重点对以下四个方面内容进行规定：一是要明确界定相关概念，以《网络安全法》对个人信息的定义为基础进行补充和完善，同时对信息主体、信息控制主体以及信息处理主体等进行界定；二是明确个人信息收集、使用以及处理等具体规则，解决人工智能等新技术应用于商业领域后，企业遵守现行法律的合规困境；三是建立更加完善的个人信息权利义务及法律责任体系；四是明确个人信息保护专门机构，解决当前分散监管、重复监管或者监管真空的问题。

（四）加快数据交易立法研究

数据交易是促进数据流通的重要途径。为保障数据交易活动中数据交易主体的合法权益，明确数据交易范围、交易价格、交易质量，加强对数据交易服务机构（平台）的监督和管理，切实提高交易数据质量，确保数据交易活动真实、合法、有效，建议尽快启动《数据交易法》立法研究。研究

---

① 欧盟将个人数据作为公民的一项基本人权加以保护，始终主张统一和严格立法，强化政府部门对于个人数据保护的监管权力。美国采用分散立法加行业自律的方式，实现隐私保护与产业发展、政府监管与公民表达自由之间的平衡。

工作包括法理研究、理论研究、调查研究等。《数据交易法》在研究过程中，需要重点界定和明确的内容有以下五个方面：一是界定各数据交易主体①的责任、权利和义务，使其权责清晰，利益分明；二是界定数据交易平台的安全等级，并严格按照《网络安全法》的规定，落实网络安全等级保护要求；三是健全数据分级分类机制，完善敏感数据清洗规范；四是健全数据交易机制，界定数据交易范围，明确数据交易价格，落实数据交易质量；五是健全数据交易监管机制，明确评估考核责任。

（五）加快密码管理立法研究

密码作为维护网络安全和保障数据安全的核心技术和关键支撑，受到了世界各国的高度关注。面对数权时代的新要求，各国都在积极调整本国的密码管理法律体系，包括采用许可证的方式限制出口密码产品的类型，规定密码产品和技术的合法使用要求，规范加密设备的制造、分销和销售等方面。2017 年 4 月 13 日，国家密码管理局公布《密码法（草案征求意见稿）》，规定了密码的工作原则和管理工作体制、分类管理、应用管理、密码安全管理、监督管理以及密码事业的促进发展管理等内容。2018 年 9 月，《密码法》已被列入第十三届全国人大常委会立法规划，面对密码事业发展面临的新任务、新形势，构建与国家治理体系和治理能力现代化相适应的密码法律制度体系，建议下一步加快立法进程，推动《密码法》快速出台，全面推进密码法治建设，切实维护国家网络与数据安全。

参考文献

［1］大数据战略重点实验室：《数权法 1.0：数权的理论基础》，社会科学文献出版

① 数据交易是一个复杂的市场行为，涉及数据的生成主体、数据的采集主体、数据的交易平台、数据的交易主体以及政府监管等诸多主体。

社，2018。

[2] 连玉明：《大数据蓝皮书：中国大数据发展报告 No. 2》，社会科学文献出版社，2018。

[3] 支振锋：《互联网全球治理的法治之道》，《法制与社会发展》2017 年第 1 期。

[4] 覃英：《从人性恶之假设认识法律》，《理论观察》2009 年第 3 期。

[5] 赵旭东：《新技术革命对国家主权的影响》，《欧洲》1997 年第 6 期。

[6] 黄志荣：《中国互联网立法研究》，中共中央党校博士学位论文，2017。

[7] 中国信息通信研究院：《互联网法律白皮书（2018 年）》，2018。

[8] 支振锋：《网络空间命运共同体的全球愿景与中国担当》，《光明日报》2016 年 11 月 27 日。

B.11

数据人假设：数权法的逻辑起点

摘　要： 法律是人对规则需求的外在表现形式，出发点和归宿点都是人。法律源于人性，离开了人性的法学研究必将失去理论前提。任何一项制度设计的背后，都暗含着某种人性假设前提。人性是评判法律正当性和法律制度建构的依据。我们正在踏进数字经济、数字政府、数字社会架构的文明新时代，数字文明的开启有赖于数权制度的安排、数权规则的设计与数权法律的明确，数权立法是人类社会发展的必然趋势。人性假设是数权法研究的逻辑起点与价值核心，我们把数权法的人性预设为数据人，而数据人假设的核心是利他主义。正因为利他是可能的，数权的主张才成为可能，数权法才具有正当性基础。

关键词： 人性假设　数据人　利他主义　数权法

一　法的人性基础探源

关于人的各种学说无不以一定的人性假设为前提和起点，对人的不同定义和对人性的不同假设决定了不同学科理论体系的基本倾向。正如休谟所言，“一切科学总是或多或少地和人性有些联系，任何科学不论似乎与人性离得多远，它们总是会通过这样或那样的途径回到人性”。[①] 任

① 〔英〕休谟：《人性论》（上册），关文运译，商务印书馆，1991。

何一个学科体系的构建都要明确逻辑起点，才能避免理论的抽象。法学也不例外①。

（一）人与人的属性

一切人类科学的前提预设都是以人为中心以及对人性的关注。人是什么？人性是什么？在中外思想史上都是一个众说纷纭的理论问题（见表1）。如普罗泰戈拉说："人是万物的尺度"；亚里士多德说："人是政治的动物"；中世纪的格言："人一半是天使，一半是野兽"；拉美特利说："人是机器"；康德说："人是目的"；功利主义者说："人是理性的利益最大化者"；马克思说："人是社会关系的总和"；卡西尔说："人是文化的或者使用符号的动物"；叔本华说："人是权力意志的动物"；等等。显然，我们对人的定义永无休止，新的定义会不断出现。对人的定义需要解构与重构，之所以要谈论人是什么，是因为人类生活是一种在制度架构规制下的实在。

表1　古今中外关于"人"的定义

定义	来　　源
人是神的创造物	这主要是早期神话和基督教神学的观点。根据基督教《圣经》的创世教义，创造了万物的上帝在创世纪的第六天，又按照自己的样子创造了人类，并让人类管理地上的万物和走兽
人是理性的动物	这个观点历史最悠久，也最具影响力，至今还经常有人运用。苏格拉底："人是一个对理性问题能给予理性回答的存在物"；荀子："人之所以为人者，何已也？曰：以其有辨也……故人之所以为人者，非持以其二足而无毛也，以其有辨也"
人是政治的动物	这个观点是亚里士多德首创，在他看来，"人类生来就有合群的性情，所以能不期而共趋于这样高级（政治）的组合"，所以，"人类在本性上，也正是一个政治动物"。荀子："力不若牛，走不若马，而牛马为用，何也？曰：人能群，彼不能群也"

① 法的存在有两个基础：一个是作为主体的人性；另一个是作为客体的物质生活条件。我国的法学理论研究，在主体问题上注重人性的特殊性，即阶级性的分析，而忽视了人的一般本性和个体性的分析。

续表

定义	来　　源
人是语言的动物	亚里士多德:“在各种动物中,独有人类具备言语的技能。”海德格尔:“语言是人存在的家。”卡西尔:“应当把人定义为符号的动物”。尽管现代的动物考察研究已经证明了动物也有语言,能与同类交流并分享信息,但在当代还是有人类学家坚持认为:“只有人类是唯一可以使用语言符号进行交流的生物”
人是道德的动物	孟子:“人之所以异于禽兽者几希,庶民去之,君子存之。舜明于庶物,察于人伦,由仁义行,非行仁义也。”荀子:“水火有气而无生,草木有生而无知,禽兽有知而无义;人有气、有生、有知且有义,故最为天下贵也。”朱熹:“人之异于禽兽,是父子有亲,君臣有义,夫妇有别,长幼有序,朋友有信”
人是工具的动物	富兰克林:“制造工具的动物”;恩格斯:“人是制造工具和使用工具的动物”;人类学学者巴托洛缪和伯塞尔:“人类是不断依靠工具来维持生存的唯一哺乳动物”;哲学学者邓晓芒:“人是制造、使用和携带工具的动物”
人是精神性动物	黑格尔:“人是有自我意识的动物”;费尔巴哈:“人是有思想性感觉的动物”;狄尔泰:“人以精神文化区别于动物”;舍勒:“人是唯一有精神趋向的优越存在物”;罗特哈克:“人的本质是精神活动”;兰德曼:“人是精神的生物”
人是文化的动物	卡西尔:“人是文化的动物”;兰德曼:“人是创造文化和使用文化的人”;施忠连将文化理解为“人所创造的一切”,“只有把人看作是文化的生物,才能真正深刻地把握人的类特性”
人是未特定化的生物	格伦:“人与动物的最大区别是未特定化”,由于人的未特定化或未确定性,人才有能力在活动中补偿自己的缺陷,才能超越有足够装备的动物。同时,人才能不为环境所封闭,面向世界开放。这样,人在生物结构上的全部缺陷就得以解决
人是自由的动物	赞成这定义的古有庄子,近有启蒙时代以来的一大批思想家,包括卢梭、康德、马克思、萨特等。其中,最具代表性的当推马克思,根据推论,他对人类的定义会是:人是自由的有意识的动物。并且这个定义也不妨碍他老年时对富兰克林定义的肯定,因为制造工具正是一种自由的有意识的活动

资料来源：韩东屏：《破解人之谜——人的定义的解构与重构》，《武汉大学学报》（人文科学版）2016 年第 6 期。

人类的复杂性决定了人性的多维性。与神性、兽性不同，“人性是人的各种属性的总称”，主要包括自然属性、社会属性和精神属性，三者的辩证统一构成了完整的人性结构。

人的自然属性指人作为自然存在物受自然支配的一切属性的总和。人与地球上其他生命一样，都是按照自然规律发展的结果，像其他生命一样在进行物理化学运动，具有物性；人作为一种生命体的动物，在进行着生命运动，也就具有一般动物所具有的动物属性。人的自然方面以及由此产生的人的欲望是人存在的物质基础，是人的一切活动和其他属性的前提条件。正如恩格斯所言，“人来源于动物界这一事实已经决定了人永远不能完全摆脱兽性，所以问题永远只能在于摆脱得多些或少些，在于兽性或人性的程度上的差异”。

人的社会属性指人作为社会存在物所具有的一切属性的总和。人的活动方式不同于其他动物，即以社会群居的方式生活，这就使人又具有一种新的属性——社会性。马克思把人的本质定义为：“不是单个人所固有的抽象物，在其现实性上，它是一切社会关系的总和”。受生产关系、政治关系、伦理关系等制约，这决定了人性在社会发展的进程中也具有不断变化的特点。

自然属性、社会属性仅仅是人性的起点，绝不是人性的全部。更重要的，人还有精神属性，是指人的精神活动的性质，包含利他情感、意志品质、理性思维和道德素养四种元素。精神属性的产生根植于人的社会生活，也是人区别于其他动物的重要方面。马克思把“思维着的精神称作地球上最美丽的花朵”。马斯洛曾说：“精神生命是人的本质的一部分，从而，它是确定人的本性的特征，没有这一部分，人性就不完满”。

（二）几种人性假设

人性假设是对人的本质属性的一种预设。人与自然、人与社会、人与自我的关系问题的答案需要从人性中寻找，现实社会中的管理活动、制度设计、规则创新、法律规章等也无不以预设的人性作为问题研究的逻辑起点，它们当中总是这样或那样地体现着一定的人性假设。人类思想史上关于人性假设的理论层出不穷，但真正在现实社会中产生重大影响并得到广泛应用的是一些具体学科中关于人性的假设（见表2）。

表 2　几种经典人性假设

人性假设	基本内涵
经济人假设	亚当·斯密最早在《国富论》中提出了“经济人”思想，其核心是认为人类行为的目的是追求自身利益最大化。这一假设对工业社会产生了深远影响，西方整个社会的建构与制度的安排都建立在此基础之上。同时，人们发现在这种秩序下，个人追求自身利益最大化的同时存在“看不见的手”，它能无意识且有效地增进社会公共利益。这一假设及相关思想促进了科学管理理论的建立
政治人假设	亚里士多德在《政治学》中提出了“人是天生的政治动物”的思想。政治人假设认为，人是一种具有利益调整能力并追求友善合作的动物，总是倾向于结成政治性共同体。城邦公民生而平等，他们依照公平正义原则，直接参与和管理城邦事物。政治人假设发现了社会利益高度分化的阶级社会中人与政治的不可分割性，为人性之谜的解答作出了积极贡献。西方源远流长的人权理论便发源于亚氏的政治人理论
道德人假设	亚当·斯密在《道德情操论》一书中提出，每个人都是有道德的，具体表现为人都有同情心和正义感，人的行为具有利他主义倾向，追求集体利益最大化。斯密的道德人理论与先秦孟子的性善论大有相通之处。传统中国社会一直都把道德人作为社会顶层设计和制度安排的人性基础，道德人假设在中国传统社会产生的影响是显而易见的
社会人假设	美国哈佛大学教授、管理学家梅奥基于“霍桑试验”提出了人际关系学说，进而在《工业文明中人的问题》一书中正式系统阐述了社会人假设。他认为“社会人”是处在各种社会关系之中并且具有各种社会需要的人，其在社会生活中不仅有追求个人报酬收入的动机，更有获得友情、安全感、归属感等需求。社会人假设强调人际关系、组织归属比经济上更能激励人的行为。从经济人假设到社会人假设的转变，无疑是管理思想与管理方法的一大进步
文化人假设	德国哲学家、文化哲学创始人卡西尔在《人论》中提出了“文化人”的思想。1981年，美国加利福尼亚大学教授威廉·大内出版了企业文化理论开山之作——《Z理论：美国企业界怎样迎接日本的挑战》，提出了文化人的人性假设，认为人的心理与行为最终取决于价值观等文化因素。文化人假设发现了人的文化性这一深层性质，触及人性的深处，在现实中产生了深刻影响

以上几种人性理论都是从单一角度认识人性的。如经济人假设突出了人的利己性，政治人假设突出了人的社群性，道德人假设突出了人的利他性，社会人假设突出了人的非经济社会性，文化人假设突出了人的文化嵌入性。这几种人性假设具有存在的合理性，但只是从人的某些行为中以点带面、以偏概全地推出结论，不可避免地具有理论上的片面性和实践中的误导

性，因而它们也就难以被沿用。这几种人性假设给社会带来较大积极影响的同时，也带来了一定程度的消极效应。因此，在充分肯定其价值的同时也要认真反思。

（三）法的人性假设

人是法律的逻辑起点，法律是人性的集中体现。因此，要从人性的角度设计规则规范，也要从人性的角度考虑法律适用。从中国古代的孟子、荀子到古希腊的柏拉图、亚里士多德以及近现代的霍布斯、卢梭等思想家都对法律与人性的关系问题有着独到而深刻的见解（见表3、表4）。“对于一个法律时代的风格而言，重要的莫过于对人的看法，它决定着法律的方向”。①在不同的历史条件下，法的人性假设有所不同，不同的人性假设导致法律在不同阶段具有不同的特征。

表3　中国历史上“法的人性基础”思想

代表人物	基本观点
荀子	法是礼义的派生物，是为了更好地保障落实礼义于人们行为中而设计出来的一套社会制度
管子 王充 吕温 白居易	法是义理的一种派生物，是实现德礼教化之辅助手段。但他们普遍认为，法律虽不可无，但也不宜多，多了反而有害，主张“约法简章”
管子 荀子	法与制定者之间有着密切关系，是其人性的产物，也是其人性的一种表露。君主、圣贤应该是法的制定者，因为他们的人性是善的，是与天理直接相通的，因而在国家中他们是道义的楷模和捍卫者，他们有能力根据道义制定出一套详细的礼和法
孔子	人性就是人的道德品性，其核心是“仁”，即仁者爱人，政者施仁政，而法律正是基于这一需要用强制的办法实现仁政的一种措施

资料来源：参见严存生《法律的人性基础》，中国法制出版社，2016。

① 〔德〕拉德布鲁赫：《法律上的人》，载拉德布鲁赫《法律智慧警句集》，舒国滢译，中国法制出版社，2001。

表 4　西方历史上“法的人性基础”思想

流派	代表人物	基本观点
自然法学	亚里士多德 西塞罗 格劳修斯 阿·菲尔德罗 托马斯·阿奎那 罗尔斯 霍布斯	人包括两个方面：理性和感性，前者使人从善，后者使人作恶；理性和社会性是人区别于其他动物的特别之处，也是人的本质所在，而法律正是体现和促使这本性得以实现的社会制度；自然法就是道德律，法律必须有道德性
哲理法学	康德 黑格尔 拉德布鲁赫	早期哲理法学继承了自然法学的基本传统，即仍然从人的道德性寻求法的基础，使用着自然法概念，所不同的是他们已不再把自然法视为一种实际存在的东西，而是理解为一种应然法或哲学上的法，即法的原理；晚期哲理法学也把法与人性联系起来思考，所不同的是利用了发展的观点对人性进行动态的分析，认为人性是发展变化的，不同的时代有不同的人性或人的原型，法律基于人性，因而不同的时代有不同类型的法
—	亚当·斯密 大卫·休谟	人在本性上虽然是自私的，但由于人必须生活于社会中，其成功有待于与别人交往和合作，而这一过程会使他们建立起友谊，从而对他人产生同情心和怜悯心，并因此产生各种美德。这类美德有高下之分，高者进一步发展就是完美的人性；低者即正义，它是社会秩序赖以存在的基础，因此对它的维护实属必然，维护的方式就是对不义者予以惩罚，而法律就承担着这一任务 人的知觉就是人的一切，人的知觉有快乐和痛苦两种，因而人活动的规律就是“避苦求乐”。为了维护社会的稳定和繁荣必须遵守一些准则，进而产生了政治权力和法律
功利主义法学和分析法学	边沁 奥斯丁	法基于对人性的认识和利用其“避苦求乐”的本性，用奖、惩两种办法促使人们做符合道德要求即有利于“最大多数人的最大幸福”的事情。法律根源于人的功利本性
社会法学家	罗斯科·庞德	法律虽然基于并服务于人们追求功利的目的而产生，但它的着眼点并不在一时一地的个人功利，而在于能包容各种利益的社会利益，法律要以这种利益为标准衡量和规范其他利益

续表

流派	代表人物	基本观点
经济分析法学	—	人在本性上都是“使自我满足最大化的理性主体”，人以追求功利为目的。而法律也是根据这一原理，以效益为价值取向，用加大或减小其交易成本的方法来调节人们的行为，使他们选择有社会效益的行为
政治自由主义者	哈耶克	法律从本质上说是一种能产生社会秩序的社会规则，社会秩序的自发性，决定了作为社会规则的法律也是通过个人之间的互动自发形成的，而不是由人自觉制定的
—	马克思 恩格斯	人是一种享有某种自由的社会实践性动物，法是与这一本性相适应的人的活动规律，而法正是社会中的管理者基于对此认识而为人们所制定的行为规则，它体现着社会广大成员的集体意志

资料来源：参见严存生《法律的人性基础》，中国法制出版社，2016。

人们对事物的认识因时代变迁、文化差异而有所不同，但这种不同大多只在语言表述上，在基本内涵或研究视角上是何其相似。关于这一点，在研究中外历史上关于“法的人性基础”这一命题时更是得到了佐证。在论述人的构成及其相互关系时，中外学者都把人分为理性和感性两个方面，前者使人从善，而后者使人作恶。在论述人性时都分为几个层次，即生而有之的自然属性和后天习得的社会属性。在对法的认识上也基本相同，都把法理解为社会状态下的行为规范和治理工具，但在法的根源和本性认识等方面不尽相同。中外历史上关于“法的人性基础”的思想探索给我们留下了深刻启迪，值得深入探究并加以批判地继承，把这一命题的研究不断向前推进。

二　数据人假设与利他

经济人、政治人、道德人、社会人和文化人的假设无疑是深刻的，但还没有揭示更深层次的人性。人是几类人的综合，追求的是全面性和总体性。我们不能停留在“片面的深刻”，必须走向“全面的深刻”。不应否定这几类人的假设，也不应把这几类人的假说当作永恒的真理，而是要把人性假设作为一个不断发展的开放性体系来看待，从更加宽泛的角度解读人类行为的合理性和必然性。因为“在大数据时代，在数据构成的世界，一切社会关系都可以用数据表示，人是相关数据的总和”①，而一切社会关系在本质上都是与数据的隐私保护和利他共享息息相关的数据关系。

（一）数据人假设的提出

互联网、大数据、人工智能、区块链等技术的发明应用、整体演进和群体突破，使得万物皆可数据化。数据定义万物、数据连接万物、数据变革万物，所有的人和物都将作为一种数据而存在，整个社会生产关系被打上数据力与数据关系的烙印。这将深刻改变“人”的形象、内涵与外延，“自然人”逐渐演化成“数据人”，也深刻改变着当下的关系模式以及法律的结构与范式，将人类社会带进一个权力与权利重新组合、调整与分配的时代。

这个时代，法律与算法、伦理与技术、规则与道德开始同构新秩序，法律场景正发生着深刻变化。对于“数据人”的本性，现有知识和理论模式、伦理和法律框架的解释力、生命力的缺乏暴露无遗。需要重新构建一种“善”的法律维度，以破解“权利优先”论所面临的困境；需要重新迎回一种“义务本位”的法律观，以解决“权利本位”观造成的“权利失能”问题。数据人假设的提出，为建构法律“善”的维度提供了理论前提预设，增加了大数据时代法律人性假设中的合理性因素。

数据人是人性在大数据时代的全新展现。历史表明，每一次人性的演化都给立法观念及其价值追求带来前所未有的冲击。在私法时代，法律上的人

① 李国杰：《数据共享：大数据时代国家治理体系现代化的前提》，《中国信息化周报》2014年8月25日。

是"经济人"。在对"经济人"利己性的反思[①]以及发现了人的社会性和利他性后，社会法诞生了。这无疑是法学史上的一次重大转折，但人性伴随时代不断变化、不断发展、不断完善预示着这样的转折绝不会成为最后的绝唱。当人与技术、人与经济、人与社会的关系不断深化、矛盾变得尖锐，全球性数据安全危机时有发生，人类再一次发现，拘囿于"社会人"等假设已不足以解决人与数据之间的矛盾，还必须在反思的道路上挑战和超越既有的藩篱和界限。"数据人"就是在反思道路上跋涉的新成果，它是人性在大数据时代一次全新的展现。

数据人假设的提出，[②]超越了传统的善恶边界，打破了限制数据共享的传统桎梏，强调人的行为关系与存在方式的利他化。"数据人"以利他与共享为底色，追求数据价值、创造数据价值和实现数据价值所遵循的基本原则是价值最大化，它的基本内涵是数据的合法保护与合理利用二者之间的平衡。与经济人的利己本性不同，数据人都是倡导共享精神的利他主义者。故此，本文主张将数据哲学的人性预设为体现保护与利用相统一的"数据人"，以此作为数权理论分析的出发点和逻辑推理的前提。

（二）数据人与利他主义

19 世纪法国哲学家、伦理学家奥古斯特·孔德首次提出"利他主义"一词，他从人性的本能和本性出发抽象揭示了利他主义的合理性。此后，生

---

① 经济学家们越来越认识到，经济人假设这种"定义式思维方式"在当代智能化、信息化背景下受到了严重的挑战，其无法解释现实存在利他行为却又直接反证了利己性假设的缺陷。从经济哲学来看，理性利己教条在解释当代人经济行为问题上出现了难以解脱的困境，20 世纪市场经济的非均衡、信息非对称、不确定性因素频发，理性利己教条受到了质疑。此外，人类之所以能生存发展并创造出灿烂辉煌的文明，正是因为人类并不是完全自私的，而是充满着对亲人、朋友乃至陌生人的利他情怀。可以说，如果没有人与人之间的利他行为，就没有人类发展的今天。

② 数据人假设的提出具有其必要性与必然性：一是可以改变现有人性结构，由追求经济人、社会人人性转为追求数据人人性规范下的动态均衡人性结构；二是可以审视现有权利制度，创设适合数字社会发展的制度体系，以多元化人性体系构建数权制度体系，从而夯实规范人类数据行为及实现人类美好生活的根基；三是若没有数据人理论及观念的突破，不可能有与经济理论大厦相媲美的数权理论大厦的构建。

物学、社会学、心理学、经济学等都对其进行了研究并从各自学科的角度对利他主义给予了界定。人类的利他行为是生物进化与社会发展的综合结果。合作是人类社会构成和存在的最深层基础，分工与合作使人类的行为都要以他人为手段、通过他人实现，可以说，利他是实现目的的有效途径。作为社会性动物，为了维持与增进合作，人类的行为就不能完全利己。因而，在任何时代都需要并在社会文化与制度建构中倡导利他精神，把利他行为视为一种美好而重要的价值，我们把这种价值称为利他主义。

合作共享是人性的基础，利他是人类先天的本能。利他主义在古代便已成熟，到中世纪则占据了统治地位，进入近现代仍有较大影响，代表人物主要有孔子、墨子、康德等。从人性看，他们认为每个人的行为目的都能够达到无私利他的境界。从柏拉图的乌托邦到卢梭的社会契约论再到克鲁泡特金的互助论，无不强调如果不受腐化[①]，人性的本质是善的。“我们应当成为更善的人”这一命令，仍毫不减弱地回荡在我们的灵魂中。[②] 以儒家为代表的中国传统文化强调整体效应与利他主义，孟子就认为，每个人的自然属性中都具有利他的禀赋，每个人都拥有利他的能力。

数字社会的关系结构决定了其内在机理是去中心、扁平化、无边界，基本精神是开放、共享、合作、互利。这些特征奠定了这个社会“以人为本”的人文底色，也决定了这个时代“利他主义”的核心价值。巨大的合作剩余孕育出利他精神，利他主义可以让人们走出囚徒困境的泥淖。利己与利他是辩证统一的，要想利己必先利他，只有利他才能更好地利己。[③] 大数据时代下，必须树立起利他主义新理念。马云在一次演讲中指出，“人类正从 IT 时代走向 DT 时代”，这个时代的核心在于利他主义，“相信别人比你重要，

---

① 马克思、恩格斯多次指出，资本主义及以前的一切社会形态都违反人性，这就表明，在他们的心目中，人性原是人的优美善良的特性，只不过被私有制和阶级压迫所异化罢了。只有把人性理解为善，才符合他们的原意。

② 〔德〕康德：《单纯理性限度内的宗教》，李秋零译，中国人民大学出版社，2003。

③ 诺贝尔经济学奖获得者、美国经济学家米尔顿·弗里德曼有过精辟的概述：不读《国富论》不知道怎样才叫“利己”，读了《道德情操论》才知道“利他”才是问心无愧的“利己”。

相信别人比你聪明，相信别人比你能干，相信只有别人成功，你才能成功。”利己独占不如利他共享，利他是未来核心。

人性进化必然带来法的价值的变化。数据人代表了人性在大数据时代的一次全新呈现，它意味着“自我”演化成为人与数据一体的“大我”，意味着利他精神不仅向现实空间扩展，还超越了人类范畴而惠及虚拟秩序。传统秩序是中心化、等级制、独占性的，新秩序将建构在去中心、扁平化、开放性基础之上，这决定了数据人的本质是共享利他。利他主义具有促使他人得益的行为倾向，是一种内化的精神需求，一种外化的自觉行动。大数据时代下，这种利他主义的最大公约数是促进数据权利、利用、保护与价值融为一体。利他主义的价值主张提升了人们让渡数权、共享数权的主观意愿，从而促进让渡行为、共享行为的正向转化。“人是人的作品，是文化、历史的产物”（费尔巴哈），人性总会打上时代的烙印，随着时代的洪流演化和发展，人性必然会带动法价值的演化和发展。数据人所代表的人性在大数据时代的变迁，必然最终带来法的安全、共享和利他价值的变迁。

（三）利他主义的可能性

亚当·斯密在《道德情操论》中开宗明义地说：“无论人们会认为某人怎样自私，这个人的天赋中总是明显地存在这样一些本性，这些本性使他关心别人的命运，把别人的幸福看成是自己的事情，虽然他除了看到别人的幸福而感到高兴以外，一无所得”。[①]“人性之中有一种隐秘地爱他人的倾向和趋势”[②]。利他主义并非虚幻，不仅是必要的，而且是可能的。

利他有利于人的全面发展。从马斯洛需求层次理论看，当人类处于较低的需求层次时，产生的往往是利己行为，但更高的需求则需要通过与他人合作共享才会得到满足。需求的满足需要一定程度的利他主义，“人的需要水平越高，共享本性的展开越充分”，[③] 因而越是高层次需要的满足，越需要

① 〔英〕亚当·斯密：《道德情操论》，商务印书馆，1998。

② 〔英〕弗朗西斯·培根：《培根论说文集》，水同天译，商务印书馆，1983。

③ 王天恩：《重新理解“发展”的信息文明“钥匙”》，《中国社会科学》2018 年第6 期。

共享，越具有利他性。当低层次需要得到满足后，发展的需求会逐步提高到需要自我实现的层次，此时利己和利他的矛盾与冲突就会有解决的机会与可能。因此，当只追求最基本的物质需求时，追求个人利益最大化是合理的。但是一旦产生其他层次的需求，利己与利他就不再是彼此竞争的两个方面。在这个层面上，利己主义仿佛已经融入了利他主义。可以想象，未来社会产品极大丰富，实行按需分配，利他主义将会大大增长，人的利己性和利他性可以得到高度的统一。

人类社会需要利他精神。自古以来，人类都是相互依赖生存的，没有人是一座孤岛。正如马克思所说的，“只有在集体中，个人才能获得全面发展其才能的手段”。牛顿在总结自己一生的成就时曾说：“我是站在别人的肩膀上看世界的”，这其中隐含着个体（同学、朋友、同事等）之间的利他是不可或缺的旨意。在分工日益细化而又紧密相连的链条中，个体的利益都在满足他人、社会、国家的需要中得以实现。如果人人都只追求自身利益最大化而不顾他人，那么我们将陷入“霍布斯丛林”而无法自拔。社会互害的本质是过度利己主义的短视，如不加以规制，将会演化为互害型社会。但是，如果每个人都愿意为了他人利益而让渡自己的部分利益，一个“人人为我、我为人人”的社会才会成为可能。进入数字社会，必须强化利他行为导向，社会才能健康、有序、和谐和可持续发展。

全球数据治理面临的问题尽管给人类带来前所未有的数据安全危机与困境，但与此同时也显现出人类为摆脱这种危机与困境而选择“合作利他”策略成为必要和可能。国家间只有彼此合作，奉行数据利益让渡原则，寻求不同国度、不同民族的特殊数据利益和人类数据命运共同体之间的契合或平衡，才能使各利益主体实现数据利益最大化成为可能。当然，各利益主体作为国际活动的行为主体，在一定时期内，在数据利益上也类似于追求利益最大化的“经济人”，其数据利益并不会在任何时候都能实现契合或均衡，背弃数据合作的行为屡见不鲜。为此，还须制定一套行之有效的国际数据治理规则对这种行为加以规范，使国际数据合作得以长期持续。

如果人性只能是恶的，那么设计制度的人也必然是恶的，恶人不可能设计出好的制度。人完全有可能也有能力摒弃恶的成分，不断摆脱人性中的“兽性”以提高善性，至少可以避免作恶的可能性和趋向。“一个经历了社会化过程的人不仅具有先天的利己动机，还具有一个经过后天价值内化而形成的利他动机，后天形成的利他动机会约束和重塑先天的利己动机”。[①] 历史表明，随着社会的发展和文明程度的提高，人类野蛮、贪婪、自私等成分越少，而利他的心理、内心的法律、共享的理念等则成为生活的主旋律，人类走上了一条利他性主导的发展道路。在人类社会中，人人都以利他为行为准则是一种理想状态。当数据资源产品极大丰富且可按需分配时，人们的公平、共享观念将深入人心，数据劳动成为一种乐生的手段，利他主义将会大大增长。随着时代的变迁、社会的发展，利他的价值定会日益凸显，利他的文明之花必将绽放。

三　数权法的法理基础

“重混”是一股必然而然的改变力量，给当下的法律规则、权利秩序、伦理标准带来了前所未有的冲击。它不仅凸显了现存法律制度产品供给的缺陷，甚至颠覆了人们业已形成的法律认知。因而，把握社会结构本质、重构社会关系模型、阐释法律人性基础是确立“重混”时代基本法理、制度规则、伦理规范的重要前提。

（一）数权法的人性基础

人是社会规则产生的逻辑起点，人性是社会规则构建的核心问题与灵魂所在。任何时代的法律和任何时代的法治，都奠定在对人性的评估基础上。法律是人类智慧的结晶，规则设计的背后蕴含着对人性的深刻思考。只有符合人类需求的法律才能为人们所遵循，背离人性的法律只能是废纸一张。法

① 人的社会性是利他性生长的土壤，其中合作的需要是利他性需要产生的直接动力；而人的精神性则是利他性得以存在与发扬的核心动力。郭箐：《互惠利他博弈的人学价值》，《自然辩证法通讯》2005 年第 11 期。

律本身的正当性有相当一部分在于它是否合于人性，在人性中求解数权立法的必要与必然，正如霍姆斯所说，“法律从人类本性的需要中找到了它的哲学”。[①] 不重视人性的分析法学难以上升到法哲学的高度。在倡导“以人为本”的今天，考量法的优劣，更应以人性为尺度做出评判。所谓“良法”，应是有人性基础的法，其诉求的价值观念以及形成的法律秩序合乎人性，有助于人类的生存与发展。

随着数权法理论研究的逐渐深入，思维的触须必然伸向具有终极意义的人性问题。数权制度作为规制数据行为的准则，其权威性、有效性、合理性的前提与基础必须从人性出发。法学研究与立法活动必然要对所规范的对象作出某种预设，进而基于这种对人的预设创制某种制度、规范和法律。数权法作为法律同样如此，也需要对其所欲规范的人进行预设，人性预设的缺失可能使数权法成为“无用的法”甚至“恶法”。

数权法的人性基础是利他。人性是多维的，利他性是人性的本质之维，也是数权法的人性之维。也就是说，利他性是数权法的人性基础，是制定和实施数权法的出发点和归宿点。作为调整数据权属、权利、利用、保护的法律制度和规制数据行为、维持数据秩序的基本规范，数权法的关键是要实现有效保护数权与促进数尽其用之间的平衡兼顾，维护公共利益和公共安全并促进个人数据的自由共享。因此，公民一定程度的数权让渡是实现合法保护与合理利用二者平衡兼顾的关键，即数权法的立法目的是促进数据的流通利用，而不是用一张密不透风的法网束缚数据。正如拉德布鲁赫所言：“法律制度所考虑的，不是要人们像哨兵一样时时刻刻目不转睛，而是要他们偶尔也能够无忧无虑地抬头观看灿烂的星光、盛开的花木和自在的必要性及美德”[②]。利他性是数权法的人性基础或人性之维，其含义是数权法以利他为出发点，表达利他的要求，以利他为自己的主要内容并以利他所追求的最高目的——共享为自己的最高价值目标，它以塑造和提升人的利他性为其主要

---

① 转引自〔美〕伯纳德·施瓦茨《美国法律史》，王军等译，中国政法大学出版社，1997。
② 〔德〕古斯塔夫·拉德布鲁赫：《法律智慧警句集》，舒国滢译，中国法制出版社，2001。

目的。当然这并不意味着数权法不追求其他价值目标，如安全、效率、效益、秩序等，问题的关键是，不能以这些目标取代利他目标。

随着共享理念的深入人心，隐藏在人性中的利他性被一点点激发出来，数权法从而在某种意义上扮演着利他性“助产妇”的角色，这必将促进利他主义精神的培养，“人类能够培养出真正的利他主义精神”。[①] 数权法的制定意味着人类对人与数据之间的关系有了进一步的觉解。人们意识到，应按照最有利于促进社会整体利益的让渡原则，尽最大努力增进社会的数据福祉。对社会而言，通过创设制度以促进利他人性更加丰满，激励人们的利他精神，进而促进人与数据之间的关系更加和谐是社会的应有之义。

法为善而设立，其目的在于扬善。在阿奎拉看来，法的目的是共同善。在进行数权制度设计时，要看到人性中的利他性，在压抑人性趋恶可能的基础上，调动、鼓励人性中的美好。将数权法的人性预设确立为数据人的理据在于，既可以描述由数权法的社会性、利他性和共享性等基本属性所决定的相关主体理当呈现的全新人性观，也可以通过缓解或克服数据治理中的数据安全困境来指引数权法的科学建构与有效实施。这既是社会发展之必然，又是人类进步之所趋。

（二）数据人的法律规制

技术的进步与经济的发展，不断要求承认新的权利以满足社会的需要。个人数据权、数据主权、数据共享权等构成了大数据时代的新权益，这些权益具有被列入法律权利清单的资格。数权的产生也是社会发展到数字社会这一阶段给法律带来的成长机会。数据人，实质上是法律创制、规定、赋予人格的，而非自然的法律“自然人”概念，在大数据时代需要扩展其内涵和外延，需要重赋其新的法律人格。数据人假设应该成为数权法律的基本人性假设，只要确认了数据人的法律人模式，也就从数据伦理角度为数权法提供正当性依据奠定了基础。在数权确立路径上，先将其明确为新兴权利，并将

① 〔美〕霍尔姆斯·罗尔斯顿：《环境伦理学》，杨通进译，中国社会科学出版社，2000。

其确立为宪法上的一项基本权利。

从认识大数据的第一天开始，我们往往把它看作是一种新能源、新技术、新组织方式，或者把它看作是一种正在改变未来的新力量，希望通过数据的跨界、融合、开放、共享创造更多价值。但是，开放数据和数据流动又往往带来更多风险，个人数据的过度收集和滥用给数据主体的隐私、企业的数据安全和社会乃至国家的安定带来巨大的挑战，从而引发对数据共享、隐私保护与社会公正的广泛关注和深层忧虑，并成为全球数据治理的一大难题。这个难题引起我们更深层次的思考，并试图提出“数据人”的理论假设来破解这一难题。我们把基于“数据人”而衍生的权利称为数权；把基于数权而建构的秩序，称为数权制度；把基于数权制度而形成的法律规范，称为数权法，从而建构一个“数权—数权制度—数权法”的法律架构。通过法律调整人与数据的关系，保障“数据人”的全面发展。人性中的利他主义使数权法律制度的形成成为可能。在数权法研究过程中，应从对数据人的分析入手，抽象出一般数据人的共同特征，其理念、价值取向、基本原则、制度都要建立在数据人理念之上，以确定研究的路径、范围与陈述格式。也就是说，要通过数据人的人性分析，确定数权法研究的基本框架，并在此基础上建构各项制度以调整数据关系，维护数据安全。

人性是一个复杂的矛盾综合体，正是这些矛盾的冲突与制约，构成了人性演化发展的内在动力，使得人永远处于“未完成”的状态，也决定了人性具有开放与发展的特征。人只有不断塑造新的形象，不断创造新的规定性，才能消解矛盾，更趋向于完善。当然，不能单独从人性的角度审视法律，但任何一种社会秩序类型都是以某种人性的预设为前提。对人性的不同认识与设定直接关系立法的可能性与必要性，关系到选择何种调整方式来达到一定的社会秩序。数权法的逻辑起点绝对离不开对人性的臧否，违背人性的法律绝不可能被长期遵守和执行。正如约翰·杜威所言，“这种社会是如此违反人性的，以致不能长久维持下去”。法律也是如此，这就是本文以人性为切入点研究数权法的意义所在。

参考文献

[1] 大数据战略重点实验室：《数权法 1.0：数权的理论基础》，社会科学文献出版社，2018。

[2] 连玉明：《大数据蓝皮书：中国大数据发展报告 No. 2》，社会科学文献出版社，2018。

[3] 连玉明：《大数据蓝皮书：中国大数据发展报告 No. 1》，社会科学文献出版社，2017。

[4] 严存生：《法律的人性基础》，中国法制出版社，2016。

[5] 张雄、朱璐、徐德忠：《历史的积极性质："中国方案"出场的文化基因探析》，《中国社会科学》2019 年第 1 期。

[6] 张善根：《从互害型社会走向互利型社会——中国社会主要矛盾的转化及应对》，《探索与争鸣》2018 年第 8 期。

[7] 龙荣远、杨官华：《数权、数权制度与数权法研究》，《科技与法律》2018 年第 5 期。

[8] 严存生：《法律的人性基础论纲》，《中国高校社会科学》2014 年 5 期。

[9] 姜登峰：《法律起源的人性分析——以人性冲突为视角》，《政法论坛》2012 年 2 期。

[10] 吴晓蓉：《论法律的境界——基于人性维度的分析》，《长沙理工大学学报》（社会科学版）2011 年第 4 期。

[11] 叶泽雄：《利他主义的谜底探究及其当代启示》，《华中师范大学学报》（自然科学版）2010 年第 4 期。

[12] 陈泉生、何晓榕：《生态人与法的价值变迁》，《现代法学》2009 年第 2 期。

[13] 刘斌：《法治的人性基础》，《中国政法大学学报》2008 年第 2 期。

[14] 冯务中、李义天：《几种人性假设的哲学反思》，《社会科学家》2005 年第 3 期。

[15] 邢继洪：《法与人性中的利己、利他主义》，《法律科学》2001 年第 6 期。

B.12
数权制度的国际比较研究

摘　要： 大数据时代，数据已逐渐成为基础性战略资源和关键市场要素，然而在带来诸多便利、产生经济效益的同时，围绕数据的纷争也开始不断增多，如何处理好数据安全与数据保护等问题成为世界各国共同面对的焦点议题。为顺应大数据繁荣发展的时代趋势，对数据资源要素的确权，以及进行相关体系和机制设计的重要性和紧迫性愈加凸显。而数据的虚拟性、多样性又使得其在经济价值、法律关系、权利主体等方面的制度设计变得极为困难。本文通过对比研究国际数权相关的法律制度和变革，不仅能在理论上为数权制度设计提供有益帮助，也能在实践中为我国数据保护法律制度的框架搭建提供重要参考。

关键词： 大数据　数据安全　数字经济　数权　数权制度

一　国际数权制度概述

（一）隐私、信息与数据

隐私的提出要追溯到1890年，沃伦教授等[①]在《论隐私权》一文中，将隐私定义为“关于个人私生活不公开之自由，及属于私事领域不受他人

① 1890年，沃伦（Samuel D. Warren）和布兰代斯（Louis D. Brandeis）发表了著名的《隐私权》一文，指出人们有权远离他们所讨厌的东西，并提出确立一种个人决定其在何种程度上向他人表达自己的想法、感受和情感的隐私权。

侵入之自由”，其内涵包括个人居住的安宁以及私人生活免受打扰，不受他人的支配和操纵。[①] 随着20世纪70年代计算机的大规模使用，政府收集、管理个人信息引起了公众对隐私和安全的担忧。一般而言，信息泛指任何现在或未来使人或其他生物感官所觉察的事实或想法，进一步延伸到个人信息的概念，“个人信息指与特定人相关联的、反映个体特征的具有可识别性符号系统，包括个人身份、工作、家庭、财产、健康等各方面的信息”[②]。在计算机科学上，数据泛指任何可利用计算机识别并能进行处理的材料，以二进制单元0和1来表示，包含各种数字、符号、语音、图形及图像等。关于个人数据的定义，1980年的《经合组织指南》、1995年的《欧盟指令》和2016年的《欧盟条例》中，都将个人数据定义为与已识别或可识别的自然人[③]相关的任何信息。

从各国在立法与保护实践来看，在理论和立法中出现了“隐私”、“信息”及“数据”交互使用的现象。一般来说，数据是原始的事实或观察的结果，是对客观事实或事件记录并形成的可予区分识别的符号。数据并不直接等同于信息，数据本身没有意义，需经过加工、提炼和转化，只有对数据进行加工处理后的结果且对人类具有一定意义时才能称为信息。数据和信息之间是不能隔离开来的，数据作为信息的表达形式和载体，数据又要通过信息来体现其内涵。“隐私则从主体的主观感受出发，将与自己相关的所有信息都划入隐私”[④]。值得强调的是，大数据时代，人类社会的生产生活越来越线上化，仅仅对个人隐私的保护已无法满足人类对自由和安全的诉求。因此，本文除法律条文中既有的表述外，一般使用“个人数据”概念，不再具体区分，而文中所探讨的数权仅从个人数据权的角度出发，把基于个人数据权而建构的秩序统称为数权制度。从法学视角对信息、数据和隐私加以界定，对数权保护制度的形成有着重要的法律意义。

---

① 张新宝：《从隐私到个人信息：利益再衡量的理论与制度安排》，《中国法学》2015年第3期。

② 王利明：《个人信息权与隐私权有何区别》，《政府法制》2014年第14期。

③ 可识别自然人是指通过身份证号或与其独特的身体、生理、精神、经济、文化和社会身份中的一个或若干因素可以直接或间接识别的人。

④ 王秀秀：《个人数据权：社会利益视域下的法律保护模式》，华东政法大学博士学位论文，2016。

（二）数权制度的理论基础

从实践来看，随着社会经济和新技术的出现，不断要求承认新的权利来满足社会的现实需求。信息社会的每个人都是大数据载体，围绕着人与数据的关系理应产生出数据权利——数权。数权为法律观念和法律制度的纽带，其产生一定是社会发展的产物，也是社会进入数字文明社会这一阶段给法律带来的成长机会。一般来说，数权保护的理论基础主要来源于隐私权说、人格权说、财产权说。

1. 隐私权说

隐私权说起源于美国，认为隐私权的目的就是保护生活不受干扰，以及个人独处的权利。隐私权是受自由主义思潮影响下的产物。美国隐私权理论从最初的独处权发展到个人信息控制权，这为个人数据的隐私权保护提供了法学理论依据。该学说认为个人数据保护问题应该纳入隐私权的保护范畴，因为其中的个人信息隐私权①就是指对个人数据的控制和操纵，个人数据保护立法也应该采取隐私权保护的模式。毫无疑问，隐私权在特定的历史条件下发挥了对数权保护的重要作用。

2. 人格权说

“传统人格权是指以主体依法固有的人格利益为客体的，以维护和实现人格平等、人格尊严、人身自由为目标的权利，是一项传统的民事权利类型”②。与隐私权为了保护个人的独处权利不完全相同，一般人格权则是以保护人格尊严为基础价值，并实现人格的独立与自由发展。但为保护个人数据的现实需要，德国人从人格权发展到信息自决权③作为其实现个人对其数

① 信息隐私权是对隐私权在概念上的另外一种表达方式，相比于隐私权本身，信息隐私强调的是隐私权的实质就是对个人相关信息的控制。

② 胡卫萍：《新型人格权的立法确认》，《法学论坛》2011 年第 6 期。

③ 信息自决权赋予个人原则上自我决定公开和使用个人数据信息的权利，属于它保护范围的不仅包括那些敏感的信息，还包括通过处理才影响到当事人人格权的信息，是一种新型的独立的人格权，是和通信秘密、住宅不受侵犯、平等权等基本权利有交叉重叠，但更多体现其独立的保护价值的一项新的宪法权利。

据进行控制的基础权利。个人数据权益作为一种伴随现代科学技术的发展而产生的新型人格权益，已较为成熟，显然对数权这种新型权利有着重要的指导意义。

3. 财产权说

数据财产权说认为，数据具有财产属性，公民对其个人数据所拥有的权利应当作为一种新型财产权。数字经济时代背景下，个人数据实际上已经发挥出了维护数据主体财产权益的功能，此时，就需要法律和理论上承认主体对其数据享有财产权益。值得注意的是，数据并不同于过往民法中的物，数据财产权与物权的性质也不尽相同，不能以物权制度为出发点来调整数据财产权。但是，在现有关于隐私权、人格权、知识产权等的法律制度难以对数据形成合理保护的背景下，通过增设数据财产权具有重要的现实意义。

（三）数权制度的发展现状

目前，全球已有120余个国家或地区制定了专门的数权保护制度，而且立法国家的数字还在不断攀升。个人数据保护已成为全球数据治理面临的新挑战，数权保护也成为各国立法的重点（见表1）。

表1　主要国家和地区个人数据保护法

洲界	国家(地区)	年份	法律名称
欧洲	瑞典	1973	数据法
		1998	个人数据法
	芬兰	1999	个人数据保护法
	丹麦	1978	私人数据库法
		1987	公共数据资料库法
		2000	个人数据处理法
	挪威	1978	私人数据库法
		1978	公共数据库法
		2000	个人数据档案法
	法国	1978	数据保护法
		2016	数字共和国法案

续表

洲界	国家(地区)	年份	法律名称
	奥地利	1978	数据保护法
		2000	联邦数据保护法
	德国	1977	数据保护法(1990 年、1994 年、1997 年、2001 年、2009 年修正)
	比利时	1992	数据保护法(1998 年修正)
	卢森堡	1979	有关电子计算机处理数据之限制利用法
		2002	与个人资料处理相关的个人保护法
		2005	电子通讯组个人资料处理方面的具体规定
	瑞士	1992	联邦数据保护法
	西班牙	1992	个人数据自动化处理管理法(1999 年修正)
		1999	个人数据保护法
	葡萄牙	1991	自动化处理中的个人资料保护法
		1998	个人数据保护法
	意大利	1996	数据保护法
	希腊	1997	与个人数据处理相关的个人保护法
	英国	1984	资料保护法
		1998	数据保护法
	爱尔兰	1988	数据保护法
		2003	数据保护法(修正)
	俄罗斯	2015	个人数据保护法
	罗马尼亚	2001	与个人数据处理和数据自由移动相关的个人保护法
美洲	美国	1970	公平信用报告法
		1974	隐私权法(各州分立)
		1998	儿童线上隐私保护法
		2014	数据隐私和智能电网:自愿行为守则
		2015	消费者隐私法案
	加拿大	1983	隐私法
		2000	个人信息保护与电子文件法
		2003	个人信息保护法
	阿根廷	1998	个人数据保护法
		2000	个人数据保护法
	智利	1999	个人生活保护法
	乌拉圭	2002	数据保护法
	巴西	1997	数据保护法
	巴拉圭	2000	个人数据保护法
	巴哈马	2003	数据保护(个人信息的隐私)行为

续表

洲界	国家(地区)	年份	法律名称
亚洲	韩国	1997	公共机关个人信息保护法
		2011	个人信息保护法
	日本	1988	行政机关计算机处理个人资料保护法
		1989	非公务机关计算机处理个人数据保护法
		2003	关于保护独立行政法人等所持有之个人信息的法律
		2003	信息公开与个人信息保护审查会设置法
		2003	个人信息保护法
	新加坡	2002	私营机构信息保护示范法
		2012	个人信息保护法案
	以色列	1981	隐私保护法(1985 年修正)
	泰国	1997	公共信息法
	亚美尼亚	2002	个人数据法
	阿拉伯联合酋长国	2007	数据保护法
大洋洲	澳大利亚	1988	隐私法(2000 年修正)
		1998	全国个人信息公平处理原则
		2002	私营部门隐私修正法
	新西兰	1993	隐私法
非洲	突尼斯	2004	数据保护法
	塞内加尔	2008	个人数据保护法
	毛里求斯	2004	数据保护法

资料来源：根据相关信息整理。

数据显示，欧洲在设立个人数据保护法上走在世界的前列，绝大多数国家已经设立了个人数据保护法并且日趋完善，有些国家如瑞士、德国等早在20世纪70年代就已经开始设立个人数据保护法。在美洲国家中，美国率先在20世纪70年代开始设立隐私权法，并且也将该法扩展到儿童领域。大洋洲国家在20世纪末均已设立个人数据保护法；非洲绝大多数国家未设立数权制度，只有极少数国家如突尼斯、塞内加尔和毛里求斯在21世纪初设立了个人数据保护法。截至目前，在设立数权保护立法的9个亚洲国家中，以色列是最早开始设立个人数据保护法的，日本对个人数据保护法的分类较为详细。对我国大陆地区而言，目前还没有专门的个人数据保护综合立法，但有部分法律法规中关于个人数据保护的条款。值得强调的是，早在2003年，国务院就委托学者周汉华①起草了《个人信息保护法（建议稿）》来回应人们对数权保护的利益诉求。目前，个人信息保护法已列入十三届全国人大常委会5年立法规划。

二 国际数权立法实践

当前，以大数据为代表的信息通信技术和人类生活生产交汇融合，人们主动拥抱数字化的同时，也意味着对数权的主动让渡。但数据的不当收集、泄露和滥用等问题引起了社会各界的广泛关注，也使其成为世界各国和地区立法的重点领域，纷纷在数权保护上进行了前瞻性布局。美国将数权保护视为广义上隐私权的客体之一；欧盟国家从人格权角度论证数权保护的必要性；日本则较好地融合了美英法和大陆法系立法的优点；我国已经初步形成了数权制度的框架体系，但需要科学的制度设计和实现路径予以保障。

（一）美国：个人隐私保护的分散立法实践

早在20世纪初，美国联邦最高法院就将隐私权认定为宪法上的基本权利，以此来保护隐私不受来自公权力的侵害。迄今为止，美国没有一部综合性的隐私保护法，也未出台一部综合性的个人数据保护法，其隐私保护的立法模式是以行业自律、分散立法为主，分别在各个行业制定相关的法律规范，同时颁布隐私保护的法案，构成了行业自律与民事救济相结合的保护体系，美国相关的数权保护历史详见表2。“这种立法模式与美国法律隐私权概念的开放性有关，在实践中，美国从实用主义出发，并未对个人信息和隐

---

① 周汉华：中国社会科学院法学研究所研究员，中国社会科学院研究生院教授、博士生导师，出版的著作有《现实主义法律运动与中国法制改革》、《行政法的新发展》、《个人信息保护研究丛书》（三册）等。

私权进行严格分界”①。美国更加注重数据的个人价值和经济特性，仅把数据保护作为风险管理来对待，采用行业自律与市场机制来实现。这种设置能够促进数据的流通与应用，由企业来管理和使用个人数据，让企业和数据权利主体自行协商解决。但由于个人与企业所处地位、掌握数据存在较大差异，往往出现企业不当收集、使用和移转个人数据的情形，因而也无法充分保障个人数据的安全。

表 2　美国个人隐私保护立法实践

时间	法案	说明
1970 年	商业领域第一部特别法:《公平信用报告法》	赋予消费者纠错权,保障消费者报告中的错误不会被用于伤害消费者的行为
1974 年	约束政府部门的《隐私法案》	授予个人查阅权,保证个人信息档案准确,信息收集目的准确,不得保留秘密档案,个人有民事诉讼补救措施
1978 年	约束政府部门的《金融隐私权法》	禁止金融机构在未通知客户并获得客户允许的情况下随意向联邦政府披露客户的金融记录,联邦政府要获得客户的金融记录必须遵循一定的程序并提供相应的证明文件
1980 年	约束政府部门的两部法:《财务隐私权法》《隐私权保护法》	《财务隐私权法》规范联邦政府财政机构查询银行记录;《隐私权保护法》确立了执法机构使用报纸和其他媒体记录的信息标准
1984 年	商业领域特别法:《电报通信政策法》	延续了个人信息收集告知、本人有权查阅、有权拒绝提供不相关信息
1986 年	商业领域特别法:《电子通讯隐私法案》	规定了通过截获或泄露保存的通信信息侵害个人隐私权的情况及责任
1988 年	商业领域特别法:《录像隐私保护法》	规定对购买和租借录像提供安全的隐私保护
1994 年	约束政府部门的:《驾驶员隐私保护法》	该法对州交通部门使用和披露个人的车辆记录做了限制
1996 年	商业领域特别法:《健康保险携带和责任法》	保障个人的健康隐私信息的机密性,防止未经授权的使用和泄露
1999 年	商业领域特别法:《金融服务现代化法案》	要求金融机构保护消费者个人信息的隐私

① 王利明:《论个人信息权的法律保护——以个人信息权与隐私权的界分为中心》,《现代法学》2013 年第 4 期。

续表

时间	法案	说明
2000 年	健康信息领域特别法:《儿童网上隐私保护法》	保护由网络和互联网的在线服务所处理的个人信息,没有父母的同意,联邦法律和法规限制搜集和使用儿童的个人信息
2008 年	健康信息领域特别法:《基因信息反歧视法》	对基因信息实行更强的隐私和安全保护
2010 年	商业领域特别法:《消费者保护法》	授权消费者金融保护局对金融隐私领域进行监管和保护
2018 年	加利福尼亚州:《消费者隐私法案》	大幅扩充适用范围,还创建访问权、删除权、知情权等一系列消费者隐私权利,进一步加大企业保护个人数据的责任

资料来源:根据相关信息整理。

(二)欧盟:个人数据保护的统一立法实践

相比于美国以隐私权作为个人数据保护的权利基础的立法模式,大陆法系国家(以德国为代表)则以数据自决权和一般人格权为权利基础,倡导“本人数据本人做主”的保护理念,采取各领域(包括政府部门、私营领域各行业)所有个人数据制定统一的保护标准和数据处理规则,通过“一揽子”保护的统一立法模式。历史上,欧洲各国一贯主张不区分政府机构和私营机构,对所有机构掌握的个人数据实行统一的立法保护,通过统一立法将自然人对其个人数据上的权利作为一项基本权利加以明确规定。从 20 世纪 70 年代德国、瑞典等国建立了本国统一的个人数据保护立法到 2018 年 5 月,被媒体称为“欧盟最严数据保护条例”的欧盟《一般数据保护条例》(简称“GDPR”)的正式实施,确立了欧盟范围内个人数据保护的统一标准、基本原则和法律制度(见表 3)。欧洲国家对于个人数据保护原则、个人数据权益等数权制度,均已日臻完善、统一,这一立法模式基本成为其他大陆法系国家、亚洲国家的立法参考,也对包括美国在内的其他国家立法实践产生了深刻的影响。

表 3　欧盟个人数据保护立法实践

时间	法案	说明
1970 年	德国黑森州颁布《个人资料保护法》	该法是最早的德国国内个人数据保护的法律
1973 年	瑞典《瑞典数据法》	该法是世界上第一部全国性的个人数据保护法
1977 年	德国《防止个人资料处理滥用法》	旨在消除个人信息处理过程中对"个人隐私"所造成的侵害,以法律的手段来保护个人隐私
1977 年	《联邦数据保护法》	被称作个人数据保护法
1981 年	欧共体制定《关于自动化处理的个人信息保护公约》	对大规模的自动化信息处理活动进行规范
1983 年	《联邦数据保护法》(修订)	提出了"信息自决权"概念,即个人原则上有权自主决定个人信息的披露和使用
1995 年	欧盟通过《关于在个人数据处理过程中保护当事人及此类数据自由流通的 95/46/EC 指令》(简称《95 指令》)	确立了个人数据保护的价值,包括基本权利"自由"以及"隐私"的概念,构建了查阅权、更正和删除权、反对权、免受完全自动化决定权等权利
1997 年	欧盟颁布《有关电信行业中的个人数据处理和隐私权保护的 97/66/EC 指令》(简称《97 指令》)	适用于电信行业
2002 年	《电子通信隐私指令》	取代了《97 指令》,要求电信和互联网服务商确保个人数据安全,确定了存储和使用数据时的主体同意规则
2009 年	《欧洲 Cookie 指令》	对 Cookie 使用和必要信息披露进行规范和管理
2018 年	欧盟通过《一般数据保护条例》	适用范围大幅扩大,进一步明确数据主体的"知情同意"原则,细化并扩展了《95 指令》的查阅权、更正与删除权、反对权以及免受完全自动化决定权的内容,并增设限制处理权、可携带权、被遗忘权

资料来源：根据相关信息整理。

（三）日本：个人信息保护的综合立法实践

在数权保护上，日本借鉴了欧盟数据保护的立法经验和法律外壳，以包括保障公民隐私权在内的人格权和财产权为核心，最终形成了一部规范政府部门、私营企业个人数据处理行为的综合立性个人数据保护基本法。与此同时，日本也采用美国实用主义的立法方式，在个人数据保护法的基础上，更加重视重点行业的特别立法、行业自律和第三方监督，以追求个人数据权益保护和数据应用之间的平衡。值得强调的是，日本在其数权制度确立和实践中，非常注重对国外经验的借鉴，同时也没有忽视其本国的现实环境，并且在立法过程中注重个人合法权益保护与促进数据自由流通的平衡。历史上，日本个人数据保护始于20世纪70年代以来的一些地方性、行业性法规，以及专门针对行政机关持有个人数据的保护法律。立法实践上，日本走过了地方自治探索、行业自律规章跟进和统一个人数据保护立法形成及修改几个阶段（见表4）。

表4　日本个人数据保护立法实践

时间	法案	说明
1973年	德岛市颁布《关于保护电子计算机处理的个人信息的条例》	对政府处理个人数据时涉及的个人隐私权益的尊重进行了立法规范
1988年	《有关行政机关电子计算机自动化处理个人数据保护法》	保护范围仅限于计算机处理的个人数据信息，不涉及人工处理的数据信息
1997年	通商产业省修订的《关于民间部门电子计算机处理和保护个人信息的指南》	向保护措施得力的企业颁发隐私认证标识(P-MARK认证)等
2003年	颁布《个人信息保护法》，并配套《关于保护行政机关所持有之个人信息的法律》《关于保护独立行政法人等所持有之个人信息的法律》《信息公开与个人信息保护审查设置法》《对〈关于保护行政机关所持有之个人信息的法律〉等的实施所涉及的相关法律进行完善等的法律》系列法规	《个人信息保护法》被称为统领各领域个人信息保护基本法，与其他的4部法通称为"个人信息保护五联法"
2015年	《个人信息保护法》(修订)	进一步扩大个人信息保护范围、法律适用范围及促进匿名化个人信息应用等方面

资料来源：根据相关信息整理。

（四）中国

目前，我国还未出台一部综合性的个人数据保护法律，但有很多相应的法律规定。我国《宪法》中规定“国家尊重和保障人权”和“中华人民共和国公民的人格尊严不受侵犯”，这为数权制度的保障奠定了宪法基础。此外，还有《民法通则》《刑法修正案》《侵权责任法》《消费者权益保护法》《居民身份证法》《征信业管理条例》《政府信息公开条例》，以及 2017 年实施的《网络安全法》等（见表 5）。前述一系列的法律法规构建起了我国现行数权保护的法律体系。我国对于数权保护尚未有明确的法律规定，而是将其具体化为某一方面的权利，需参考相关的法律法规实现保护。总体来看，“我国对个人信息保护的规定散见于法律、行政法规、部门规章或者规范性文件中，整体上呈现出法律条款分散、法律层级不高、法律规定缺乏系统性的特点”①。随着产业的蓬勃发展，我国应加快研究大数据方面的法律问题，构建起完善的数权制度体系，促进政治、经济、社会发展。

表 5　我国现有个人数据保护条款

名称	法条	内容
《宪法》	第 38 条规定	“中华人民共和国公民的人格尊严不受侵犯。禁止用任何方法对公民进行侮辱、诽谤和诬告陷害。”
	第 39 条规定	“中华人民共和国公民的住宅不受侵犯。禁止非法搜查或者非法侵入公民的住宅。”
	第 41、47、51 条及其修正案第 24 条规定	数权的间接保护依据
1986 年《民法通则》	第 101 条规定	“公民、法人享有名誉权，公民的人格尊严受法律保护，禁止用侮辱、诽谤等方式损害公民、法人的名誉。”
	第 102 条规定	“公民、法人享有荣誉权，禁止非法剥夺公民、法人的荣誉称号。”

① 陈奇伟、刘倩阳：《大数据时代的个人信息权及其法律保护》，《江西社会科学》2017 年第 9 期。

续表

名称	法条	内容
2009 年《中华人民共和国侵权责任法》	第 2 条规定	“本法所称民事权益,包括生命权、健康权、姓名权、名誉权、荣誉权、肖像权、隐私权、婚姻自主权、监护权、所有权、用益物权、担保物权、著作权、专利权、商标专用权、发现权、股权、继承权等人身、财产权益。”
	第 62 条规定	“医疗机构及其医务人员应当对患者的隐私保密。泄露患者隐私或者未经患者同意公开其病历资料,造成患者损害的,应当承担侵权责任。”
2009 年《刑法修正案七》	第 253 条规定	“国家机关或者金融、电信、交通、教育、医疗等单位的工作人员,违反国家规定,将本单位在履行职责或者提供服务过程中获得的公民个人信息,出售或者非法提供给他人,情节严重的,处三年以下有期徒刑或者拘役,并处或者单处罚金。”“窃取或者以其他方法非法获取上述信息,情节严重的,依照前款的规定处罚。”
2008 年《政府信息公开条例》	第 14 条规定	“行政机关不得公开涉及国家秘密、商业秘密、个人隐私的政府信息。但是,经权利人同意公开或者行政机关认为不公开可能对公共利益造成重大影响的涉及商业秘密、个人隐私的政府信息,可以予以公开。”
2011 年《中华人民共和国居民身份证法》	第 6 条第 3 款规定	“公安机关及其人民警察对因制作、发放、查验、扣押居民身份证而知悉的公民的个人信息,应当予以保密。”
	第 15 条规定	“对人民警察查验居民身份证的情况作了详细规定,但同时规定在查验之前必须先出示执法证件。”
	第 19 条规定	“人民警察泄露因制作、发放、查验、扣押居民身份证而知悉的公民个人信息,侵害公民合法权益的,依法给予行政处分或追究刑事责任。”
2014 年《消费者权益保护法》	第 29 条规定	“经营者收集、使用消费者个人信息,应当遵循合法、正当、必要的原则,明示收集、使用信息的目的、方式和范围,并经消费者同意。经营者收集、使用消费者个人信息,应当公开其收集、使用规则,不得违反法律、法规的规定和双方的约定收集、使用信息。”

续表

名称	法条	内容
2017年《中国人民共和国网络安全法》	第22条第2款规定	“网络产品、服务具有收集用户信息功能的，其提供者应当向用户明示并取得同意；涉及用户个人信息的，还应当遵守本法和有关法律、行政法规关于个人信息保护的规定。”
	第42条规定	“网络运营者应当采取技术措施和其他必要措施，确保其收集的个人信息安全，防止信息泄露、毁损、丢失。在发生或者可能发生个人信息泄露、毁损、丢失的情况时，应当立即采取补救措施，按照规定及时告知用户并向有关主管部门报告。”
	第43条规定	“个人发现网络运营者违反法律、行政法规的规定或者双方的约定收集、使用其个人信息的，有权要求网络运营者删除其个人信息；发现网络运营者收集、存储的其个人信息有错误的，有权要求网络运营者予以更正。网络运营者应当采取措施予以删除或者更正。”

资料来源：根据相关信息整理。

（五）其他

对个人隐私和个人数据的立法，欧盟、美国有长达几十年的发展历史，形成了完善的数权制度体系。随着大数据、云计算等新一代信息技术的广泛应用，对于其他一些国家或地区来说，一方面，面临着个人数据大范围使用下不当收集、泄露等侵权事件频发的压力，都有着对个人隐私、人格和公众安全等诉求进行保护的现实需要；另一方面，随着经济全球化趋势愈加明显，也意识到如果自身与其他国家之间的数据流通受到限制，将给本经济体发展带来巨大的负面影响。在这样的背景下，各立法体逐渐形成了其立法体系内有关数权保护的理念、原则和法律条文。包括以俄罗斯、韩国、新加坡等为代表的部分国家，紧跟欧美步伐不断完善本国的数权制度保护体系；印度、巴西等国家，也正在形成专门的数权保护制度，不断加强本国个人数据领域的立法和监管实践探索（见表6）。可以说，全面建立数权保护制度已经成为国际趋势和国际共识。

表6　其他部分国家（地区）个人数据保护立法实践

国家	法案	说明
俄罗斯	2006年《信息、信息技术和信息保护法》	明确规定信息可以成为公共、民事及其他法律关系的客体
	2015年《个人数据保护法》	规定俄罗斯公民的个人信息数据只能存储于俄境内的服务器中，以实现数据本地化
韩国	1994年《政府机关个人信息保护法》《信息通讯网络利用和信息保护法》《信息利用和保护法》	形成了区分政府部门和私营部门的个人信息保护体系
	2012年《个人信息保护法》	最终形成了综合政府部门和商业领域统一规制的个人信息保护立法体系
新加坡	2012年《个人信息保护法案》	确立了个人信息处理的"获得同意、限制目的、通知到人、提供查询与更正、保障安全、限制保存"等原则
印度	2000年《信息技术法》	规定在保护敏感个人数据或信息上未采取合理安全措施和流程的任何机构和个人，需要对过失导致的损失或不当得利作出赔偿
	2005年《征信公司法》	在信息收集、处理、保护和查询上的监管要求做了规定
	2011年《关于保护个人敏感数据或信息的合理安全举措的规定》	进一步明确了"敏感个人数据或信息"和"合理安全措施与流程"的内涵，对违规的商业机构、个人、政府组织将受到刑事追责和民事赔偿
巴西	2014年《网络治理法》（草案）	涉及互联网空间的个人隐私保护
澳大利亚	2014年《隐私原则》	规范私人信息数据从采集、存储、安全、使用、发布到销毁的全生命周期管理
亚太经济合作组织	2004年《隐私框架》	与已识别或可识别的个人相关的任何信息

资料来源：根据相关信息整理。

三　数权制度的法律规制：经验与展望

（一）经验借鉴

大数据时代，数据俨然已经成为除土地、劳动力、技术以外的主要生产要素，个人数据在数字经济背景下发挥着重要的价值。当前，面对个人数据诉求进行保护具有客观需要。对中国而言，目前尚未有针对个人数据保护的单独立法，应尽快确立完善的数权保护制度，在借鉴和吸纳国际现有个人数据保护立法的成功经验上，还应充分考虑和尊重我国的基本国情和社会法制基础，这将对推动数字中国建设具有重要的意义。

1. 加快厘定个人数据的权利边界

数权产生于信息时代海量数据的规模化应用，为满足个人对其数据保护的诉求而产生。具体来说，数权的性质属性为隐私权、人格权还是财产权尚未有明确的定论，还需进一步科学、合理地界定。相比于其他权利类型，不仅要从数权的定义、属性、保护方式上进行区分，还要从数据权利的主体、客体及内容等方面进行划定，让公民依法享有数据权利，充分保护其合法权益。加快厘定数权边界，寻求个人数据的开放、流通与保护之间的平衡，构建新的数权制度，是促进数据正常流通和应用的现实需要和社会选择。这个制度应该与隐私制度分开，创设新的个人数据权，它既是宪法权利，也是民事权利；既是人格权，也是财产权。数权制度设计还应该针对所有个人数据和所有个人数据处理人，以及应如何进行处理数据的详细规则，以民事救济为主的方式执行。对中国而言，迫切需要建立一个系统、独立、强有力的数权制度，以维护大数据时代的政治民主和经济发展。

2. 保持公权力与私权利之间平衡

“法律的主要作用之一就是调整及调和种种相互冲突的利益，无论是个人的利益还是社会的利益”①。在构建个人数据保护的具体制度时需要兼顾公权力与私权利之间的平衡。大数据时代，有别于传统隐私保护中政府超然的中立地位。在个人数据应用和保护上，政府充当管理者和应用者的双重角色：一方面，政府作为社会管理和社会福利的承担者，公共安全、公共管理

① 〔美〕E. 博登海默：《法理学：法律哲学与法律方法》，邓正来译，中国政法大学出版社，1998。

和公共福利的推进离不开对居民个人数据的掌握；另一方面，出于对行政效率的追求，应不断促进政府积极探索个人数据应用的限度和价值。[①] 作为数据应用者，公权力需要受到必要的限制，政府不能肆意地收集和利用个人数据；作为数据管理者，在为了保护国家安全、公共利益等特定情况时，需要对个人数据私权利进行必要的干预。因此，在设计数权制度时需要前瞻性的大局观，寻求公权力与私权利的平衡关系，既要促进产业的持续创新发展，也要充分保障国家安全和社会公共利益。

3. 建立完善的数据行业自律机制

在个人数据利用和保护上，除了国家法律规范以外，还需要通过市场的自我约束来实现，可考虑借鉴美国、日本在行业自律机制方面的丰富经验。所谓自律机制，是指“在国家立法之外，社会组织自发通过确立自律来规范自己行为、实现自律目的的一种机制”。[②] 通过市场自我约束来确保数据利用的合理性，这种机制能够充分发挥市场的主观能动性，可与国家法律的外在强制规则实现良性互补。同时，市场主体也是对数据利用过程中反应最敏感的，可在国家基本法律为准则的基础上，根据行业自身的业务模式和发展特点，采取更为有效的个人数据使用准则和保护措施。此外，市场主体形成的自律机制还能有效地弥补社会发展中法律滞后带来的缺陷。因此，应当积极调动数据业者自律性，支持制定自律性行业规制，倡导业者承担“超越法律”的社会责任，并在充分借鉴数据业者有益经验的基础上再适时制定法律加以规范。

4. 设立个人数据监管、保护机构

在实践中，我们可以看到，欧盟建立了一套通用型的保护标准，设立了专门的个人数据保护机构，强化一体、统一的监管体系和执法标准，加强政府部门和私营领域各行业个人数据保护。相应地，我国可根据欧洲国家和日本数据保护的监管经验，因地制宜地进行探索和实践，设立个人数据的监管、

① 张新宝：《从隐私到个人信息：利益再衡量的理论与制度安排》，《中国法学》2015 年第 3 期。

② 齐爱民：《个人信息保护法研究》，《河北法学》2008 年第 4 期。

保护机构，并在法律规范中明确机构的职能。对于数权的外延边界模糊，通常没有对侵权后的法律救济途径、责任追究方式作出具体规定。个人数据处在无保护、无监管的状态，在公民数权遭到侵害时，追责无门。要保证个人数据保护的相关法律法规由专门的执法机构执行，同时积极配合立法、司法机关，有条不紊推进数权制度的制定和执行，从而让公民的个人数据得到全面的保障。通过设立此类机构，可进一步使我国的数权制度对公民的个人数据实施有效保护，并有效增强行政机关、公民、法人和其他组织保护数权的观念。

（二）态势展望

大数据时代，数据的采集、传输、处理和使用都可能是跨境的，数权立法也因此是一个跨国性问题。为应对这种问题，相关国家需要加强国际合作，订立协议才能妥善应对相关挑战。总的来看，2018 年度，全球个人数据保护的法律与政策的发展呈现了“你追我赶”的态势，既显示了各个国家对数权问题的重视，也显示了新一代信息技术发展中的各种法律问题越来越突出、多变和复杂。

1. 全球个人数据保护立法不断升温

数字经济时代，大数据、云计算等新技术的迅速发展和广泛应用，以及全球交流的日益频繁，跨境数据流动成为常态，这给现有的数权制度带来了新的挑战，各国的修订、立法活动也更加频繁，全球个人数据保护已成为各国共同关注的话题。在此形势下，欧美、日韩等发达国家完成了对现有数权制度的修订工作，并不断完善个人数据保护政策体系。欧盟通过高标准的个人数据保护规范抢占了全球个人数据保护立法的制定权，GDPR 将公民数权保护提到前所未有的高度，为数据的收集、管理和应用流程画出明确红线。GDPR 标志着数权制度的变革，代表全球兴起数权保护立法的趋势。此外，中国、俄罗斯等国也在加紧完善跨境数据流通制度，开展数据本地化与跨境传输等多方面的立法工作，不断提升数据利用监管强度。可以说，个人数据保护的专项立法已经成为国际惯例，数权保护制度正越来越成为一门科学受到全球重视。

2. 推动建立数权共同规则制度

个人数据保护制度和举措的不断涌现，驱使这一特别法领域显现出国际化、公法化和合作化等特征。“数据资产的界限已经突破了传统意义上的国别概念，不能再根据属地原则或属人原则的单一特性来进行物权法意义上所有权的划分，或进行单一权利主体的分割”①。因此，数权制度的具体构建应在国际化、一体化的法律视野下讨论其保护模式。基于此，欧盟出台了新的个人数据保护法，不断完善和保障欧洲共同体对数据保护水平的诉求。同时，在跨境数据流通问题上，与美国先后签订了多项双边协议，2000 年达成《美欧安全港协议》；并经过多次协商和修改，2016 年形成了《欧美隐私盾协议》，对跨境转移个人数据保护进行规范，促进跨大西洋商业合作发展。此外，亚洲经济合作组织（APEC）于 2013 年通过《跨境隐私规则体系》，规范了数据的自由流动。中国也提出了数据主权②和数据管辖相应的主张和规定，全球范围内逐渐形成统一的国际规则或条约规范。

3. 重视法律和技术手段并重保护

法律并不能一劳永逸地解决个人数据保护的所有问题，一方面个人数据保护需要从法律层面，结合国情明确各数据主体的权利与义务；另一方面，数权从根本上说不仅是一个权属问题，还是一个技术发展的问题，归根结底是对个人数据的控制和分析能力，需要通过技术手段保障个人数据权益。在全球个人数据保护层面，依靠匿名保护、痕迹删除等技术保护增量数据安全；运用加密技术保障存量数据安全，不断借助科学技术加强个人数据合法使用能力。此外，运用区块链技术进行数据备份，有效解决了数据采集、交易、流通共享过程中的安全问题，也保证了个人数据的隐私性。因此，个人数据保护通过技术与法律共治，避免了数权保护手段的单一化、简单化，形

---

① 中国社会科学院民法典工作项目组：《大数据时代个人信息保护模式需改变》，《经济参考报》2018 年 4 月 18 日。

② 数据主权可以概括为，在大数据、云计算背景下，一国对本国的数据及本国国民跨境数据拥有所有权、控制权、管辖权和使用权，是国家数据主权和个人数据权利的总和，体现为对内的最高数据管控权和对外的数据处理权。

成科技驱动型的数权保护体系。在实践中，目前国际上已有很多通过技术功能设计来实现数权保护的有益尝试。

4. 数据命运共同体成为全球共识

随着全球化、信息化与网络化的不断融合，数据跨境流动日益频繁，数据在社会中扮演的角色也日益重要，但由于数据空间的虚拟边界性，使国界失去了对数据活动的限制能力。在全球经济联系日益紧密的今天，互联、协作、开放和共享成为时代的主题，全球国家和地区应加强数据保护国际多边合作，借鉴欧盟、美国在数据保护领域的合作经验，建立数据保护合作机制，形成利益共同体。作为数据大国，我国应在制定和完善数权保护、数据跨境流通等相关制度的同时，保持同国际接轨，积极推动国际数权秩序的建立，不断提高自身话语权和影响力，与国际社会共同探索出一条大数据时代适应当今社会发展的个人数据保护之路。此外，积极对抗数据霸权主义，在尊重数据主权的基础上开展多层次平等互利的合作，推动形成大数据领域内的人类命运共同体，为构建新型的国际关系和数权制度贡献中国智慧。

参考文献

[1] 周汉华:《域外个人数据保护法汇编》，法律出版社，2006。

[2] 郭瑜:《个人数据保护法研究》，北京大学出版社，2012。

[3] 张民安:《美国当代隐私权研究》，中山大学出版社，2013。

[4] 齐爱民:《大数据时代个人信息保护法国际比较研究》，法律出版社，2015。

[5] 个人信息保护课题组:《个人信息保护国际比较研究》，中国金融出版社，2017。

[6] 大数据战略重点实验室:《数权法 1.0：数权的理论基础》，社会科学文献出版社，2018。

[7] 齐爱民、盘佳:《数据权、数据主权的确立与大数据保护的基本原则》，《苏州大学学报》2015 年第 1 期。

[8] 王融:《〈欧盟数据保护通用条例〉详解》，《大数据》2016 年第 2 期。

[9] 龙卫球:《数据新型财产权构建及其体系研究》，《政法论坛》2017 年第 4 期。

[10] 李爱君:《数据权利属性与法律特征》，《东方法学》2018 年第 3 期。

B.13

《大数据百科全书》的语言特色与技术规范

摘　要：　《大数据百科全书》是人们了解大数据、认识大数据的导向和工具。作为大数据知识传播的重要载体，《大数据百科全书》不仅要有实用与新颖兼备的知识内容，并且还应具备准确严谨、与其百科性匹配的专业化语言文字表达。本文深入剖析《大数据百科全书》独特的语言特征，在此基础上，提出其编纂过程中需重点突破解决的技术难点，并总结提炼编纂中需严格遵循的技术规范，为《大数据百科全书》编纂工作的开展提供参考和指导。

关键词：　大数据　百科全书　语言　规范

随着大数据的深入发展，大数据领域知识急剧增加，同时涌现出大量新概念、新问题。为满足人们日益强烈的大数据知识认知需求，社会各界开展了相应的基础性研究。2017 年 5 月，大数据战略重点实验室全国科学技术名词审定委员会研究基地正式启动《大数据百科全书》的研究编纂。该书将全面梳理大数据领域的知识内容，覆盖大数据理论、大数据战略、大数据技术、数字经济、数字金融、数据治理、数据安全、数权法、大数据史九个方面，以期推动大数据领域的知识传播和普及，并为深入研究大数据提供基础性研究素材。

一　《大数据百科全书》的基本认识

《大数据百科全书》作为我国第一部以大数据为主题的专业性百科全

书，其内容及性质决定了行文结构和语言的特殊性。同其他大数据书刊编辑工作相比，《大数据百科全书》具有复杂性和差异性。

从内容上看，《大数据百科全书》是对大数据领域知识体系和研究框架的全面梳理，其知识系统本身具有极高的复杂交叉性。大数据与经济社会各领域进一步融合发展的过程中，大数据涉及的研究也逐渐向各细分领域延伸拓展，知识体系日益庞杂，并且包含了极其复杂的交融关系。

从性质上看，《大数据百科全书》与其他大数据研究成果、出版物之间既具有一定的相通性，又保持其差异性。与大数据相关论文和专著相比，虽都要求具有较高的科学性和严谨性，但《大数据百科全书》是对大数据领域已有知识的整理和概要记述，不以编者个人的学术观点代替全面的学术阐述，而大数据专著和论文则可以是一家之言或一派之说，是对大数据领域的学术开拓性研究；与大数据教科书相比，《大数据百科全书》以独立条目单元分解介绍知识，多采取概述、总结的知识解说方式，而大数据教科书一般分章分节循序渐进讲述知识，多采取论证、推导详述的知识讲解方式；与大数据手册相比，虽都属于工具书，但《大数据百科全书》更重知识性，提供基本概念和事实的基本资料，而大数据手册重实用性和指导性，主要目的是汇聚大数据的相关资料。

二　《大数据百科全书》的语言特点

百科全书的编纂涉及框架构建、条目选取、内容撰写、科学审定、编排和校对等环节。其中，利用语言文字把稿件转化为规范化的书面语言形式，是百科全书的编纂重点。因此，在《大数据百科全书》编纂的工作中，不能不对其语言加以重视。

（一）辞书体是《大数据百科全书》的语体要求

1. 语体分类

语体是在语言运用中产生的，人们运用语言就不能不受语体规律的制约和支配。通常意义上，语体指适应不同交际领域的需要而形成的言语特点的有机体系，是运用全民语言材料所形成的语言的社会功能变体。① 由于交际领域和交际日的不同，在语言材料运用和表现手段特点上形成不同特点的语言表达体系，从而分化出不同的语体，比如科技语体、谈话语体、文艺语体等（见图1），每一类语体由特定的语境类型决定，具有相对独特的语体特征（见表1）。

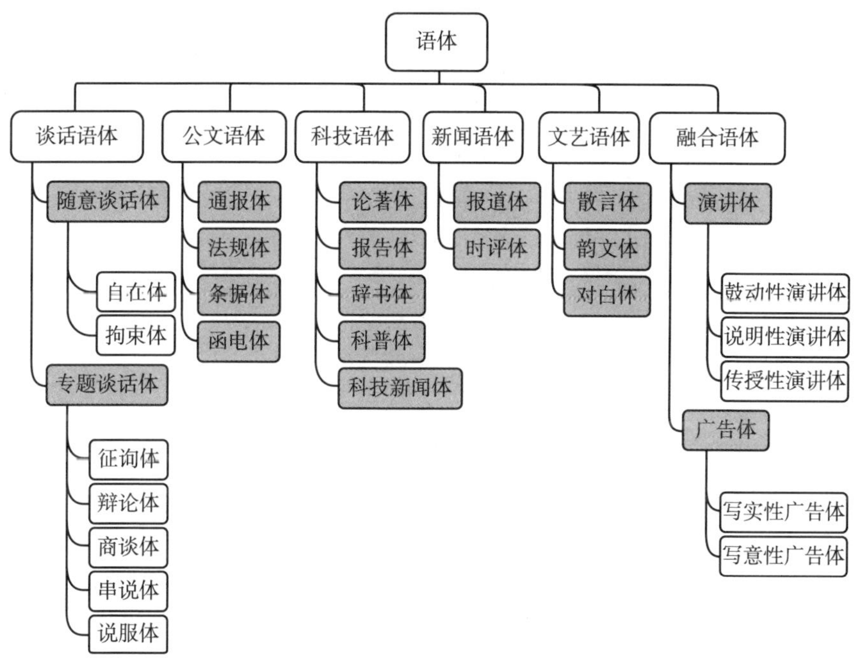

图1　语体体系及分类

注：现代语体学倾向于将应用领域和语言风格作为分类的标准。其中，由袁晖、李熙宗主编的《汉语语体概论》中对于语体类别划分较为详细，基本涵盖了语言生活使用的各个领域。

资料来源：袁晖、李熙宗：《汉语语体概论》，商务印书馆，2005。

① 袁晖、李熙宗：《汉语语体概论》，商务印书馆，2005。

表1　典型语体类型及特征

语体类型	特征
科技语体	①大量使用科技术语，适当兼用外来词 ②句法完整，多用陈述句 ③多用长句、复句 ④语言准确、严密、简洁
新闻语体	①篇幅短小、简洁精练 ②通俗平实、条理清晰 ③大量运用新词语，直接借用外来词
文艺语体	①语言形象生动，大量使用具象鲜明的词语和修辞手法 ②大量使用俗语、口语词 ③词性灵活多变，语序灵活自由，句子结构繁简灵活 ④大量使用修辞来增强其艺术表现力
谈话语体	①大量使用省略句，如非主谓句 ②句子结构简单，语句松散自由 ③大量借用非语言手段表情达意
广告语体	①创新新词，并大量使用成语、俗语 ②大量运用非主谓句、省略句 ③多用简单句，少用复杂长句 ④词类活用，超语义搭配等反常规语言现象普遍

资料来源：刘大为：《论语体与语体变量》，《当代修辞学》2013 年第 3 期。

2. 辞书体

辞书体是科技语体的下位分支语体，是在长期的辞书编撰实践中，为了适应辞书的特定目的和要求而形成的一种独具个性的语言特征体系。其语言应用上表现出八大特点：①开门见山，开宗明义；②作客观陈述，不作主观评判；③只提供题中应有之义，不引申议论；④按体例行文，不自行其是；⑤文字尽可能浅显易懂；⑥注意稳定性；⑦语言朴实；⑧力求精练。[①]

根据《中华人民共和国国家标准术语工作　辞书编纂基本术语》（GB/T15238 -2000）对百科全书的定义，[②] 百科全书归属于辞书，《大数据百科

① 徐庆凯：《辞书体的八个要求》，《辞书研究》2006 年第 4 期。

② 百科全书：以条目为单元，汇集阐述人类各种门类或某一门类知识的较完备的辞书。

全书》的言语活动在辞书的语境中进行，其语言应当符合辞书体的基本要求和总体基调，并在一定程度上显示出辞书体的语言特色。深入认识《大数据百科全书》的辞书性，培养辞书体与非辞书体从形式到内容的明晰的辨别能力，是建立百科语言敏感性的基础。

（二）《大数据百科全书》语言风格的形成因素

一般来说，不同的语体往往显示出不同的语言风格，表现出不同的气氛和格调。辞书的语域[①]是《大数据百科全书》语言特点形成的客观基础，同时，《大数据百科全书》的交际目的、受众以及大数据领域的特殊性制约着《大数据百科全书》对语言的选用，由此形成《大数据百科全书》独特的语言风格。

1. 交际目的

就性质而言，《大数据百科全书》是供人们查检大数据领域知识问题的工具书，是知识密集型的咨询手段和教育手段。其功用在于用书面的、规范的文字形式来总结、传播大数据领域科学知识。《大数据百科全书》关于知识普及性的交际目的，决定了它与文学作品（抒发情感）、公文（公务交际）以及传播新闻信息的报刊、广播等具有不同语言风格，也因此产生了相应的语言要求（见表2）。

表2 《大数据百科全书》交际目的相关的语言要求

要求	具体含义及表现
准确性	《大数据百科全书》作为释疑解惑的工具书，必然要求其内容是大数据领域的客观真理或规律，符合客观实际，经得起推敲和逻辑推理；同时，作为内容载体的文本语言力求严谨显真，客观准确反映表达的内容。一方面，文字表意准确，选用恰当、最能反映事物或现象真谛和精髓的词语入文，忠实地表达概念和观点；另一方面，语言表意准确，逻辑推理严密、结构清晰严谨，不夸大也不缩小

① 语域是指语言使用的场合或领域的总称。

续表

要求	具体含义及表现
平实性	《大数据百科全书》作为大数据科学知识储存库，它所记录的信息是既成的事实或客观的知识。在总结和传播大数据科学知识时，不需要系统的论证，也不需要激发读者的感情，对涉及的知识所采取的态度完全客观公允，实事求是，排斥个人的主观臆断和褒贬评价，不摆花架子，不求生动和变化
简明性	《大数据百科全书》作为存贮高密度信息量的工具书，其读者需要花费最少的时间获取最必要的信息。与研究性的专著及教材的详尽描述论述不同，其语言表达更加概括，即对条目所涉及的主题提供基本的事实和理论，揭示主要特征，勾勒出大致的轮廓。在语言上用词表义鲜明，让人一目了然，同时又高度凝练，事丰词约

2. 接受对象

《大数据百科全书》的读者对象主要是政府的政策制定与执行部门、研究机构、企事业单位中从事大数据相关研究和应用的人士。其中，既包括大数据领域的专业人士，也包括其他大数据领域的相关人士，受众范围相对宽泛。由于个人专业水平和文化素养等因素的影响，这些受众对大数据的专业认知存在差异。为尽可能满足每一位读者的需要，《大数据百科全书》的语言运用要处理好通俗化的问题，使得其知识的纵深适合。但这种普及与通常的科学普及在语言特点上又有较为明显的差异，前者准确、简明、平实，后者通俗、形象、生动。总体来说，《大数据百科全书》的语言处于科学技术领域内介于专业和普及接合地带，既不完全等同于为专门性的科学研究服务的论著体（过于专业化），又有别于专门以科学知识普及为主要目的的科学普及体，而是在保证科学性的基础上注意通俗性，尽可能以通俗的语言和适合于大数据领域普通读者的表述技巧，对大数据相关内容做深入浅出的介绍。

3. 表述内容

《大数据百科全书》涉及领域内容及语言材料具有自身的特殊性。《大数据百科全书》以大数据领域内的丰富知识为主要内容，大数据领域学科交叉、高速发展的特点很大程度上影响《大数据百科全书》的语言风格，相对于语词词义的缓慢演变，大数据领域语言更具有鲜明的时代性。首先，大数据领域的新词出现速度快，数量大。大数据是近年出现的新兴领域，发展速度惊人，由此带来大数据领域新概念的爆炸式增长态势，给相关词语的稳定性带来巨大冲击。其次，大数据领域的词语正逐步走向规范化、术语化，出现专业规范的词语来表达大数据领域的特定概念。2014 年 6 月，全国科学技术名词审定委员会（以下简称“名词委”）正式发布试用“大数据”“云计算”“物联网”“三维打印”“量子通信”等科技新词，标志着相关概念正逐步成为规范化的科技术语。最后，大数据蔓延至各行各业，其语言也体现出交叉融合性。2017 年 5 月，名词委联合大数据战略重点实验室首次对外发布块数据、主权区块链、秩序互联网、激活数据学、5G 社会、数据铁笼、数权法等大数据十大新名词。这些新词不仅反映大数据的创新与发展，更体现出大数据在各个领域的融合应用。

（三）《大数据百科全书》的语言特征体系

《大数据百科全书》的语言风格是其编纂过程中的制约性因素和必须遵循的原则，并通过《大数据百科全书》词语、句法和篇章结构的有机结合体现出来。

1. 词语系统

《大数据百科全书》的词语系统由条目用词和释文用词共同组成的：条目用词部分，是指《大数据百科全书》条目所反映概念的语言表达形式的语言运用部分；释文用词部分，主要涵盖《大数据百科全书》释文的特定用语以及符号、公式等语言代用要素所共同组成的系统。

条目用词讲究前沿性、融合性与体系性。条目用词是《大数据百科全书》词语系统中最具特色的部分。《大数据百科全书》的条目是独立的知识主题或已形成的固定概念，而不是主题（或概念）的部分或某一层次。相对传统辞书，《大数据百科全书》对于知识文化的总结记录在时间上更为迅速、及时，其条目用词最为明显的特点在于条目设立讲究前沿性、融合性和体系性。其中，前沿性是指所收条目要符合《大数据百科全书》与时俱进的特点要求，站在学科发展的前沿，吸收最新的研究成果，及时淘汰更新。融合性是由于大数据本身的跨学科性，所收条目按照一定的体系结构高度凝练，互相关联，不仅涉及学科建设，还要涉及大数据与其他领域的融合应用，选取的条目对该领域具有一定价值和意义。体系性是指所收条目，是同一知识体系的条目，彼此形成相应的词汇系统，反映出彼此之间的逻辑相关性。同一上下位概念之间，表义上具有鲜明的层级关系和类聚关系，避免不必要的内容重复。同时，交叉条目内容应相互呼应和统一，避免矛盾。

释文用词部分的主要特色在于对修辞色彩表现出的严格选择性。一是，《大数据百科全书》用词多选择具有科技语体色彩并且表意准确的书面用语，避免使用口语化或含义存在歧义的日常用语。二是，在词语运用上排斥描绘形象色彩或带有主观感情色彩，严格控制使用伟大、卓越、杰出、反动等词语。三是，释文词语要求严格的单义性，即释文中使用词义单纯词，即使使用多义词时也要求用其基本义，以避免表意不清，造成歧义，这也是条目用词的基本要求之一。

2. 句法选择

《大数据百科全书》的句法选择遵循百科全书的共同特点：①句式运用上，表现出不富于变化的句式，主要运用陈述句，不疑问、不感叹、不祈使、不倒装。②句子结构上，不要求语法的完整性，广泛地成分省略，以达到表达简明的效果。一是释文语句不再重复条头（条头即主语），使用“无主句”，并保持主语稳定，尽量不转换主语，若主语转换，则一定要加主语；二是在条目与释文之间的谓语判断动词通常省略；三是语气成分、连接成分省略，无实际意义或处在变化中不稳定的定语、状语省略。③表达方式上，释文要求平实、简明、准确。对条目知识作概括性的客观说明与叙述，不辩驳、不抒情，排斥形象化、艺术化的修辞方法（不形容、不比喻、不抒发、不夸张、不拟人、不借代、不议论），以免语意曲折隐晦、模棱含糊、似是而非。

3. 篇章结构

条目化是《大数据百科全书》篇章结构中最显著的特点。在《大数据百科全书》的体例文件中已形成相对固定、规范的条目模式设置和释文项目（见图2）。通过样条和释文结构设置对《大数据百科全书》整体篇章结构进行约束。

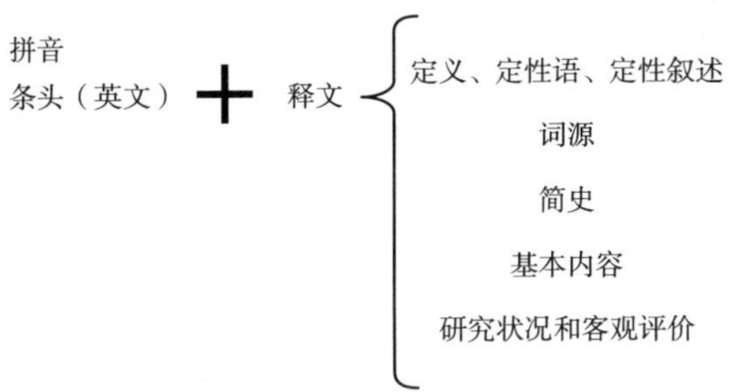

图2　《大数据百科全书》条目结构

条目是百科全书的基本单元，是一个主题的知识的系统概述，由条头、释文、参考文献和撰稿人署名构成。条头是一个条目的标题；条目释文指条目内容的陈述，是一篇具有独立性和完整性的文章，包括定义、定性语、定性叙述、词源、简史、基本内容、研究状况和客观评价，以及层次标题、配图、表格等（见表3）；在编纂过程中需要标准参考文献并署名，以便审稿人员查阅。其中，定义、定性语、定性叙述是所介绍的知识主题或概念的定义和展开说明，必须开宗明义，放在释文的开端，主语承前省略。

表3　《大数据百科全书》释文结构及说明

释文结构	含义	说明
定义	定义是条目所述主题最本质的表述，具有专指性，应做到准确、严谨、简明和通俗	定义放在释文开端，亦称、又称等一般放在定义之前；少数见词明义和不言自明的条头不要勉强下定义
定性语	定性语是非专指性的，以归类方式说明其属性	人物、地名、机构等条目一般要有定性语
定性叙述	定性叙述是条目主题的定义（或定性语）加上展开说明，为全条内容的概要提示	定义比较费解和内容较为广泛的条目应有定性叙述，构成释文的开头部分；释文不长的条目也可只有定义（或定性语），而不展开为定性叙述；无法写定义或定性语的条目可安排引言式的定性叙述

续表

释文结构	含义	说明
词源	词源是条目主题概念或事物、事件等名称的来源	包括名称的最先提出和使用、重要外来语的原文和最先译成汉语的时间、译者等知识；凡有可靠的资料，都应追溯，并做出简明的介绍
简史	简史是追溯条目所述概念、事物、学说等历史演变情况的知识	包括沿革、形成史、发展史、发现史、发明史、研究史等，时间较短又无变化的事物可不写历史沿革
基本内容	基本内容是条目主题的实质性内容	它说明概念内涵和外延，事物的基本状况和发展水平以及所涉及的重要人、事和有关的重要数据等
研究状况和客观评价	研究状况和客观评价是上述基本事实以外的补充知识和资料	研究状况包括所述主题的不同见解、学术争论、有待解决的课题和研究动向等；学术性较强的条目和重大知识主题或热点课题条目可专项介绍研究状况，一般条目可在行文中提及对问题的不同见解，或可不涉及

三　《大数据百科全书》技术要点

了解掌握《大数据百科全书》语言特征是《大数据百科全书》编撰工作开展的基础。同时，在《大数据百科全书》的编纂过程中，还需特别重视编纂中的技术要点。一方面，要重点把控破解编纂过程中的技术难点，解决编纂的“瓶颈”问题。另一方面，还应进一步明确技术规范细节，推动《大数据百科全书》编辑过程的程序规范和成果的产品规范。

（一）《大数据百科全书》技术难点

百科全书编纂的过程中往往会出现科学内容矛盾、定性叙述不准确、表述不合逻辑或含混不明、层次结构不当、语法修辞不当、标点和数字用法不对、语气不符等问题。就《大数据百科全书》来说，其编辑的最大难点主要在对新词与争议词的处理，内容交叉与重复的处理以及如何避免语言差错。

1. 新词与争议词

在大数据相关概念产生和构建的过程中，部分词语的内涵有可能不够明确，概念不够稳定，学界对其认识也有个过程；同时，部分新词存在构词或使用不规范现象，即不符合现代汉语的词语规范要求和语法规定。这些因素对《大数据百科全书》新词的收录带来极大的信息干扰，加大工作难度，需要编辑具备一定的知识（了解概念所反映的事物），并遵循《大数据百科全书》新词收录的原则。

作为一部规范性的权威辞书，《大数据百科全书》具有可信的精确性、时代性以及相对的稳定性的特点，其新词和争议词的处理是积极但又比较谨慎的。对于这部分词语收录的意义不仅在于对其进行实录和保留，更重要的是对其定型、规范释义、传播指导。一方面，有些问题虽未最终明朗，或者说尚未“盖棺定论”，但已形成人们熟知的话题，形成稳定下来的问题，也具有成为条目的条件。对于那些能够反映重要研究成果、对大数据发展影响重大的关键性代表性的词语，在经过认真筛选和审慎取舍后，《大数据百科全书》予以收录。另一方面，《大数据百科全书》的新词收录标准是严格的，态度是慎重的。词的理据①上，要求名词合理，符合汉语的构词规律，排除和限制不规范的词语。词的使用上，要求收录具有生命力和普遍性的词语。新词的生命力是指经过时间的考验，这个词是否能流传并稳定下来；普遍性是指该词是否能推广并被大多数人共同理解。一些偶发词②依赖于既有词和特定语境，且复用率极低，其意义也是临时性的，这类词应当避免。只有那些具有合理性和长久生命力，并且符合现代汉语语言规范的词语，《大数据百科全书》才予以收录和使用。

2. 内容交叉与重复

在《大数据百科全书》编纂实践中，内容交叉和重复是一个颇难处理的问题。一方面，交叉是不可避免的。大数据领域的知识本来就是纵横交错

① 词的理据是指用某个词称呼某事物的理由和依据。

② 偶发词是指为了某种修辞目的而临时造出来的一种词流，又可称为翻造词语或自铸新词。

的连续系统的总和。历史与现在是联系着的，基础与应用也是联系着的，同时大数据与其他领域也是在不同程度上互相联系着的。在百科全书编纂中这种交叉自然地反映出来，而且往往很突出。因为百科全书是以独立的知识主题设条，也就是把完整的知识体系分割为大大小小的条目；条目与条目之间、部分与部分之间存在千丝万缕的联系，因此百科全书不可能不存在一定限度的重复。另一方面，条目交叉关系处理不当，易造成互相重复、互相矛盾，或双方将搭界的内容都推出门外而出现重大遗漏。

表4　条目交叉关系

总分类	关系分类	特点及说明
纵向关系	直接领属关系	领条的条头要覆盖住属条，领条的释文要尽可能提到属条名称，并对属条做简单介绍，但不能过多深入，以致越俎代庖 属条的释文要承接直接的领条，说明同领条的关系，所述内容要同领条释文中对本条的介绍相互照应
	间接领属关系	间接领属的第一代条目释文全面阐述自身的内容，概述介绍第二代条目的内容，必要时提及第三代条目的名称
横向关系	同型关系	同型关系条目的特点是彼此在内容上瓜葛不多，而在形式上要求模式化
	多边关系	多边关系是指一些形式相似、内容交叉的条目之间的关系。对于这类条目，在释文中必须作出对比性说明，辨明异同，划清界限
	承接关系	事物的顺序是事物发展的一种表现，对于这类关系，要充分考虑释文之间的承接，彼此搭界，又不能搭界过宽
错综关系	辐射关系	辐射关系是以一个条目作为出发点，从知识内容的交叉关系来说，每个条目都有可能成为一个辐射点，涉及许多条目
	网络关系	网络关系是以若干相关条目同另一些相关条目交织而成

资料来源：黄鸿森：《百科全书编纂求索》，中国大百科出版社，1994。

这就要求在编纂工作中要妥善处理条目交叉关系（见表4），务求做到相关条目彼此呼应，同型条目互相协调，上下层次条目首尾衔接。首先，通过框架设计选条，确定各部分和分支领域的疆界和关系，确定各个知识主题和概念的层次和位置。其中，各部分的完整性要服从于全书的完整性，受全书完整性的限制。其次，在具体条目的编纂过程中，要明确条目的“四至”（即上下左右的边界），区别对待核心内容与边缘内容。核心内容应该完整而充分，边缘内容应收缩而稀薄。同时，上下层次和左邻右舍条目应互相提到，以反映知识主题之间的联系，便于参见，但不宜越界展开。

3. 语言差错

编辑中，因语言文字的基本功不够扎实，对语法知识和相关标准、规范不够重视，再加上写作较为随意、表达不够严谨，辞书中的语病现象较为普遍。语言表达是否规范，既反映出作者的思想水平和写作修养，也决定了《大数据百科全书》的水准。因此，需要对常见语病进行归纳、总结，以避免之。《大数据百科全书》的语言文字差错主要涉及字词差错、语法差错、汉语拼音差错。

字词差错，主要是由于对相关概念的认识理解不到位，使用时信手拈来，不加推敲，造成词语滥用和混用。尤其是对同义词、近义词之间的细微差别缺乏敏锐的辨析能力，常常造成词义、范围、感情色彩等方面的混淆，造成概念交叉。

如“信息产业是功能齐全、结构复杂、从业人员最多的信息生产部门。包括信息生产业，如宣传、广告、出版、教育、新闻、广播、电视等行业（概念交叉）；信息机械制造业，如电子计算机和有关硬件制造（概念交叉）和销售行业。”

其中，“宣传、广告、出版、教育、新闻、广播、电视”中广播、电视都属于新闻，内容重复，广告、出版非同级概念；“电子计算机和有关硬件制造”也在一定程度上存在交叉。

语法差错涉及面十分广泛，包括但不限于成分残缺与冗余、搭配不当、语序不当、句式杂糅、详略失当、表意不明等。此处仅就《大数据百科全书》编纂过程中出现的常见病句（见表5）进行讨论。

表5 《大数据百科全书》常见病句

典型病句	特点
主语残缺	主语缺失是苟简语病的主要形式之一，主要存在：①后句暗换主语；《大数据百科全书》条目化编写释文时，首句使用无主句，如若中途更换主语须把新主语写出来，避免后文主语缺失；②介词词组淹没主语；③中心语残缺
句式杂糅	句式杂糅是句子结构混乱的典型形式，主要有以下结构混用：本着……为原则、以……即可、是为了……为目的、对于……问题上、由于……下、原因是……造成的、经过……下、是出于…决定的、借口……为名、是因为……的原因、有……组成、靠的是……取得的、关键在于……是十分重要的、围绕以……为中心、大多以……为主、是由于……的结果、深受……所、防止……不再……、非……才行、需要……不可、从……为出发点、大约……左右、之所以……的原因、供……之便、超过……以上、长达……之久、原因是……造成的（引起的）、旨在……为目的、靠的是……取得的、是出于……所决定的、根据……数据显示、平均在……以上（以下）、目的是为了……
并列短语使用不当	常见并列短语病句有：①并列成分顺序颠倒；②并列成分存在种属关系；③并列成分存在交叉关系；④并列成分词性不一致；⑤每一并列成分与相关成分不能搭配；⑥并列成分造成歧义
一面和两面搭配不当	一面和两面搭配不当是搭配不当的典型形式，主要特征是句式中含有：是否、能否、成败、优劣、好坏、高低、大小、多少、兴亡、生死等两面词

（二）《大数据百科全书》技术规范

技术规范是对编辑业务活动过程和编辑产品优化模式的概括和定型。《大数据百科全书》的体例文件作为书面约定的基本章法，体例文件制定和贯彻是实现《大数据百科全书》技术规范的基础。在体例文件制定和贯彻的过程中，应注意遵循以下几方面规范。

1. 语言规范

语言规范包括对条目释文用字、用词以及语法、修辞的规范。在组稿过程中，要对空话、套话、公文气的文字做软化处理，使之符合《大数据百科全书》独特的语言特征。同时，要加强学习和贯彻汉语规范化相关标准

（见表 6），科技术语按照名词委的相关规定使用新颁布的名词术语，不用废弃的名词术语，如“3D 打印”（以后应使用“三维打印”）。

表 6 《大数据百科全书》文字相关标准

分类	具体内容
文字规范	要求一律使用正式公布的简化字,《简化字总表》《常用语言文字规范手册》《语言文字规范标准》等都是《大数据百科全书》语言规范化学习和参考的标准规范
拼音规范	遵照国家标准《汉语拼音方案》(1958)和《汉语拼音正词法基本规则》(2012)规定执行,格式上所有字母都大写,且不标调
数字规范	遵照国家标准《出版物上数字用法》(2011)执行
符号规范	标点符号用法遵照国家标准《标点符号用法》(2011)执行
单位规范	量和单位遵照国家标准《国际单位制及其应用》(1993)和《有关量、单位和符号的一般原则》(1993)执行

2. 图表规范

图表是语言要素的辅助性交际手段，通过更形象、直观的表达，使读者更加清楚、准确地获取信息。同时，图表也是百科全书中易出纰漏的部分之一，图题、图注、表头、说明文字和符号与释文的相恰性，往往为编辑忽略，亟须遵循统一的规定和要求（见表 7）。

表 7 《大数据百科全书》图表规范要求

分类	具体要求
配图规范	图题是表示插图内容的主题,每一幅插图都要有图题。图随文走,在相应的释义中标注图位,单图无序号的用“(图)”表示即可,多图有序号的用“(图1)、(图2)”等表示
表格规范	表格的项目要简约,收入表格的应是典型的或具有可对比性的资料,一律使用全线表,并标明表头、表号、表题;表注用星花(＊、＊＊等)指引,注文置于表下。表内文字末尾一律不用句号;表格的编排,一般是内容由左至右横读,数据由上到下竖读;如某个表需要转页接排,在随后的各页上应重复表的序号。序号后跟表题(可省略)和“(续)”,置于表的上方。续表应重复表头

3. 选材规范

重视参考资料的规范性与合理性。《大数据百科全书》是在参考大量文献资料基础上完成的，参考文献反映出百科全书的起点和深度。如若材料考证和核对欠缺功夫，或仅依据一种资料来源，或是一家之说，与相关内容不协调、不相洽，时间上有出入，事实上有矛盾，则会大大降低百科全书的质量，使《大数据百科全书》失去可信度。

在遵循参考文献格式规范的基础上，还应注重《大数据百科全书》参考文献的收集原则。首先，多选用高端、一手的文献载体。不同形态的各种文献载体具有不同的特征，期刊在动态趋势方面具有前沿性和内容论点的专业集中性，教材多是在别人的著作基础上做的一些总结和阐述，信息磨损较多。其次，确保参考资料数量充足。尤其是关键性资料、最早文献和最新文献不应遗漏，概念出现时期的资料应该考虑到。最后，确保资料准确性。在全面理解的基础上对资料进行引用和发展，间接资料在使用时要进一步分析和核对，避免引用不当；在延伸发展资料内容时，要保持原有资料的客观性，忌断章取义。

参考文献

[1] 金常政：《百科全书论》，上海辞书出版社，2011。

[2] 袁晖、李熙宗：《汉语语体概论》，商务印书馆，2005。

[3] 陈崎、汪惠民：《科技术语在语文词典中的收录与处理原则》，《中国科技术语》2015 年第 5 期。

[4] 阳慧：《学术论文写作的语言特质》，《写作》2014 年第 3 期。

[5] 李国杰、程学旗：《大数据研究：未来科技及经济社会发展的重大战略领域——大数据的研究现状与科学思考》，《中国科学院院刊》2012 年第 6 期。

[6] 张春军、董凯：《医学期刊中科技语言与文字的规范性应用》，《科技情报开发与经济》2011 年第 24 期。

[7] 李志江：《学习前人经验 掌握编写规律（上）——记关于辞书编写的一些经典语言》，《辞书研究》2011 年第 1 期。

[8] 杨绪明、杨文全:《当代汉语新词新语探析》,《汉语学习》2009 年第 1 期。
[9] 刘青、黄昭厚:《科技术语应具有的若干特性》,《中国科技术语》2003 年第 1 期。
[10] 杨士焯:《百科全书条目释文的语体特征及翻译策略》,《山东外语教学》2003 年第 6 期。

案 例 篇

Case Studies

B.14

浙江“最多跑一次”：数据驱动治理转型的地方实践

摘　要： 党的十八大以来，以习近平同志为核心的党中央牢牢扭住“放管服”改革这个“牛鼻子”，持续推进简政放权、放管结合、优化服务改革。在这一背景下，深入推进地方政府“放管服”改革意义重大而深远。近年来，浙江省创新工作思路、先行先试，充分运用“互联网+政务服务”和大数据技术，在全国率先推出“最多跑一次”改革，探索出了一条“放管服”改革与现代科技应用融合的新路子，为推进治理体系与治理能力现代化提供了实践样本。本文按照理论研究与实证研究相结合的方法，深入分析浙江“最多跑一次”改革的做法。在此基础上，总结浙江“最多跑一次”改革的探索经验，并针对改革实践中存在的问题，提出科学、合理的建议。

关键词： 浙江“最多跑一次” 数据驱动 治理转型 地方实践

党的十八届三中全会提出：“到2020年，要在重要领域和关键环节改革上取得决定性成果……形成系统完备、科学规范、运行有效的制度体系”。[①] 换言之，到2020年国家治理体系现代化要初步实现。而国家治理体系与治理能力现代化既需要党和国家的统筹规划与顶层设计，也需要地方政府结合地方的发展实际，开展实施创新性实践，推进地方治理转型。作为浙江省一场系统性、整体性和重构性的变革，“最多跑一次”改革为新时期整体性思考治理体系提供了一个重要的突破口，同时也为国家治理体系和治理能力现代化建设提供了浙江样本和浙江素材。

一 “最多跑一次”改革的背景与意义

党的十八大以来，党中央国务院高度重视“放管服”改革工作。2016年5月，在全国推进简政放权、放管结合、优化服务改革电视电话会议上，国务院总理李克强指出：“只有继续推进‘放管服’改革……才能全面正确履行政府职能……实现政府治理能力现代化”。[②] 在党中央、国务院“放管服”改革的战略指导和大力支持下，2016年6月，浙江省出台了《深化“四张清单一张网”改革 推进简政放权放管结合优化服务工作要点的通知》，着手开展以“四张清单一张网”为重要内容的浙江“放管服”改革。“四张清单一张网”在一定程度上打破了行政审批制度处于分散式、碎片化的状态，然而对行政审批体制改革力度不够、作用不大、触动不深，改革依旧局限在政府内部，政府忙得不可开交，群众仍然漠不关心，从改革中本质

① 《中国共产党第十八届中央委员会第三次全体会议公报》，新华网，2013年11月12日。

② 李克强：《深化简政放权放管结合优化服务 推进行政体制改革转职能提效能——在全国推进简政放权放管结合优化服务改革电视电话会议上的讲话》，《人民日报》2016年5月23日。

性收获较少。

为进一步打通制度建设的“最后一公里”，破解企业和群众办事的堵点和痛点，切实提升群众满意度和企业获得感，全面提升政府治理水平。在2016年底召开的浙江省委经济工作会议上，时任浙江省长车俊提出了“最多跑一次”改革。2017年初，“最多跑一次”被正式写入浙江省《政府工作报告》，成为浙江增强人民群众满意度和企业获得感、提升服务效率改革的标志性工作。同年2月，浙江省政府印发了《加快推进“最多跑一次”改革实施方案》，明确总体要求、实施步骤、职责分工、保障措施等，并提出了加快推进更多服务事项网上办理、推进“最多跑一次”事项办理标准化、全面加强和创新政府监管、加快建设社会信用体系、深化基层治理“四个平台”建设等配套措施。“最多跑一次”改革至此在浙江全省各地全面推进，并成为省市县三级党委政府眼中的“一号工程”。

“最多跑一次”改革是践行以人民为中心发展思想的具体行动。2016年2月，在中央全面深化改革领导小组第23次会议上，习近平总书记强调，把以人民为中心的发展思想体现在经济社会发展各个环节，做到老百姓关心什么、期盼什么，改革就要抓住什么、推进什么。“最多跑一次”改革就是践行习近平总书记以人民为中心发展思想的具体行动，它从与企业和人民群众生产生活关系最紧密的领域和事项做起，以人民群众和企业利益最大化来设计改革方案、优化行政流程、调配行政资源，推动政府各方面、各领域改革。从而用实际行动增强了人民群众的满意度和企业的获得感，实现了人民群众和企业到政府办事“最多跑一次”。

“最多跑一次”改革是深化“简政放权、放管结合、优化服务”的重要举措。十八大以来，党中央和国务院高度重视、坚持不懈推动“放管服”改革，强调要转变政府职能，创新行政管理方式，建设服务型政府。“最多跑一次”改革坚持创新发展理念，从人民群众和企业的视角思考政府改革，用人民群众和企业的语言设定改革目标，以人民群众和企业的感受确立改革标准，倒逼政府深化自身改革、加快职能转变，是在更高起点更深层次上推进“简政放权、放管结合、优化服务”的重要举措。此项改革深入贯彻落实“放管服”改革要求，在先前“四张清单一张网”等改革取得成果的基础上完成“关键一跃”，让优化服务与减权、限权、治权的有机统一成为可能。

“最多跑一次”改革是运用数据驱动治理转型的浙江探索和浙江实践。改革开放四十年来，浙江特色的发展道路，就是通过政府治理现代化的探索，推动治理能力与治理体系现代化的过程。“最多跑一次”的本质是以数据驱动政府治理改革，这项改革提出的“深化基层治理‘四个平台’建设”，高度重视信息是政府治理的重要依据，以大数据驱动来推进经济、政治、社会、文化、生态等领域的信息化，以信息化提高这些领域的制度化、程序化、法治化水平，构建一个“制度 + 技术”的政府治理体系和治理能力现代化。通过充分运用“互联网 +”、大数据等现代信息技术，提升服务能力和运作效率，重塑政务服务体系，形成跨界融合、连接一切的政府治理模式。

二 “最多跑一次”改革的创新与实践

（一）“最多跑一次”改革的总体思路

“最多跑一次”改革以“人民为中心”作为改革的出发点和落脚点，以“一窗受理、集成服务”作为改革的主抓手，以“互联网 + 政务服务”和大数据作为改革的技术支持。通过强化省级层面的顶层设计，集中力量构建统一协调、互联互通的政务服务体系，探索政务服务“零上门”机制，撬动各级各部门减权、放权、治权，使浙江省政务服务体系从“一窗受理、集成服务”的线下模式，向线上线下并行，最终实现“网上办事”的线上服务为主、“一窗受理、集成服务”的线下模式为辅的政务服务供给格局。

1. 以“人民为中心”作为改革的出发点和落脚点

马克思主义群众观认为，人民群众不仅是物质财富与精神财富的缔造者，而且是历史演进和社会变革的最终决定力量。以人民为中心的发展思想，不仅同马克思主义群众观和人民观根本一致，而且同我国长期秉持的群众路线一脉相承。因此，在改革理念上，“最多跑一次”坚持以人民为中心，从人民群众和企业反映最强烈、最渴望解决、最难办的事情上突破，把人民群众和企业的满意度、获得感，作为检验改革成效的唯一标尺，努力做到人民群众和企业到政府办事“最多跑一次是原则、跑多次是例外”。

2. 以“一窗受理、集成服务”作为改革的主抓手

“最多跑一次”改革，要以部门间规章制度对接和流程整合的“一窗受理、集成服务”作为改革的主抓手，从构建统一的前台界面出发，依托前台“一窗受理”改革，倒逼后台办事流程优化整合，促成部门间的协同作战。通过前台改革和后台改革的“协同”与“联动”，切实提高政府治理能力和治理水平，有序推进“放管服”改革措施落实落地，持续提升人民群众的获得感和企业的满意度。

3. 以“互联网 + 政务服务”和大数据作为改革的技术支持

“最多跑一次”改革是建立在“四张清单一张网”改革的基础上，充分依托大数据技术与“互联网 + 政务服务”，开展实施的政府全面改革。因此，“最多跑一次”改革要充分运用“互联网 + 政务服务”和大数据等现代科技手段，借助技术力量带来的信息和数据的便捷传输和即时共享，实现数据多跑路，群众和企业少跑腿甚至不跑腿，进一步简化办事流程，创新工作方式，提高工作效率，让广大人民群众和企业充分体会到政府改革所带来的便利和成果。

（二）“最多跑一次”改革的主要做法

1. 推进“一窗受理、集成服务”改革

以“一窗受理”服务为契机，倒逼后台各层级、各部门的办事流程优化整合，推进人民群众和企业办事由原来的“跑部门”转变为现在的“跑政府”。一是科学有效布局综合窗口。按照现阶段改革要求，把政务服务中心原先分散布局在各部门的窗口，充分整合、归并成投资项目审批等六大板块的综合窗口，构建“前台综合受理、后台分类审批、综合窗口出件”的

新模式。二是强化现场管理标准化建设。以服务大厅现场管理工作规范作为行动指南，强化行政服务中心标准体系建设达标工作，深入推进中心现场管理标准化建设，全方位无死角促中心现场管理能力全面提升。三是推进改革延伸至基层。依托便民服务平台，构建“乡镇（街道）、村（社区）前台综合受理，县（市、区）后台分类办理，乡镇（街道）、村（社区）统一窗口出件”的服务流程，打通服务群众和企业的“最后一公里”。

2. 梳理公布“最多跑一次”事项

一是厘清“一件事情”[①] 的基本概念。从群众和企业办事角度、办事需求出发来厘清“一件事情”。二是明确梳理范围及口径。充分借助权力清单，以及公共服务事项目录，对群众和企业的办事事项进行全面梳理。要求每一个群众、每一家企业到政府的办事事项，都必须同公共服务事项和行政权力事项当中的任意一项相对应。纳入群众与企业的权力事项，大多数是依申请的具体行政行为和在法律规章里规定行政相对人负有申报等义务的行政行为。三是科学编制“最多跑一次”办事指南。根据浙江省“最多跑一次”事项“八统一”[②] 规定，研究编制办事指南，要求办事指南具有统一性和规范性。对已经公布的群众和企业到政府办事事项和办事指南，建立动态调整机制。

3. 推进重点领域和关键环节改革

一是深化便民服务改革。从便民服务领域的办事事项出发，打造全省统一规范的数据共享库。将居民身份证号作为独一的标记，大力开展一证通办。二是深化企业投资审批改革。推进企业投资项目承诺制改革，建设浙江政务服务网投资项目在线审批监管平台 2.0 版，推动平台实现“四个 100%”[③]。三是深化商事登记制度改革。以全程电子化登记平台为载体，对住所登记等

---

① “一件事情”主要可以分为以下几种情形：①一个部门一个办理事项；②一个部门多个办理事项；③多个部门一个办理事项；④多个部门多个办理事项。

② “八统一”是指“最多跑一次”改革办事事项主项名称统一、子项名称统一、适用依据统一、申请材料统一、办事流程统一、业务经办流程统一、办理时限统一和表单内容统一。

③ “四个 100%”是指 100% 应用平台、100% 网上申报、100% 网上审批、100% 系统打通。

重点领域和章程审查等关键环节，开展实施工商登记便利化改革。在多领域、多行业推行“多证合一、一照一码、证照联办”的商事制度改革。在国家批准的自贸区、有条件的国家级开发区，实施“证照分离”改革。

4. 推进“最多跑一次”改革向事中事后监管延伸

建立“12345”统一政务咨询投诉举报平台，构建综合行政执法与部门专业执法融合创新的行政执法体系，开展跨部门联合“双随机”抽查监管制度改革，深入落实“一次到位”的执法监管机制。研发建设全省统一规范的行政监管平台，提高智慧监管能力。充分利用大数据监管、智能监管，实现监管全过程、无死角“留痕”，最大限度防止执法监管部门“权力寻租”现象发生。推进基层治理体系“四个平台”建设，乡镇（街道）整合形成便民服务、市场监管、综治工作和综合执法四个功能性平台，衔接“最多跑一次”在基层落地。

5. 推进“互联网 + 政务服务”，消除数据壁垒，实现数据共享

大力推进电子政务与公共数据统筹建设和资源整合，消除层级间、部门间数据壁垒实现数据共享。充分依托浙江政务服务网平台建设，全力推进行政审批服务平台、基层治理综合信息平台、政务咨询投诉举报平台和行政执法（监管）平台等分平台建设，并在此基础上，进一步推进各分平台的子平台建设。目前，浙江通过推进“互联网 + 政务服务”，全省各地已初步形成“用数据服务、用数据决策、用数据管理”的管服模式，有力促进了治理体系与治理能力现代化。

（三）“最多跑一次”改革的实施成效

1. 群众获得感得到提升

“最多跑一次”改革以群众的需求为出发点，设计和推动政府机构的自我改革，方便人民群众的生产生活，极大地提高了群众和企业的获得感。一是提高了群众的满意度。根据浙江省社会科学院《“最多跑一次”改革专项评估中期报告》显示，在各地区、各类型事项群众评价得分上，特定对象对“最多跑一次”改革成效的满意率均在 80% 以上。这些数据表明浙江省

各地区各部门积极推进“最多跑一次”改革，让群众在改革中得到了实实在在的方便和实惠。二是降低了群众的办事成本。“最多跑一次”改革大大降低了群众办事的时间成本、经济成本和心理成本。三是让人民群众找回主人翁的存在感。“最多跑一次”改革彻底打破“跑断腿、磨破嘴”，群众和企业办事“一直在路上”的局面，让人们群众真正找回了主人翁的存在感。

2. 办事效率大幅提高

在“最多跑一次”改革中，浙江通过系统优化办事入口、科学整合办事流程和高效打通办事末端等措施，极大地提高了办事效率。一是系统优化办事入口提高了办事效率。全省各地充分依托“互联网 + 政务”和大数据技术，建立“一站式导引”和一体化的政务大数据共享平台，推出一次叫号和在线预约服务，让数据互通代替群众跑腿，最大限度地简化了办事程序，缩短了办事时间。二是科学整合办理流程提高了办事效率。各地通过科学界定“一个事件”、最大限度压缩办理时间和最大范围推广网上办事，实现了多次跑到一次跑、拖得久向办得快、实体办理向在线办理的转变。三是高效打通办事末端提高办事效率。“最多跑一次”改革坚持过程思维，以打通政府公共服务“最后一公里”为目标，高效打通了办事出口，让群众真正地享受到了改革带来的高效率。

3. 部门协同取得突破

“最多跑一次”改革，紧紧围绕实现人民群众“一件事”到政府部门“跑一次”或“零次跑”的目标，打通部门协同间合作的“断点”，构建了整体性政府的运行机制和流程，部门协同取得重大突破。一是通过机构整合促进了部门协同。“最多跑一次”改革以“一窗受理、集成服务”为抓手，通过机构整合，最大限度地避免了权责交叉、政出多门、多头管理、推诿扯皮的弊端。二是通过流程再造促进了部门协同。“最多跑一次”改革依托现代化的信息技术和管理手段，通过对现有政府流程进行重新设计，最大限度地实现了组织的功能集成和职能集成。三是通过技术创新促进部门协同。“最多跑一次”改革通过“互联网 + 政务”和大数据等技术创新，加速推进了服务共享和跨部门办公，破除了不同层级、职能关联的部门间壁垒，从而

促进了部门协同。

4. 政府治理转型有效推进

浙江省以“最多跑一次”改革为切入点和突破点，全方位推进了政府现代化建设，促进了各级政府治理能力的全方位提升。一是推动了服务型政府建设。“最多跑一次”改革始终践行“以人民为中心”的服务理念，以不断提高群众的获得感为出发点，以大力消除群众的痛点为切入点，有力地推动了浙江服务型政府建设。二是推动了责任政府建设。“最多跑一次”改革要求各级党政负责人亲自抓、带头干，做到重要环节亲自协调、重大方案亲自把关、落实情况亲自监督。对于工作人员，则要求建立全程式、立体化的监督网络，确保责任到岗、到人。三是推动了智慧政府建设。“最多跑一次”改革通过大数据的技术变革潜能整合数据资源，撬动政府治理方式转型，实现政府的智慧治理，从而推进了智慧政府建设。

（四）“最多跑一次”改革的典型案例

1. 衢州市以“一窗受理、集成服务”推动“最多跑一次”

“一窗受理、集成服务”是实现“最多跑一次”改革的牛鼻子和主抓手。衢州市依托浙江政务服务网，根据审批事项相关度和办理集中度，结合其历年行政审批制度改革的成果，将不动产交易登记、企业注册登记及后置审批、公积金办理、投资项目审批等领域的受理职能，以委托或授权的方式向行政服务中心转移。通过中心建立综合窗口，根据“一窗受理、集成服务”的运行模式开展服务工作。自 2016 年 9 月开展“一窗受理、集成服务”改革试点以来，衢州市通过整合不同部门行政资源，实现了审批服务“一窗受理”；深化“互联网 +”应用，实现了审批服务“一网通办”；优化集成服务配套，实现了审批服务“一站服务”。截至 2017 年 8 月，衢州市进驻行政服务中心的行政权力事项共 833 个，占总行政权力事项的 76%。在进驻行政服务中心的事项中，实现“最多跑一次”的事项共 696 个，占进驻行政服务中心事项的 84%；纳入“一窗受理”的行政事项共 611 个，占进驻行政服务中心事项的 73%。

2. 台州市以“多证合一、证照联办”推动“最多跑一次”

2017年4月，台州市率先在浙江省开始探索多领域、多行业“多证合一、证照联办”改革，将触及审批、备案与市场主体登记等各类证表和有关事项进一步整合到营业执照上，同时将营业执照与其他未整合证表进行联审联办。截至目前，台州市已经在劳务派遣、出版零售、印刷经营、种子经营等24个行业和领域实施了“多证合一”改革，改革涉及市场监管、人力社保等18个部门，涉及事项27个（见表1）；在食品生产、烟草专卖、公章刻制等16个行业开展了“证照联办”改革，改革涉及旅游、农业、卫计、烟草、市场监管等12个部门，涉及事项18个（见表2）。据资料显示，通过“多证合一、证照联办”登记制度改革，台州市企业的申报材料总体减少了31.65%，办理时间减少了47.15%，跑窗口的次数减少近3/5，跑腿次数减少近4/5。如今，“多证合一、证照联办”改革已成为台州市实现“企业和群众到政府办事最多跑一次”的重要内容和操作路径。

表1 台州市“多证合一”改革事项清单

序号	行业	事项名称	涉及部门	实施试点
1	外贸企业	外贸企业“十一证”合一登记	市场监管、商务、海关、检验检疫、贸促会、人民银行公安	市本级
2	外贸企业	外贸企业“十七证”合一登记	市场监管、商务、海关、检验检疫、贸促会、人民银行、公安、国税、外汇管理	椒江区
3	多行业	银行账户开户许可证核发	人民银行	市本级
4	外商投资（鼓励类）	外商投资企业设立、变更备案	商务	市本级
5	驾驶员培训	机动车驾驶员培训经营许可	交通运输	市本级
6	水路运输辅助	水路运输及辅助业务备案	航港	市本级
7	兽药经营	兽药经营许可（兽药生物制品）	农业	市本级
8	商场超市	食品经营许可	市场监管	市本级、黄岩区

续表

序号	行业	事项名称	涉及部门	实施试点
9	劳务派遣	劳务派遣经营许可	人力社保	市本级、路桥区
10	餐饮	食品经营许可	市场监管	市本级、黄岩区、温岭市
11	旅馆、酒店	公共场所卫生行政许可	卫计	市本级、天台县
12		旅馆业特种行业许可证	公安	天台县
13	娱乐	食品经营许可	市场监管	黄岩区、路桥区
14	网吧	食品经营许可	市场监管	黄岩区、路桥区
15	出版零售	设立出版物零售单位或从事出版物零售业务审批	文广新	路桥区
16	游泳场(馆)	公共场所卫生行政许可	卫计	路桥区
17	机动车维修	机动车维修经营许可	交通运输	路桥区
18	印刷经营	从事印刷经营活动审批（企业从事包装装潢和其他印刷品印刷经营活动审批、个人从事其他印刷品经营活动审批）	文广新	路桥区
19	艺术品经营单位	艺术品经营单位备案	文广新	路桥区
20	种子经营	种子经营许可	农业、林业	温岭市
21	动物诊疗	动物经营许可	农业	温岭市
22	农药经营	农药经营许可	农业	温岭市
23	水产	水产养殖证核发	海洋渔业	温岭市
24		水产苗种生产许可证核发	海洋渔业	温岭市
25	药品零售	药品经营许可	市场监管	温岭市
26	木材经营加工	木材经营加工许可	林业	天台县
27	民宿	公共场所卫生行政许可	卫计	天台县

资料来源：中共浙江省委党校、浙江行政学院：《“最多跑一次”改革》，浙江人民出版社，2018。

表2　台州市“证照联办”改革事项清单

序号	行业	事项名称	涉及部门	实施层级
1	医疗器材	医疗器械经营许可	市场监管	全市
2	食品生产	食品生产许可证	市场监管	全市
3	典当	典当业特种行业许可证	公安	全市
4	公章刻制	公章刻制业特种行业许可证	公安	全市

续表

序号	行业	事项名称	涉及部门	实施层级
5	再生资源回收经营	再生资源回收经营者备案登记	商务	全市
6	旅行证	旅行社设立许可	旅游	全市
7		旅行社设立分社、服务网点备案	旅游	全市
8	美容美发行业	公共场所卫生行政许可	卫计	全市
9	饲料生产企业	饲料生产企业设立许可	农业	全市
10	广播电视节目制作	设立广播电视节目制作经营单位批准	文广新	全市
11	娱乐	设立娱乐场所审批	文广新	全市
12	网吧	设立互联网上网服务营业场所审批	文广新	全市
13	电影院	电影放映单位经营许可	文广新	全市
14	城市生活垃圾经营	城市生活垃圾经营审批	城市管理	全市
15	养老机构	养老机构设立许可	民政	全市
16	烟草专卖	烟草专卖零售许可证审批	烟草	全市
17	游泳场馆、攀岩、滑雪、潜水等高危险性体育项目	经营高危险性体育项目许可	体育	全市
18	幼儿园	民办学校审批	教育	全市

资料来源：中共浙江省委党校、浙江行政学院：《“最多跑一次”改革》，浙江人民出版社，2018。

3. 杭州市以信息化为载体推动“最多跑一次”

信息化建设是支撑“最多跑一次”改革的技术基础，是“最多跑一次”改革提效的关键，也是让信息多跑路、群众少跑腿或不跑腿的难点。近年来，杭州市以信息化为载体，聚焦不动产登记改革、商事登记制度、投资项目审批、公民个人办事事项四大领域，通过以浙江政务服务网为核心搭建电子政务总框架、以互联网技术整合形成集约化电子政务平台、以公共服务的网络集成为目标实现服务创新和政民互动、以“钉钉”办公云平台为载体推动政企对接和政商沟通、以全程监督模式和综合考评机制为抓手推动电子政务建设等重要举措，让信息跑路代替群众跑腿，实现了群众和企业到政府办事“最多跑一次”。通过“最多跑一次”改革，杭州市实现了权力事项的全过程监督和“一站式”网上办理，企业内部的协同办公和信息化改造。

截至2017年8月，杭州市共有381项行政审批权力事项、718项其他类行政权力、41项公共服务事项实现了网上运行。

三 “最多跑一次”改革中存在的问题

（一）顶层框架有待完善

科学合理的改革顶层框架是“最多跑一次”改革不可或缺的关键要素，其对于突破改革瓶颈、提升改革质量具有重要作用。当前，随着改革不断向纵深推进，“最多跑一次”改革在顶层框架方面存在的问题也越来越凸显，主要体现在以下四个方面：一是事项清单及办事指南规范化程度有待提升。目前，尽管浙江省各级政府均已公布事项清单及办事指南，然而事项清单标准不一致，范围不准确，上下不统一，办事指南实用性、规范化程度不高等问题在一定程度上仍然存在。二是大数据平台建设有待深化。目前的数据共享水平与“最多跑一次”改革的要求仍有一定距离，亟须深化大数据平台建设，以拓展数据共享应用范围。三是办事咨询服务体系建设有待加快。当前高质量办事咨询服务有效供给不足和咨询渠道过多过滥等突出问题依然存在，亟须加快办事咨询服务体系建设。四是“互联网+政务服务”配套支撑体系有待健全。

（二）数据壁垒仍然存在

“最多跑一次”改革要实现人民群众和企业“少跑腿甚至不跑腿”，关键在于数据“多跑路”。当前，在“最多跑一次”改革过程中，各部门、部门内部、部门与审批平台之间的数据信息相互隔离的“壁垒现象”仍然不同程度存在。一是条块分割仍然存在。无论是国家部委还是省、市部门，都有各自的垂直网络系统，甚至有的部门还不只一套内部系统。另外，政务服务网在全省各部门、各层级没有实现互联互通，致使很多办事事项不能够做到“大事通办”。二是数据共享仍是问题。在横向与纵向上，各审批职能部门的数据信息流转存在较大阻力。与此同时，由于未严格按照后端要求开展工作，部分前段审批信息或资料无法被认可，群众和企业“找政府”办事不只“跑一次”，需要多次提供内容相同的证明材料。三是系统开发缺乏统一标准。很多部门网络系统开发主体都不一致，相互不兼容，并且各部门数据库的登记主体、登记代码、授权权限也各不相同，给网络互通、数据共享及数据安全保障造成困难。

（三）体制瓶颈有待突破

“最多跑一次”改革在很大程度上推进了管理体制进一步理顺，但从政府体制①的三大要素来分析，其改革的深化仍然面临以下三个体制瓶颈。一是政府职能转变的深化问题。从根本上讲，“最多跑一次”的改革目标就是厘清政府与市场、社会之间的关系，实现政府职能转变到位。但是，目前在权力清理的过程中，有些权力与市场自主调节界线仍然不清，政府行政权力对市场行为的干涉依旧过多。二是权责事项的规范化问题。目前，上级部门下放的一些权力对基层政府影响或效用仍然不充分。在权责事项的具体实施中，由于地方政府职能的区域性、复杂性和变化性，以及部门利益等多种因素的影响，部门间的权责界限常常很难清晰界定。三是组织机构设置和完善问题。组织机构是政府体制的现实要素，为政府职能和权力履行提供了载体。然而，目前组织机构设置和完善还存在行政审批服务机构模式及其内部制度重构、审批部门与监管部门的关系重构、纵向部门间的制度对接等问题。

（四）法律法规相对滞后

随着“最多跑一次”改革的开展和不断推进，现行法律、法规、规章的部分条款已无法适应改革的要求，甚至直接阻碍了改革的深化。一是各地

① 政府体制（或称为行政体制）指政府系统内部行政权力的划分、政府机构的设置以及运行等各种关系和制度的总和。政府体制常常表现为一个国家的政府组织形式。具体来说，就是政府职能机关的划分，以及由这些职能机关所形成的运行体系。因而，政府体制改革总是会涉及三个紧密关联的要素：职能、权力和机构。

"最多跑一次"改革工作不同程度受到一些法律法规的制约。在"最多跑一次"改革中，全省各地各部门推出了许多创新措施，如商事制度改革中的证照整合、证照联办，投资项目审批中的并联审批、联合会审、豁免审批、容缺审批等创新措施，虽然这些措施符合"最多跑一次"改革的方向和要求，但与现有一些法律法规不一致甚至相冲突。二是地方性法规修订工作受到一些上位法的制约。部分行政审批事项需要由省级和国家层面进行调整修订，地方层面难以突破。三是目前各地行政服务中心窗口受理人员大多为编外人员，这些编外人员实际上承担了行政机关工作人员的部分职责，而这种做法并未得到明确允许，处于法律法规的灰色地带。

四 "最多跑一次"改革的经验与启示

（一）消除数据壁垒，全面实现数据共享

"消除数据壁垒、全面实现数据共享"不仅是推进"最多跑一次"改革的重要支撑，而且是实现"数据多跑路，群众少跑腿"的必由之路。因此，在推进"最多跑一次"改革过程中，要强化政务服务网作为数据共享平台的整合功能，在确保数据安全的前提下，根据保密级别差异采用不同的数据交换方式，推动跨部门、跨区域、跨层级的数据共享，健全完善全省公共信用信息库、人口综合数据库、法人综合数据库等基础数据库，分类处置数据壁垒的问题。加快制定统一规范的"公共数据部门共享"地方标准，具体规定数据共享的途径、方式和情形，打造公共数据平台和统一共享交换体系，以数据共享促进流程优化、业务协同。加快建立数据资源互通共享机制，把各部门共享数据资源情况纳入领导干部绩效考核体系，促进数据资源的共享。

（二）培育数据文化，全面普惠改革红利

长期以来，由于"最多跑一次"改革的宣传力度不够，群众和企业对"最多跑一次"改革的理解不深、知晓度不高，从而使得改革红利无法惠及

更多群众和企业。对此，要大力培育数据文化，多渠道开展“最多跑一次”改革宣传工作，努力提升人民群众和企业的知晓率、满意率和实现率，让“最多跑一次”改革切实为企业服务、为群众服务。一是采取多种形式加大对“最多跑一次”工作的宣传力度，让广大群众和企业知晓政府加快改革、方便群众和企业的有效举措，进一步提高“最多跑一次”的知晓度。二是通过发放宣传页、集中宣传、网络等加大对办事材料、办事流程、办事须知等办事指南的宣传力度。三是加强对咨询平台和载体的宣传，对服务群众办事的政务服务网站、咨询热线电话、微信公众号进行多种形式的宣传，做到耳濡目染。四是加强对法律法规的宣传，让群众和企业知晓并理解办事必需的材料、必要的流程、一定的审核时间，增进群众和企业的理解，提高满意度和获得感。

（三）完善数据法律，全面深化体制改革

只有充分发挥法治的引领和保障作用，才能为改革创造良好的法制环境。针对一些法律法规、部门规章及条上的相关规定与“最多跑一次”相冲突的问题，建议加快成立由人大法工委、政府法制办等部门联合组成的“最多跑一次”法律法规及规章制度清理小组，及时对与改革不相符合、不相适应的法律法规及规章制度内容进行立改废释。一是属于地方性立法范围内的事项，要抓紧按照地方立法程序进行清理、修改、完善，并通过新立法规、规章固化改革经验。二是属于顶层设计领域的法律事项，要积极通过各种渠道引导和推动国家层面的法律法规尤其是行政法规的调整和完善。此外，要加快推进数据共享开放立法，推动改革决策和立法决策相衔接，确保“最多跑一次”改革向纵深推进。

参考文献

[1] 中共衢州市委党校、衢州行政学院：《“最多跑一次”改革的衢州实践与未来

设计》，科学出版社，2017。
［2］中共浙江省委党校、浙江行政学院：《“最多跑一次”改革》，浙江人民出版社，2018。
［3］徐彬：《最多跑一次的浙江探索与实践》，《浙江日报》2017年5月22日。
［4］浙江省编办：《全面推进“最多跑一次”改革 着力破解群众办事难》，《中国机构改革与管理》2018年第3期。
［5］赵光勇、辛斯童、罗梁波：《“放管服”改革：政府承诺与技术倒逼——浙江“最多跑一次”改革的考察》，《甘肃行政学院学报》2018年第3期。
［6］邓蓉敬：《“最多跑一次”改革中数据壁垒破解策略研究》，《图书情报导刊》2018年第3期。
［7］韩飞：《义务“最多跑一次”改革成效调查报告》，《发展改革理论与实践》2018年第4期。
［8］林崇责：《“最多跑一次”改革逻辑和路径选择》，《浙江经济》2018年第5期。
［9］杭州市人大常委会调研督察组：《关于“最多跑一次”改革调研督察情况的报告（书面）》，杭州网，2017。

B.15
江苏开启“不见面审批”新模式

摘　要： 江苏省推进“不见面审批”改革，是利用互联网、大数据、云计算等新兴技术深化改革的创新实践，通过构建“不见面审批+强化监管服务+综合行政执法”新型管理体系，为政务瘦身，为服务提质增效，进一步优化提升营商环境。本文梳理江苏省“不见面审批”新模式的思路与做法，分析和总结其经验和启示，以期为全国各地行政审批制度改革提供经验借鉴。

关键词： “不见面审批”　“放管服”改革　大数据　互联网

行政审批作为重要的事前控制手段，是我国行政事务管理不可或缺的重要制度，在促进社会、经济、文化发展方面发挥着重要的作用。自2001年中国行政审批制度改革全面启动以来，国务院已先后六次取消和调整审批项目，旨在放松管制、让位市场，但改革所带来的效率提升并没有让公众十分满意，其主要原因是：行政部门对许可权的横向分割配置使得行政审批管理体制在不同主体间条块式孤立存在。审批领域表现为各级行政部门条件繁多、标准不一、程序复杂、互为前置，导致行政审批成本高昂、效率低下。随着国家“放管服”改革的深入推进，加之互联网技术不断成熟、管理模式不断完善、工具方法不断创新，为“放管服”改革建立了高效的保障机制，促使各行政部门打破数据壁垒，拔掉数据“烟囱”，互通共享数据信息。审批制度改革的初始目标是简化审批程序、减少审批环节，而视频电话、认证核对、电子签名、手机验证等现代科技手段的飞速发展，使得审批制度改革进一步深化，逐步向“不见面审批”目标迈进。

一　江苏开启“不见面审批”模式的背景与意义

江苏作为我国综合发展水平最高的省份之一，在落实行政审批制度改革中，大力推行行政审批标准化、信息化，打造“不见面审批”服务，取得了在全国具有示范性的成果经验。2018 年 5 月 15 日，中办、国办印发了《关于深入推进审批服务便民化的指导意见》，其中江苏探索的“不见面审批”被列入典型经验做法在全国推广。

（一）“不见面审批”是优化营商环境、提升政府效能的重要手段

营商环境的优劣，关系能否有效地激发市场活力和创新潜力，是衡量国家核心竞争力的重要标志。目前，政务公开程度不够、办事程序烦琐、服务效率不高仍是制约优化营商环境和激发市场活力的重要障碍，“门难进、事难办、脸难看”问题不同程度存在。江苏的“不见面审批”改革，从方便企业和群众的角度出发，为企业松绑，为群众解绊，为市场腾位，体现“企业创业受尊重、百姓办事不求人”的目标导向，尽可能地为企业和群众提供便捷、高效的服务。“不见面审批”通过信息共享、网上办理、联合审查、统一服务等方式，公开、透明、全程受人民监督，能有效提升政府行政效能。

（二）“不见面审批”是杜绝权力寻租、预防行政腐败的制度安排

长期以来，行政审批因行政权力分割、行政职能交叉与多头审批，出现了办事“时间长、盖章多、材料多、中介多、收费多”等问题，不仅审批效率低下，还给权力提供了设租寻租的空间，让办事群众和企业感受到“一枚印章就是一个人情债务”“一个端口就是一道关卡”，给办事群众和初创企业带来了极大的困扰。江苏的“不见面审批”改革通过集中行政许可

权，建立统一的审批平台实现信息共享，减少审批材料，最大限度提高审批效率。同时，通过多部门权力的全面互动，力争审批事项网上全程办理、全程监督、全程留痕，扎紧织密制度笼子，从源头上切断审批关联利益，消除权力设租寻租空间，预防行政腐败。

（三）“不见面审批”是倒逼改革深化、转变政府职能的有力支撑

“不见面审批”是一项复杂、系统的工程，并非简单地把线下的审批流程和方式搬到线上，而是以审批更简化、服务更便捷为导向，精简审批项目、再造审批流程，通过“联合”和“协同”的方式，利用“互联网+”技术手段，拔掉数据“烟囱”、汇聚政务信息、优化服务流程，建立跨部门、跨组织、跨机构的治理体系，不断缩小由信息不对称带来的社会服务不均衡，促进传统政府的结构重组，构建“制度+技术”的现代政府治理路径。同时，强化政府工作效能，以群众为主体，以其满意程度为检验办事成果的标准，所有网上服务接受其监督，倒逼行政审批改革不断深化，持续优化政府公共服务水平、提升政府公共产品供给能力，进一步增强政府公信力。

二　江苏“不见面审批”模式的创新实践

江苏省开启“不见面审批”模式以来，围绕将江苏省打造成审批事项最少、办事效率最高、创新创业活力最强的省份之一的目标任务，推动形成了“网上办、集中批、联合审、区域评、代办制、不见面”的办事模式，得到了各方面的肯定。

（一）网上办：应上尽上、全程在线

江苏根据共享原则，推进政务服务“一张网”建设，通过发布不见面审批标准化指引，整合省直部门和所有市、县（区）政务网，构建全省统一的政务服务网，打破政府部门间的数据壁垒，全方位、无条件归集信息数据，尤其是办件量较大、程序较复杂、企业生产经营相关、群众生活相关的

政务服务事项做到应上尽上，保证全程在线，实现上下级、同级部门政务服务信息互通共享，办事群众通过网页、APP、微信或应用程序就能实现业务的网上办理。自2016年8月，江苏省政务服务网项目启动以来，实现了四个全国第一：第一个在省级层面实现省、市、县三级权力名称、类型、依据、编码相统一的“三级四同”政府权力清单全覆盖，第一个按照国家“互联网+政务服务”技术体系要求建成政务服务网体系，第一个建成审批服务、公共资源交易、12345在线同网在线的政务服务网，第一个引用“淘宝”网络运营的概念与模式，创新建立综合旗舰店的政务服务网。

（二）集中批：一个主体、一枚印章

相对集中行政许可权改革是创新行政方式、深入推进“放管服”改革的重要举措。江苏省不断探索相对集中行政许可权改革，创新审批制度、再造审批流程，为持续推进“不见面审批”改革提供了重要支撑，先后启动两批相对集中行政许可权改革试点，按照“撤一建一”的原则，精简审批主体、审批处室、审批人员、审批节点，成立行政审批局，并将投资建设等相关领域行政审批许可权划入其中，进行统一集中管理，实行“一枚印章管审批”，提供全天候不间断服务。形成在工作日内，3天完成企业开办流程办理，5天完成不动产登记流程办理，50天完成工业建设项目施工许可证流程办理并获得许可证的“3550”改革。

（三）联合审：联合审批、线上受理

江苏省在推进不见面的审批中，常州、镇江、淮安、苏州工业园区等地方涌现了“五联合、一简化”“多评合一”“网上联合审图”“电子踏勘”“三书合一”等创新做法。其中，“五联合、一简化”为评估、踏勘、审图、测绘、验收五个方面联合，形成一个区域评估简化流程的联办机制。“多评合一”是在企业项目上，实行包括统一受理、评审、评估、审批等在内的多方合一。“三书合一”指节能评估报告、可研报告、社会稳定风险评估报告合三为一。这些创新做法，由单个部门间的“接力跑”，通过相关部门联

合审批，整合优化机构职责，变为各个部门间的“齐步走”，大大减少了审批次数、缩短了审批时间。同时，通过开发“网上联合审图”系统，推动涉密工程之外的一般性建设工程项目实现无纸化网上联合审、联合批模式，实现材料的网上递转、网上反馈、网上审图、网上查询；“电子踏勘”即依托国内率先建立起的地上地下一体化、深度到使用单元、精度到厘米级、可区分度到1米以内、可实时更新的园区城市公共信息平台，足不出户，便能完成踏勘。

（四）区域评：集中评估、成果共享

江苏省围绕职能部门间信息数据共享，减短审批时间，降低行政审批成本，取消在能评、安评、环评领域独立项目的重复评估目标任务，出台了《以“区域能评、环评+区块能耗、环境标准”取代能评环评工作机制试点工作的方案》，探索开展由各个项目独立评估的“独立评”模式向项目信息数据共享、集中评估的“集中评”模式转变，进一步提升全省开发区进区项目审批效率。同时，以节约项目落地时间、为企业减负为导向，按照政府买单、企业共享的原则，江苏还在开发区统一编制地质灾害危险性评估、社会稳定风险评估等区域性评估报告，项目间共享共用按照统一编制的报告要求评估出的结果，大幅缩短了企业评估时间。

（五）代办制：无偿跑腿、全程代办

江苏先试先行企业项目的全程无偿代办服务制度，给企业项目的迅速落地开工建设提供了坚强有力的保障，具体而言，由各地公布代办事项目录，组建专业化代办队伍，经项目单位提出代办申请，相应政府机构、单位给配备专业的代办员。代办员将会全程代办项目报批手续、跟踪督促项目审批，并将审批意见、项目信息等材料电子流转，与投资者意见共享，投资者只需配合提供材料，补齐手续，就能当甩手掌柜，为企业有效解决了门不清、路不熟、来回跑等问题。同时，普遍建立首问负责、限时办结、服务承诺等制度，做到审批有人办、过程有人问、结果有人盯，变“企业办”为“政府办”。

（六）不见面：结果推送、快递送达

以实现省级层面行政许可事项全部“不见面”为目标，在现有法律法规的规定下，没有明确要求必须“见面”事项，一律做到全程“不见面”办理，对于法律法规有明确要求“见面”的事项，能通过现代信息技术进行印证的，也可实行“不见面”办理。同时，利用邮政快递服务分布广、覆盖所有政务中心的优势，群众和企业可通过自主选择材料上门快递揽收和办理结果快递送达服务，代办人员根据群众和企业需求利用快递服务，从各级政务服务中心寄送审批结果，让企业和群众“少跑腿”变“不跑腿”。此外，积极推行审批结果“两微一端”推送，全力为企业和群众提供优质服务。

三　江苏“不见面审批”模式的改革成效

江苏“不见面审批”模式是深入推进“放管服”改革的创新性举措，通过运用大数据、云计算等新一代信息技术手段，在实现政务信息共享，优化营商环境，消除企业、群众办事“堵点”等方面取得了诸多成效。

（一）实现全省公共服务、行政服务、便民服务一体化提供

江苏通过联合省级各业务部门，利用互联网、大数据、云计算等信息技术手段，打破各地方、各部门的信息壁垒，打通系统信息数据共享渠道，整合部门和地方间的各类服务事项，推进政务服务标准化、平台化与协同化，实现了省级各网上政务服务窗口与江苏政务服务网的对接。同时，充分利用江苏政务服务网平台，全力推进“一次登录、全网通行”，整合各市和县（市、区）网上政务门户和网站栏目信息，汇聚全省政务服务内容，进行集中管理，提供标准的目录访问，统一身份认证标准，统一公共支付平台，统一入口窗口，不断提升政务服务整体水平。目前，江苏政务服务网上提供的服务项目，涵盖了省、市、县三级涉及群众和企业各领域和各类型的行政服务、公共服务以及便民服务项目，实现了全省公共服务、行政服务与便民服务的一体化提供。

（二）实现破解监管制度和能力落后于“准入不准营”问题

江苏省通过借鉴上海浦东新区等地“证照分离”改革经验，围绕监管制度和能力落后于“准入不准营”问题的破解，不断加强制度创新，推行“信用承诺”制度，进一步提升职能机构审批效率，开展了“企业投资项目信用承诺制不再审批严格监管”试点。具体而言，企业投资项目在符合政府制定的相关标准，企业作出法律认可的有效承诺后，政府相关职能部门进行联合预审，审查验收合格后，企业可开工建设。项目竣工后，依然由政府相关职能部门联合验收，符合验收标准，通过验收即可投产使用。在政府监管过程中，加强建设过程监管，共享监管信息，强化信用联合惩戒，发现企业存在违背承诺和弄虚作假情况，立即启动信用“黑名单”机制记录在信息公共服务系统内，并对情节较为严重的作取消适用承诺制资格处理。

（三）实现政府数据联通共享及政务服务流程全链条整合

江苏“不见面审批”通过把涉企服务部门全面接入江苏政务服务网和省市场监管信息平台，建立信息目录，汇聚各类企业服务事项内容，实现办理流程全链条的数据联通。同时，利用江苏政务服务网对不动产登记中的数据进行整合，对工业建设项目获得施工许可证的全链条进行数据联通与信息共享，将工商登记全程电子化链条延伸到开办企业全过程，并做好数据整合与日常登记业务的有效衔接，通过全程的联合、简化、区域评模式，减少非必要见面事项、环节，以提高服务效率。

四　江苏“不见面审批”模式的经验启示

（一）推进一体化网上政务服务平台建设

当前，网上政务服务不便捷、平台不互通、数据不共享、线上线下联通不畅、标准化规范化程度不高等问题在一些地区和部门不同程度地存在，造成企业和群众办事难、办事繁、审批难、程序多等。江苏在推进“不见面审批”过程中，通过强化顶层设计，以服务和技术双轮驱动为支撑，以政务服务平台为枢纽，以各地区各部门政务服务平台为基础，促进分散隔离的各级政务信息系统加快整合形成“大系统”，构建统一、规范、多级联动的一体化网上政务平台，加快政务大数据、商用大数据、民用大数据协同发展，推动问题的解决。

（二）加快构建一体化数据共享交换体系

地方和部门由于缺乏信息资源规划主体和统一的数据共享交换体系，造成数据多头采集、数据库重复建设、应用系统重复开发，浪费了大量的人力、财力和物力资源。按照统一标准要求，各级各部门通过提升改造自有业务系统并对外开放政务服务端口和权限，标准化进行数据管理、数据共享以及数据开放，有规划、有步骤地接入国家数据共享交换平台，构建跨层级、跨地域、跨系统、跨部门、跨业务的数据共享交换渠道以及覆盖各行政层级的一体化数据共享交换体系。同时，借助可使用的各级政务信息资源和国家数据交换共享体系，加强与各级数据共享交换平台对接，强化各省政务信息资源目录体系信息的纳入，降低数据资源在不同系统的重复录入，进一步推进数据查询信息的互认通道建设，有重点地创新服务模式，形成数据资源统一、互联互通的生态服务系统，实行同一事项无差别受理、同标准办理，简化业务流程，强化清单式管理，提高对接窗口的工作效率，切实解决群众办事难、办事慢、办事繁、来回跑等问题。

（三）加快政务服务事项标准化建设

受观念和建设模式等制约，有的地方共享目录和标准不一，数据命名、格式、类型因各部门单位采用不同技术开发应用系统和数据库也不尽相同，使得信息共享时系统难以对接，耗费国家建设资源的同时，给企业和群众办事也带来了许多的困难和困扰。因此，江苏省通过全面梳理和编制全省公共服务事项清单，根据一数一源、多源校核、动态更新的原则，统一省政务信息资源共享开放标准，并围绕此标准，提供信息资源描述、定位、查询、发现服务，制定完善清单动态管理办法，提高政务信息资源的利用水平，满足跨部门、跨系统的信息共享需要。同时，加快共享目录与标准的建设，持续完善政务信息资源目录体系中的目录数据并实现共享。

（四）加快丰富“不见面审批”场景应用

江苏省根据已公布的“不见面审批”标准化指引和“一证通办”（身份证件）、“一照通办”（统一社会信用代码）的要求，制定工作方案，分别梳理涉及多部门、多事项、多证照审批场景，加大“不见面审批”应用推进力度。通过编制“不见面审批”办事指南，推进办事材料目录化、标准化、电子化，并全面、系统地在网上及时公开公示，推行一窗受理、网上运转、并行办理、限时办结。同时还深化统一公共支付平台应用，保障群众支付方式选择权，依托江苏政务服务网，开通电子缴款服务，接入全省的公安、司法、交通等主要政务缴费系统和财政非税收服务领域，拓展有关“不见面审批”电子缴款服务渠道，实现“不见面支付通全省”的多场景应用。

参考文献

[1] 江苏省政府办公厅：《关于印发进一步推进“互联网+政务服务”深化“不见面审批（服务）”改革工作方案的通知》，江苏省人民政府网站，2018。

[2] 靳力：《“不见面审批”：以人民为中心的改革实践》，《改革开放》2018年第7期。

[3] 俞军：《不见面审批：行政审批制度改革的“江苏品牌”》，《群众》2018年第10期。

[4] 李军鹏：《基于“互联网+”的放管服改革研究——以江苏省“不见面审批（服务）”与江苏政务服务网建设为例》，《电子政务》2018年第6期。

[5] 李岚峰：《江苏探路“不见面”改革》，《决策》2017年第8期。

[6] 江苏省编办：《江苏以“不见面审批”改革为抓手推动审批服务便民化》，《中

国机构改革与管理》2018 年第 7 期。
[7] 梅宏：《一网、一门、一次”改革　深化“互联网 + 政务服务》，《中国信息界》2018 年第 5 期。
[8] 翟云：《“互联网 + 政务服务”推动政府治理现代化的现实意义》，《电子政务》2017 年第 12 期。

B.16
贵阳大数据政务服务的探索与实践

摘　要： 大数据政务服务是运用大数据手段实现政府服务转型升级的重大创新。近年来，贵阳市充分发挥作为国家首个大数据综合试验区先行示范优势，以大数据为引领，探索出了一条“有别于东部、不同于西部其他省份的发展新路”[①]，在应用大数据提升政府治理能力、做优数字服务、营造一流营商环境方面取得显著成效，为全国各地大数据政务服务起到了较好的引领和示范作用。本文通过实证调研，结合贵阳大数据政务服务的实践探索，分析贵阳市大数据政务服务的主要做法，总结贵阳方案的经验模式，为全国大数据政务服务探索提供可借鉴、可推广的实施路线。

关键词： 贵阳　大数据政务服务　智慧治理

党的十九大报告指出加快建设创新型国家，需加强建设网络强国、数字中国、智慧社会等社会形态的支撑体系；提出建设人民群众满意的服务型政府，要深化行政体制、监管方式、服务模式改革，以社会群体的满意度来检验政府的服务治理能力[②]。数字政府是推进数字中国建设的重要内容，加强数字政府建设是完善宏观调控、加强社会管理、改善公共服务、强化综合监

① 孙志刚：《走出一条有别于东部、不同于西部其他省份的发展新路》，中国共产党新闻网，2017年9月7日。

② 《习近平：决胜全面建成小康社会　夺取新时代中国特色社会主义伟大胜利——在中国共产党第十九次全国代表大会上的报告》，新华网，2017年10月8日。

管的需要。贵阳市通过构建大数据政务服务，打造数字政府，立足改善公共服务环境、提升公共服务供给能力，构建扁平化和分散化的组织结构，以促进公共服务提质增效，更好地满足人民日益增长的美好生活需求。

一　贵阳施行大数据政务服务的背景与意义

大数据是实现政府服务能力升级、公共服务机制创新、监督管理模式转型的核心驱动力。以大数据为支撑的“放管服”① 政务服务改革可有效推动政务服务数据化、标准化、集中化、专业化，彻底解决“磨破嘴、多头跑、怎么办”等痛点、难点、热点问题，实现粗放服务向精准、深入型服务转变，以“数据跑路”代替百姓跑路，实现数字惠民，打造安居宜商的社会发展环境。

（一）运用大数据实现智慧治理是新时代智慧社会的必然选择

人类历史是一部技术驱动发展的社会变革史，而以“大数据 + 人工智能”融合驱动的技术革命，凭借其系统化、全覆盖、深层次、智能化等鲜明特性华丽上演着人类变革史上浓墨重彩的一幕。这场深刻变革已经并将继续深度重构我国政府和企业、社会、家庭、个人之间的关系，塑造形成“智慧社会”②。但科技的瞬息万变伴随而来的系列不稳定性、不确定性、高度复杂性和模糊性等热点问题也成了智慧社会发展亟待解决的难题，而兼具工具价值和规范价值独特属性的智慧治理则无疑是智慧社会治理形态发展的必然选择。运用以大数据为引领的新一代治理科技实现智慧治理、打造人民群众满意型政府是推进国家治理现代化的必然趋势，也是大数据时代升级和创新社会治理形态的最佳路径。

① “放管服”即简政放权、放管结合、优化服务的简称。

② “智慧社会”指以宽带通信、移动互联网、物联网、量子计算、大数据、人工智能、地址定位、虚拟现实等技术为支撑的全新社会形态。

（二）运用大数据实现智慧治理重构政府管理思维和政务范式

传统政务服务以行政权力中心化的管理模式，容易导致公权私化，进而衍生“权力寻租”① 腐败现象。大数据政务服务则遵循去中心化的运行规则，重塑政府、市场、社会乃至公民之间的相互关系结构，营造一种平等共享、互动共治、互惠共赢的新型健康发展环境。在大数据引领的“互联网+政务服务”模式驱动下，政务范式从传统的民求官办事的旧有范式转向共享、共治、共赢的新型范式，政府管理理念、治理能力、服务水平不断提升，民众的幸福感、安全感、获得感不断增强，城市的安居指数、幸福指数、和谐发展指数不断攀高。

（三）运用大数据实现智慧治理为政府治理现代化提供强大动能

实现政府治理现代化必须依靠智慧手段，大数据智慧治理以自流程化、规范化、标准化、数据化的科学分析、预警及研判为决策依据，代替传统经验分析及无事实依据的主观臆断，以及彻底避免了利益集团的外部干扰，大幅提高了政府决策的科学性、准确性、时效性，是全面推进依法治国的有效途径和根本保障。大数据的发展突破政务科层制的信息运行模式限制，实现了多元治理格局。实时性的数据等同于社会态势的同步传感器，有效提高治理者的认知能力、分析能力及快速反应能力。大数据、人工智能等新一代信息科学技术已经成为实现政府治理现代化不可或缺的强大动能支撑。

二　贵阳大数据政务服务的创新实践

贵阳市围绕政务服务进行积极探索和实践，走出一条借助大数据手段提

① “权力寻租”指握有公权者以权力为筹码谋求自身经济利益的一种非生产性活动的经济学术语。形容把权力商品化或以权力为资本，参与商品交换和市场竞争，谋取金钱和物质利益。

升政府管理和社会治理能力的智慧化路径。以政府数据共享交换平台、政府数据开放平台为核心，以“数据铁笼”“社会和云”“筑民生”等服务平台为典范，最大化释放数据价值，打造“一擎双翼”[①] 数字政府，在提升政府管理能力、提高社会治理水平，以及服务群众、企业需求等方面，整体布局和快速有序推进大数据在提升智慧治理方面的重大工程和应用项目，并取得了积极成效。

（一）政府数据共享开放：赋能智慧治理

为进一步加快破除信息孤岛、促进技术应用融合、实现服务管理协同，贵阳市按照“物理分散，逻辑集中”数据共享交换建设思路，搭建“一网一目录一企五平台”，贵阳从技术、路径和法规支撑三大方面进行改革创新，围绕贵阳市政府数据共享开放工作进行了整体部署，按照分段推进、重点示范、全面推广的发展路径，快速有序推动政府数据共享开放和应用开发进程，持续有力促进数字经济稳健发展，不断升级政府管理能力和服务品质，全面激发市场活力和发展动能。

“四步走”合力推进政府数据共享开放工程建设。通过“统网络、搭平台、理目录、聚数据”，提出以“一网一目录一企五平台”为基础的政府数据共享开放体系，构建了“三不变”[②] 的贵阳市共享开放协同管理服务模式，被国家发改委推荐为全国数据共享开放总体解决方案典型案例之一，并入选工信部组织的“2018 年大数据产业发展试点示范项目”。统网络方面，通过电子政务外网，横向联通贵阳市党政部门、群团组织，纵向打造“五级”[③] 电子政务一张网。搭平台方面，以“云上贵州”贵阳分平台为抓手，引导各部门、各领域业务系统在云上汇聚；以政府数据共享交换平台为载体，提升政府数据互联互通能力；以政府数据开放平台为窗口，向社会分享大数据发展红利；以数据安全监管平台为保障，确保数据流转过程中的安全

① “一擎双翼”指以数字政府流程调度为引擎，以政府治理和社会治理为双翼。

② “三不变”即数据不搬家、数据不复写、管理机制不变。

③ “五级”指国家、省、市、区、乡五级部门。

可信；以大数据增值服务平台为桥梁，创建各类行业应用与民生服务产品；实现62个单位105个业务系统的整体管理。理目录方面，以“贵阳市政府数据共享交换平台”为载体，通过对全市373个政府部门实地调研，共梳理业务系统1622个，建立政府数据资源目录项17595个，贵阳实现了政府数据分类最多，数据资源目录统一存储、统一管理最全，是梳理完成市级政府数据资源全量目录第一城市。聚数据方面，构建了“五大基础数据库”①，完成了贵阳市区级以上部门1385个系统，共计14053项资源目录的统一管控，为推进全市智慧治理提供了有效的数据支撑。

“三位一体”全面构建政府数据共享开放制度体系。自2016年始，贵阳市围绕政府数据共享开放工作，先后发布了系列政策文件，如《贵阳市政府数据共享开放考核评估办法》等系列政策规章；颁布实施了《贵阳市政府数据共享开放条例》《贵阳市大数据安全管理条例》两个首部地方法规及系列配套管理办法；发布了《政府数据　数据分类分级指南》（DB52/T 1123－2016）、《政府数据　核心元数据　第1部分：人口基础数据》（DB52/T 1239.1－2017）、《政府数据　核心元数据　第2部分：法人单位基础数据》（DB52/T 1239.2－2017）等多项地方标准，形成了政策、法规、标准“三位一体”的政府数据共享开放制度支撑体系，为政府数据共享开放指明方向、理清权责，做到有制度考核、有条例监督、有标准规范。

打造“市区政务数据一体化”新路径。2017年9月，贵阳市政府以出台的《市区两级政务数据一体化工程工作实施方案》作为纲领文件，明确以“四通”② 作为核心要求和主要工作，按需共享、有序开放，打造政务数据一体化新路径，为大数据的产业发展、政府治理、民生服务等领域发展奠定坚实基础。

以数据开放促创新激活政府数据价值。依托贵阳市政府数据开放平台，推进社会数据有序开放，促进大数据在政用、民用、商用方面的深度融合，

① “五大基础数据库”即人口、法人、空间地理、宏观经济和电子证照数据库。

② “四通”即网络通、数据通、目录通、基础库通。

截至目前，贵阳全市13区县共52家市直部门，共计免费开放约618万条数据，平台累计访问量高达约232万次，为政府数据资源社会化开发提供了强大数据支撑，上线了慧停车、贵阳掌上公交等15个典型应用。贵阳市在2017年“中国开放数林指数”评估中，总分位列全国第二，2018年则攀升至全国第一。

（二）一网通办：打通政务服务“最后一公里”

“一网通办”模式是应用大数据等新一代信息技术倒逼政府职能转型、完善治理体系、提升服务能力、改善发展理念的一场数据革命。贵阳以政务服务线上线下融合发展为路径，依托“一网多平台”① 整合现有政务大数据资源，按照“六个一”要求，把跨层级、跨部门、跨领域的数据接入统一政务服务系统，以“八个办”②“四个零”③ 服务标准进一步深化行政审批制度改革，彻底解决群众、企业办事难、办事慢、办事愕问题，实现“一网通办、一门服务、一次办成”，让“数据跑路”代替群众跑腿，彻底打通政务服务“最后一公里”。2018年7月，在新华网联合相关单位发布的电子政务服务能力测评“电子政务服务能力（CESAI）指数报告”中，贵州省省市统一的“网上办事大厅”政务服务能力排名第一。

以大数据技术为基础，打造“一网通办”支撑环境。构建以国家政务服务平台为枢纽、以贵州省网上办事大厅为基础、以市级政务服务平台为主体、以基础数据库为支撑的市、区、乡三级数据融合的市级政务服务平台，助推政务服务提质增效。当前，贵阳市四级政务部门④已经全部接入贵州省

---

① “一网多平台”，“一网”即贵阳市电子政务外网，“多平台”指“云上贵州”贵阳分平台、贵阳市政府数据共享交换平台、贵阳市政府数据开放平台等。

② “八个办”即集中办、一窗办、联合办、规范办、网上办、一次办、邮政办、同城办。

③ “四个零”即业务受理“零推诿”、服务群众“零距离”、审批事项“零积压”、工作质量“零差错”。

④ “贵阳市四级政务部门”包括贵阳市市本级，10个区（市、县）、4个开发区，167个乡（镇、社区），1458个村（居委会）。

网上办事大厅，实现了 100% 上网率，集成了“六大数据库”[①]，建成一张纵向上联省电子政务外网下联覆盖 14 个区（市、县、开发区）、横向联接覆盖市直各部门的完整统一、保障有力、服务高效的基础网络，为真正实现“进一个网，办全市事”奠定坚实基础，也为政府数据共享交换平台和政府数据开放平台提供了良好的“一张网”支撑环境，有力保障了全市各项政务服务应用推进。

以“四化”为抓手，打造“一网通办”线上线下融合基石。通过规范流程、压缩时长、强化技术、升级管理为政务服务提质增效。业务办理集中化，将全市行政审批和服务事项全部通过贵州省网上办事大厅统一办理，实现政务服务“三集中”[②]。政务服务标准化，全面推行“四标准”[③]，以压缩自由裁量权，实行标准审批，强化依法行政。技术支撑专业化，以企业[④]为技术支撑主体，以统一标准为全市网络体系运行规则，打造“三联通”政务网络体系[⑤]，以专业的技术团队保障“一网通办”的正常运行。业务协同数据化，以网上身份数据为核心，以数据共享交换平台为基础，实现“一次提交、多次复用”，让“数据多跑腿、群众少跑路”。

以工程建设为契机，初步构建“一网通办”贵阳模式。贵阳市以开展国家工程建设项目审批制度改革试点工作为契机，以“工程建设项目审批管理系统”和“企业开办全程电子化系统”的建设为抓手，将市、区、乡村四级政务服务全部接入贵州省网上办事大厅。初步完成“一网通办”平台搭建，梳理形成了首批“马上办（59 项）、网上办（117 项）、就近办（159 项）、一次办（575 项）”政务服务事项清单，服务事项上网率、总数量、网上办理率、网上办理时限压缩率分别为 100%、41128 项、56.3%、

① “六大数据库”即电子证照库、人员库、办件库、资源信息目录库、政务服务事项库、监察数据库。

② “三集中”即部门集中、事项集中、网上集中。

③ “四标准”即行政权力清单化、审批材料规范化、审批流程标准化、审查标准透明化。

④ 企业指贵阳块数据公司。

⑤ “三联通”指网通、云通、数据通。

60%以上，[①]“一网通办”贵阳政务服务模式[②]成效初显，并在2018年7月国新办举行的优化营商环境政策例行吹风会上被作为典型案例介绍。根据《贵阳市政务服务“一网通办、一门服务、一次办成”工作方案》，2019年6月，“一网通办”政务服务平台将全面竣工，并于2019年底，实现100%网上可办率。

（三）数据铁笼：把权力关进数据的笼子

监督问责是控制和约束公共权力、确保国家治理主体履行责任的必要保障。2015年，贵阳市率先启动的以技术反腐及权力管制的“数据铁笼”项目，通过运用大数据思维和相关技术，将政府行政权力运行过程数据化、自流程化、规范化，实现对政府部门“三重一大”、两个责任落实、一岗双责等权力运行的监管、预警、分析、反馈、评价和展示而构建的一套基于数据的权力监督及技术反腐体系，是利用大数据技术实现反腐的应用创新，是以应用为导向实现政府治理能力提升和技术反腐体系完善的重要手段，可有效推动行政管理流程优化再造，促进政府简政放权、依法行政，彻底避免“不作为、懒作为、慢作为、胡作为”的政务乱象。

“数据铁笼”工程体系分为总笼系统与子笼系统。数据铁笼总笼是面向全市跨区域、跨部门、跨行业的大数据市级数据铁笼监控总平台，与市级各部门、各区（县）数据铁笼子笼相连，实现各级单位权力运行相关数据汇聚，并提供各子笼运行情况监测和对各级行政权力运行的数据融合、分析、监管、预警、反馈、评价和展示等功能应用。数据铁笼子笼是市直各部门、各区（县）的数据铁笼监控平台，提供对部门内行政权力运行的数据融合、分析、监管、预警、反馈、评价和展示等功能应用，并与市级总笼相连实现

① 贵阳市人民政府政务服务中心：《为了人民的利益——贵阳市“放管服”改革纪实》，贵州政务服务网，2018年12月14日。

② “一网通办”贵阳政务服务模式指“一张网、一朵云、一个号、一扇门、一支笔、一次成”，即依托一张电子政务外网和一朵“云上贵州贵阳分平台”云，构建全流程一体化网上政务服务平台，使群众和企业通过唯一的身份号，只进一次网上办事大厅登录入口的虚拟门或政务服务中心的实体门，只填一套表格，一次性完成业务办理的政务服务模式。

相关数据交换。

规范行政权力。数据铁笼系统对行政事项进行梳理，对数据进行采集、分类、清洗、转换和应用，强化数据的重组、关联和分析，同时根据单位自身的业务特点，结合新常态下常见违规情形，规范行政权力的行使。如贵阳市公安交通管理局通过数据铁笼综合平台和各个子系统形成的监督合力，促使各项制度真正落实到行动上，有效地规范了执勤执法过程。

预警风险行为。通过数据留痕上报和相互关联，对行政行为进行监督，挖掘各类行政行为风险。实现了行政行为的可评估、能预警、易处置、会防范，真正做到用好权、管住权，从而提高风险控制的精准性和有效性。如贵阳市城乡规划局数据铁笼对行政审批进行全流程监管，对风险进行自动提取、预警提醒、督办警告或控制限办，形成了联合监督和多方预警的风险防控机制。

评估行政过程。通过对行政流程的评估优化，提高各单位行政效率，优化权力运行配置，提升政府服务公信力。如贵阳市纪委监察局通过数据铁笼建设，探索了纪检监察干部监督工作的新思路，实现日常任务项目化管理，用任务时限、难度系数、评价评分等方法精准控制和度量工作效率与质量，进一步强化对干部的监督和干预，提高了施政能力和工作效率。

优化行政流程。数据铁笼系统构建了权力运行评价体系，运用数据分析技术、人工智能技术进行建模，对行政单位的履职效能、领导班子、岗位配置是否合理等进行综合评估，并将评估结果运用于行政流程优化，助推行政单位效能提升。如贵阳市国土资源局通过数据铁笼，实现流程再造，大大提高了办事效率，最大程度遏制了权力寻租的空间。

“数据铁笼”工程通过三年多的探索，历经试点探索、扎实推进、工程推广、提质增效、构建体系几个阶段，通过数据留痕，真正实现把权力关进“笼子”里，成效显著。倒逼政府决策机制改革，建立起了“以数据为核心”的现代化治理体系①，让政府决策从低效转向高效，从模糊转向精准；

① “以数据为核心”的现代化治理体系指“用数据说话、用数据决策、用数据管理、用数据创新”的现代化治理体系。

倒逼审批制度改革，变线下审批为线上审批，变人工审批为数据审批，让数据多跑路、百姓少跑路，并逐渐过渡到“让百姓不跑路”；倒逼行政监督体系改革，通过大数据手段，实现对个人行为描述的科学化、具体化和精准化，压缩了公职人员履职时的权力寻租空间，将风险监控及预防点前移，形成了一套行之有效的规范行政权力运行的大数据政务服务系列解决方案。

（四）社会和云：社会治理的城市大脑

习近平总书记就社会治理模式变革指出的“三个转向”①，为社会治理智能化指明了方向，在此背景下，“社会和云”应运而生，其依托贵阳市政府数据共享交换平台，以“网格化 +”理念，运用大数据技术，创新社会治理方式方法，提高社会治理能力，通过“社群通”，搭建“供需对接”平台，打通社会不同主体间的联系渠道，构建起了“党政社企群”多元共治体系，实现社会治理从条块分制向整体联动改变，推动社会治理智能化、精细化。

“网格化 + 公共服务”体系。围绕推动解决民生“十困”②、提供高效便捷服务等工作，将网格化服务系统与网上政务办事大厅等电子政务服务系统、“12345”等热线呼叫服务系统、医疗等民生服务系统相连接，建立满足政务服务、社会服务、个性服务等民生应用需求的支撑平台体系。

“网格化 + 公共管理”体系。围绕加强禁毒工作、社会治安、流动人口管理、信访维稳、环境秩序、应急防灾等工作，将网格化系统与公安等管理系统、网上信访大厅等网络平台、群众工作室等基层调解平台连接，建立满足社会治安、应急处置、矛盾纠纷排查化解等应用需求的支撑平台体系。

“网格化 + 公众参与”体系。围绕引导各民间主体有序参与社会治理工作，将网格化系统与志愿服务系统、社会组织服务管理系统、非公企业服务

---

① “三个转向”即社会治理模式正在从单向管理转向双向互动，从线下转向线上线下融合，从单纯的政府监管向更加注重社会协同治理转变。

② 民生“十困”即收入低、就业难、上学难上好学难、看病难、养老难、治安形势严峻、住房难、行车难停车难、买菜难买菜贵、活动空间少。

管理系统等，与工会、团委、妇联等枢纽型社会组织建设的信息系统，与便民服务中心、社工服务社、小微社会组织等应用系统连接，建立满足公众参与社会治理的支撑平台体系。

“网格化 + 公共决策”体系。以提供党政决策方向、决策参考、政策效果评估为重点，围绕公共服务、公共安全、公众参与等方面的重难点问题，建立与研究机构、职能部门、企事业单位、领域专家、居民群众的联系互动，通过建模，抓取、筛选、统计、分析相关数据，建立满足决策咨询、监督、反馈功能需求的支撑平台体系。

“社会和云”将贵阳全市 510 家市、区（市、县、开发区）、社区（乡、镇）三级政府部门作为问题处置联动单位，按照职责、法定原则处置平台派遣问题，将整合的 2859 家社会组织、爱心企业等社会治理主体作为问题协作单位，通过完善“全面感知”制度、畅通“快速传达”通道、健全“积极响应”体系、实现“多元共治”格局，使社会治理格局从单打独斗向协作共治、从条块分制向整体联动、从分级管理向扁平化管理、从被动应付向主动服务转变，推动社会治理现代化进程不断加速。

（五）筑民生：数据跑路代替群众跑腿

为全面推动民生服务由粗放低能服务向优质智慧服务转变、由保障均等化服务向创新差异化服务转变。贵阳市按照“政府引导、多元共建、政企合营”方式，着力打造的 Web 端和 APP 兼并的“筑民生”平台于 2017 年 2 月 27 日上线，平台以政府数据共享交换平台为基础，将数据进行汇集、融合，形成民生块数据，进一步通过大数据分析技术，精准定位关乎民生的痛点、难点、热点、堵点及其他关键问题，搭建精准对接桥梁，创新信息普惠模式，深化拓展民生大数据应用领域，打造一站式民生服务模式。

“1 + N”平台架构。即以一个综合平台为核心，涵盖 N 个不同领域的民生服务。其中，综合平台指“一张网、一个号、一个窗”。“一张网”用于数据资源联通、服务应用管理；“一个号”基于实名制下的数据资源价值挖掘，进行信息服务和产品推送；“一个窗”构建 N 个领域应用服务渠道，通

过使用者的体验反馈，获得服务效果评价①。“N项领域政务服务”则聚焦当前民生需求，涵盖教育、交通、扶贫等领域，集政务服务、社交网络和生活服务等功能于一体，并不断推出多元化、个性化服务来满足广大群众的真实需求。

三大民生服务板块。包括“服务超市、营商环境、学区地图”三大板块，其中“服务超市”板块已纳入公积金中心、交管局、人社局等21个政务部门，整合了政务服务、商业便民、社会公共服务资源，提供医疗、教育、法律等11类服务。“营商环境”板块旨在为企业提供政策解读、咨询服务。“学区地图”板块统计整理贵阳市内的非高等教育学校相关信息，将信息资源以地图的形式供市民参考。此外，平台开设的快捷专区已接入南明区网上办事大厅、白云区网上办事大厅、清镇网上办事大厅等，真正实现了“足不出户、网上办事”，极大节省了百姓的办事时间，荣获国家发改委授予的“互联网+政务服务”示范工程。同时，平台通过与市民互动，广泛征集民生真实需求，以数字驱动，不断促进政府、社会、商业民生服务资源的汇聚融合，深入挖掘民生数据资源的内在价值，持续升级服务品质。

实名制民生监督管理体系。平台基于实名制，形成以信用大数据、民生服务指数为主体的监管体系。信用大数据是基于平台针对不同服务、不同业务需求、不同对象在使用过程中产生的信用记录数据，通过大数据统计分析，所形成的以市民为主体的信用指数报告，主要用来规范市民需求行为。民生服务指数则主要针对政府部门，通过大数据技术分析群众对各领域民生服务效果的反馈结果，综合评估各领域相关部门的民生服务水平，从而构建起民生服务需求者和服务提供者的监督评价体系，为科学衡量、精准识别、有效改进“筑民生”平台不同领域、不同单位的服务水平提供事实索引，完善监督管理体系，助力政府构建可持续发展的民生服务生态环境，充分发挥数字红利，增强大数据时代民众的幸福感和获得感。

---

① 黄秋月：《“筑民生”平台下周一上线　一站乐享近百项服务》，贵阳网，2017年2月24日。

“筑民生”平台作为“贵阳大数据民生工程”的抓手级项目，改变了过去“一把抓”的粗放型政务和公共服务模式，以民生民意为指引，应用大数据技术“自我诊断”“自我治疗”“自我升级”，获得广泛好评①。未来，“筑民生”平台将继续深入衍生与民生密切相关的多元化服务场景，打造具有贵阳特色的更快捷、更完整、更简约、更智能的“场景式便民生活服务链条”。

三 贵阳大数据政务服务的经验启示

大数据引领的不只是技术革命，更伴随着各相关方意识理念、行为方式的深度变革。大数据政务服务不单纯是技术驱动的智能升级、场景变换，其背后真正支撑的是以数据驱动的政府职能的转变，大数据与政务服务融合的纵深程度与政府职能转变、服务能力现代化的程度密切相关。贵阳作为大数据的发展策源地、要素集聚区、探索筑梦场，应用大数据助推政务服务在指导思想、顶层设计、服务方式、服务机制等方面不断进行变革和优化，走出了一条以数字逻辑为特征的大数据政务服务贵阳模式。

（一）探索以技术创新倒逼体制改革的新路径

制约政府数据共享开放除表面不敢、不愿和不会三大原因外，实则根源为目标、技术、机制②。贵阳市政府顺利实施数据共享开放的过程并非一蹴而就，而是通过长期摸索，打造出一条以技术创新倒逼体制改革的路线。早期探索以数据中心化、统一标准、集中建设的模式，因数据权责不清、成本高、风险大等问题导致实施效果不理想。在2016年数博会上，贵阳市发现并应用

① “筑民生”被国家发改委评为国家“互联网+政务服务”示范工程，入选第三届（2017）“互联网+政务服务”优秀实践案例50强，被省大数据局授予“云上贵州·观云”百姓贴心奖，在2017中国大数据产业年会上被列为“2017大数据案例TOP100”。

② “目标、技术、机制”：目标因素指部门对于政府数据共享开放需求不明，目标不清；技术因素指技术、业务快速发展，各系统多源异构，数据呈指数膨胀，标准难统一；机制因素指各单位职责不清，数据权属不明，推进消极。

燕云 DaaS 技术，构建“物理分散、逻辑集中”的政府数据共享交换管理体系，以“三不变”的数据共享新模式，进行数据“五跨越式”① 协同管理和服务，为实现贵阳市政府数据共享开放提供有效技术解决路径。这一实践不是偶然，而是源于贵阳人勇于思考、勤于发现、贵在挖掘的坚持精神。

（二）打造以现代数字逻辑为支撑的治理科技

贵阳运用大数据等新一代信息技术，以“数据铁笼”“社会和云”“筑民生”等平台为典范，探索了一条以现代数字逻辑为支撑的科技治理路线，将零散的点数据、条数据通过数据共享交换平台，进行块上集聚融合，形成块数据集。进一步通过大数据分析、评估、预测，使政府服务模式从碎片化走向协同化、由单向化走向互动化、由分散化走向一体化，使权力运行由模糊化走向数据化、透明化、自流程化，使治理方法从粗放化转为科学化，使社会格局由单一化走向多元共治化，使治理模式由静态治理转向动态治理。运用以现代数字逻辑为支撑的治理科技是政府治理能力现代化的时代选择，但还需进一步加强科学技术研究。

（三）促进以民生服务需求为导向的融合应用

群众有足够的获得感和幸福感是体现大数据时代信息普惠、成果共享的重要标志。大数据等新一代信息技术在惠及民生时，才更加具有鲜活的生命力、持续迸发的发展动力及源源不断的创新活力。以“筑民生”“智慧旅游”“智慧交通”等民生领域大数据应用等为代表的大数据与民生服务的融合应用，是贵阳大数据政务服务的硕果，也是政府大数据产业健康稳定发展的出发点和落脚点，更是贵阳大数据产业发展的成功之道。以民生需求为导向，充分释放数据价值，加快推进大数据与服务民生深度融合，着力促进公平普惠、便捷高效的民生服务体系建设，是当前推动经济社会高质量发展的有力支撑。

---

① “五跨越式”指跨层级、跨地域、跨系统、跨部门、跨业务。

（四）建立以数据立法标准为引领的制度体系

贵阳在政府数据共享开放过程中，先行先试，发布全国首部政府数据共享开放地方立法，并配套制定系列地方标准及配套政策，初步建立了政府数据共享开放制度体系。以后贵阳应继续围绕数据共享开放各项工作，研究共享开放技术、安全保障、平台服务以及监督管理等各方面相关标准和规范，进一步将政府数据共享开放体系的技术和创新服务转变为自主知识产权，以知识产权驱动标准化体系建设，借助标准和规范占领数据共享开放标准的战略制高点，形成以知识产权为保障的“法规先行、技术突破、机制创新”三位一体的成果体系，以提高大数据方面的话语权和核心竞争力。

（五）运用大数据优化营商环境激发市场活力

营商环境是经济发展的重要基础，优化营商环境不仅仅是一座城市综合竞争力、经济软实力的重要构成，更能在一定程度上反映一个地方的党风、政风、民风①。贵阳以政府数据“聚通用”为重点任务，坚持以大数据引领创新驱动，做实“互联网＋政务服务”，通过“释放政策红利、深化商事登记、多证合一”等系列制度改革，促进资源优化配置，最大限度减少企业在成长发展道路上的客观障碍，避免企业不必要的人力、物力、财力消耗，使企业核心聚焦在人才培养、技术创新、产业升级上，助力企业做大做强。优化营商环境需要强劲的技术支撑，更需要以人民为中心的制度关怀，大力筑牢创新平台，做优创新生态，推动理论创新、规则创新、标准创新、技术创新、应用创新，使营商环境模式从单一的政策驱动转变为更加多元的创新驱动、政策驱动、开放驱动、生态驱动模式，为企业打造长远发展的生存空间。

---

① 姜贞宇：《“中国数谷”贵阳：“大数据”打造中国“最优”营商环境》，中国新闻网，2018年9月5日。

参考文献

［1］贵阳市人民政府办公厅：《贵阳市人民政府办公厅关于印发市区两级政务数据一体化工程工作实施方案的通知》，贵阳市人民政府网，2017 年 11 月 2 日。

［2］贵阳市人民政府：《贵阳市人民政府关于深化行政审批制度改革全面优化提升政务服务水平的意见》，贵阳市人民政府网，2017 年 11 月 1 日。

［3］贵州省人民政府：《贵州省人民政府下发关于深入推进“互联网 + 政务服务”工作的实施意见》，贵州政务服务网，2016。

［4］董立人：《智慧治理：“互联网 + ”时代政府治理创新研究》，《行政管理改革》2016 年第 12 期。

［5］周慧颖：《大数据背景下“互联网 + 政务服务”平台建设研究——以贵州省为例》，《工作研究与理论探讨》2018 年第 9 期。

［6］边哲：《提升数字政府治理水平助推“最多跑一次”改革继续深化》，《政策瞭望》2018 年第 5 期。

［7］任廷会：《共享　共治　共创——贵州深化“互联网 + 政务”改革观察》，《当代贵州》2018 年第 1 期。

［8］袁航：《政务服务“不能说不行”——贵阳推行投资事务“一网通办、一门服务、一次办成”》，《当代贵州》2018 年第 34 期。

［9］周慧颖：《大数据背景下“互联网 + 政务服务”平台建设研究——以贵州省为例》，《内蒙古煤炭经济》2018 年第 9 期。

［10］刘昌馀：《贵阳市多措并举提升政务服务水平》，新华社，2017 年 12 月 20 日。

［11］孙静波：《贵阳市长陈晏：城市政务服务最优是目标》，中国新闻网，2018 年 7 月 30 日。

［12］贾环宇：《大数据背景下“互联网 + 政务服务”建设研究》，郑州大学硕士学位论文，2018。

B.17
开封打造政务服务地方样板

摘　要：“互联网+”以共享、共治、创新的网络精神融入经济和政治生活的各个方面，直接挑战着政府当前的政务服务管理模式。《国务院关于加快推进“互联网+政务服务”工作的指导意见》对“互联网+政务服务”工作提出了战略部署要求。在此背景下，开封市政府积极探索“互联网+政务服务”实践路径，并取得了重要成就。本文在梳理大量相关理论文献并进行实证调研的基础上，对开封市互联网政务服务特色做法、地方标准、平台建设等方面进行分析，总结开封市“互联网+政务服务”的实践经验，以期为全国各地区的“互联网+政务服务”长效发展提供借鉴和参考。

关键词：开封市　互联网+政务服务　创新实践模式

充分利用新一代信息手段解决公众和企业反映突出的办事难、办事慢、办事繁问题，探索“互联网+政务服务”创新实践路径，是党中央、国务院作出的重大战略部署。开封市以“互联网+”理念为引领，以电子政务标准化体系建设为契机，以互联网政务服务平台建设为支撑，创建了全面统筹、一网通办、高效便捷的互联网政务服务应用体系，打造了开封互联网政务服务地方样板，对助力智慧政府转型、激发市场发展内生动力和推进基层社会治理起到了积极的带动引领作用。

一　开封“互联网 + 政务服务”建设的背景和意义

在大数据时代背景下，充分利用互联网、大数据等信息技术，建造 24 小时全天候的“互联网 + 政务服务”模式，实现政务信息公开、依法依章行政，是政府顺应“新常态”，加速智慧政府转型势在必行的一项重大改革。国务院把加快推进“互联网 + 政务服务”作为创新政府服务方式、深化“放管服”改革和提升基层社会治理的关键之举，陆续出台了《国务院关于加快推进“互联网 + 政务服务”工作的指导意见》（国发〔2016〕55 号）、《国务院关于加快推进全国一体化在线政务服务平台建设的指导意见》（国发〔2018〕27 号）等政策文件，要求我国各级政府要按照以上文件精神，围绕简政放权、转变工作作风、创新监管方式等方面，加大各部门数据信息整合共享的力度，推进跨部门业务协同，积极打造便民高效、服务优质、阳光智能的“互联网 + 政务服务”应用体系。

（一）“互联网 + 政务服务”是助力“放管服”改革的有效抓手

“互联网 + 政务服务”是推进政府“放管服”改革的重要抓手和关键动力。利用“互联网 +”、大数据、人工智能等新一代治理科技手段搭建网上政务服务平台，创建“全网通办”、协同联动的智能化政务服务应用体系，对政府公共服务数据资源实现了有效配置，拓宽了政务为民服务渠道。把行政服务推上网，清理一批行政审批清单、投资负面清单，规范中介服务，削减工商登记前置审批，让企业和公众足不出户就能办成事情，纵深推进了“放管服”改革力度，减轻各类市场主体经营负担，创造营商便民的优良环境。同时，网上政务服务对政府公共服务信息进行公开、对审批操作全流程实现实时监督，根除了政务不透明时弊，保障了公民的知情权、监督权。“互联网 + 政务服务”的实践应用，切实推动了政府简政放权，有助于进一步深化“放管服”改革，激发市场主体的创新活力。

（二）“互联网+政务服务”是提升政府服务的重要引擎

“互联网+政务服务”建设，是一个不断提升重塑和创新升级的嬗变过程，随着这一过程的发展，将逐渐消解传统保守的政府科层制结构，倒逼政府治理变革，进而推动传统政府向精细化、精准化、智能化转变，提高办事效率、改善民生服务。一方面，利用“互联网+政务服务”，能减少办事环节，让群众确实享受到了“数据多跑路，群众少跑腿”的福利。另一方面，“互联网+政务服务”能促进科学决策，政府利用大数据技术开放共享各部门数据信息，将琐碎海量数据快速存储并整理分类为系统的关联数据，可立体呈现出清晰的文字信息或可视化的表格、图片等判断材料，有助于全方位智能分析，做到用数据管理、用数据决策。同时，“互联网+政务服务”通过便民公共服务的在线办理，一定程度上可以精简机构、精简人员和精简办公耗能，降低行政运行成本。

（三）“互联网+政务服务”是构建治理新格局的重要举措

互联网资源共享、信息对称、机会平等的特征使公众对政治的参与和影响逐渐扁平化，颠覆传统以资源和地位为核心的权力结构，催生新的社会格局。政府不仅仅是国家治理“管理者”，更应该是法治国家社会治理的“引领者”和“宣传者”，要自觉运用大数据新一代信息技术手段，加强政府数据资源的开放共享，带动社会各界组织团体和广大普通民众积极参与法治国家的社会治理，打造政府主导、多元主体参与的社会治理新格局。要借助“互联网+政务服务”改革，通过互联网平台的创新监管，在线晒出权力清单、责任清单和办理结果，规范政务服务办事流程，有助于及时发现问题、纠正问题，督促掌握公权力的部门、组织和个人强化法治思维和从业道德，压缩权力运行的任性空间，实现对公权力的有效约束，从而提升国家治理现代化水平。

二　开封“互联网+政务服务”模式创新的探索实践

以“为人民服务”为宗旨，以“群众满意”为落脚点，开封市政府按照“上一张网、办所有事”的工作思路，集众智、定标准、建平台，整合各职能部门信息数据资源，优化升级政务服务平台，全面建成了覆盖全市各地区、一网办理、扁平一体、部门协同、功能齐全的综合性网上政务服务平台系统，开展“一次办妥”创新试点，实施“平台之外无审批”权力事项整改，创新“六个一”政务服务标准，构建“五个五”立体化智慧政务模式，探索出了开封“互联网+政务服务”地方品牌。

（一）打造“一次办妥”电子政务服务品牌

为进一步增强企业和群众办事满意度，深化“放管服”改革，提高便民服务效率。2018年5月起，开封市开展涉及多个部门、多个事项的政务服务“一次办妥”创新试点工作。通过新兴技术手段、整合共享政务数据资源、简化办理流程、拓展服务渠道等多种方式，建设智能化电子政务服务平台，通过实体政务服务大厅或网上政务服务系统，公众可网上办证、网上审批，实现从申请办理到受理送达一次办妥，办事流程在市政务服务平台上留有痕迹。目前开封“一次办妥”政府服务已在全市全面推广，各级政府职能部门利用网上政务服务平台，促进线上服务与实体政务服务大厅有效对接，满足了公众就近办理、同城办理、异地办理审批事项的期望，提升了公众满意度和政府公信力。

梳理“一次办妥”事项清单。开封市按照“一次办妥”的标准和要求，以“减环节、优流程、砍材料、压时限”为着力点，按照先易后难原则，优先梳理一批企业和群众需求迫切、关注度高的依申请行政权力事项和办件数量大、涉及范围广的应用类便民服务事项，悉数系统完成开封“一次办妥”事项清单，并及时报送至市政服务中心。

优化“一次办妥”办事流程。各级各部门按照“最多跑一次”要求和政务服务“一次办妥”目标，建立各级部门联动协同机制，梳理再造行政权力事项、便民服务事项办事流程，制定流程优化再造和数据共享方案，加快互联网政务服务平台建设，实现各业务职能部门政务数据的共享交换，创新政务服务方式，让各类政务服务能在网上受理、办理，通过网端推送、快递送达，实现便民高效的“一次办妥”政务服务目标。

实现“一次办妥”事项数据共享。各级各部门根据“一次办妥”事项需求共享数据，推进人口基础信息库建设，不断完善法人单位基础信息库、电子证照信息库，完成相关政务信息资源目录的编制、审核录入和数据挂接，并通过市统一政务数据共享交换平台实现“一次办妥”事项所需数据跨部门、跨层级按需共享交换。同时，建成全市统一的电子印章管理体系，具备全市电子政务系统电子印章的制发、授权、应用、管理等功能，实现与各级各部门已有电子印章系统的互认互验。

推进“一次办妥”政务服务事项网上办理。推进申报材料“三化”[①]，建立联合办理机制，让电子公文、电子证照、电子签章等在政务服务中得到广泛应用，最大程度减少纸质材料和证照的使用。只要能网上办理的事项，可以不用到现场办理。利用全市政务数据共享交换平台、全市统一的电子政务外网，实现部门纵向业务信息系统数据融合共享。另外，凡是需要下级部门受理、初审的事项，能通过网端推送、快递送达上一级的，不得要求申请人必须到上一级办理。

强化“一次办妥”线上线下融合对接。对各层级各部门业务信息系统进行改造，推动各级政务服务平台无缝对接到开封市政务服务平台，实现“标准一致、无缝衔接、合一通办、信息同步”，为“一次办妥”事项线上线下服务标准一致提供支撑。合理布局、有序推广自助服务终端、社会化代办网点，推动市网上政务服务平台向基层延伸。建立线上线下统一的办事指南发布机制。各级各部门政务服务大厅、微信公众号及其他渠道发布的办事指南信息与开封市政府门户网站和政务服务平台实现同源发布、同步更新。建设统一的咨询、投诉、建议、评议平台，并与开封市政务服务网对接，一个平台对外接受群众和企业的各种诉求，并创新开展“网上预审”“邮寄送达”等服务。

---

① “三化”指申报材料目录化、标准化、电子化。

（二）实行“平台之外无审批”权力事项整改

“平台之外无审批”是指所有非涉密依申请行政权力事项通过开封市政务服务平台统一集中提供政务服务，实现“一窗受理、一网通办、全程监察”。“平台”指开封市政务服务平台。“平台之外无审批”，就是要求全市政务服务部门，在面向社会办理非涉密依申请行政权力事项时，必须通过“平台”办理，实现从受理申请到办理完成全过程网上留痕和在线监察。目前，开封市各级政务部门实体政务服务大厅、各县乡统一建设的实体政务服务大厅的业务信息系统接入“平台”，实现非涉密依申请行政权力事项100%在线办理。

加强线上线下政务服务高端融合。开封市直各有关部门和各县（区）人民政府，按照开封市政务服务平台技术架构要求，把各级政务部门业务信息系统接入“平台”，按照行政权力事项办理服务标准一致、信息实时同步、全程在线监察，完成对本级或所辖行政区域内实体政务服务大厅业务信息系统的改造提升，并统一接入开封市政务服务平台。

实施行政权力事项办理结果在线公示。为方便申请人查询和实现社会监督，开封市政务服务平台和开封市政府门户网站，在线公开全市各级各部门行政权力事项办理情况进度，公开内容包括办事代码、事项名称、责任部门、办理状态、办理最终结果等相关不涉密信息。

建立在线办件监察和在线通报机制。开封市政务服务平台的电子监察系统实现对所有事项办理全过程进行监察管控，加强了政务服务办理内部监督，对受理不及时、办结未按期、群众满意度低等突出问题，开封市行政服务中心责任部门，将对其进行严格的督促整改，对于整改不力的单位和问题，监察委依法执纪问责。同时，政务服务平台设立办件情况通报窗口，实时汇总各级各部门行政权力事项办件情况，开封市政府办公室定期对全市办件情况进行通报。

建立“双随机、一公开”制度。开封市制定了政务服务“双随机、一公开”工作细则，依据政务服务平台行政权力事项库，随机抽查各县（区）

各部门行政权力事项在“平台”上办理情况，杜绝“平台”之外的审批，且抽查情况、查处结果会在政府门户网站向社会大众进行公开。

建立事项清单动态更新机制。开封市各区县政府各部门根据机构和职能调整情况，及时按程序调整依申请政务服务事项清单，并按开封市网上政务服务平台政务服务流程规范，对政务服务事项库进行更新。

建立平台应用情况定期会商制度。开封市政务服务平台建设运营单位与已接入平台的各部门建立定期会商制度，针对群众和部门经办人员反映的办事过程中遇到的困难和问题，进行深度沟通会商，持续优化网上服务业务流程。

（三）创新“六个一”智慧政务服务新标准

开封市按照“极简审批、极速效率、极优服务、极严约束”的目标原则，把便民政务服务作为改革的“主战场”，创新提出了“一门集中、一口受理、一网运行、一窗发证、一链监管、最多跑一次”“六个一”政务服务新标准。新标准促进便民政务服务规范化建设，促进政务服务线上线下一体化办理，有助于解决“一个部门多次跑、多个部门往返跑、各类材料重复交、办事标准不统一”等突出政务服务弊端问题，提升了政府工作效能，增强了企业和群众办事满意度。

“一门集中”引领“一站式”服务。开封市以“互联网 +”技术为支撑，抓好信息系统整合共享，推进政务数据共享，打造部门协同、一网办理的“一站式”各级政务服务中心，为广大群众提供多部门行政审批服务、产权交易办理、社会保险办理等便民服务，实现“进一扇门办妥所有事”。

“一口受理”设立标准受理口。开封市各级各部门按照标准规范接入各级政务数据共享交换平台，政务服务中心综合受理窗口（前台）工作人员，按照受理标准对入驻事项进行规范、标准化统一受理。

“一网通办”开启智能化服务。运用互联网、大数据、数据云等手段，开封市电子政务网顺利完成了市、县（区）、乡镇各级职能部门的非涉密政务信息数据接入工作，建成政务服务“一张网”，企业和普通群众通过电子政务网，享受到多渠道、跨地区、智能化、全方位的行政审批相关便民服务。

“一窗发证”提供统一发放窗。开封市各级政务服务中心前台受理的各项审批服务事项，获得入驻部门的审批后，都需经政务服务中心发证窗口进行电子证照信息录入，再统一发放，减轻了企业和群众多窗口反复咨询办理的负担，提升政务服务满意度。

“一链监管”实现全流程监管。各级政府依托网上政务服务平台，建立了行政审批监察数据链，能实时监测行政审批办理的每个环节，规范线上线下行政审批事项的操作流程，实现受理、审批的全过程监督，确保结果信息可查可探，加强政府服务监督。

“最多跑一次”打造最优质服务。各级政务服务部门公布公开办理事项程序，帮助群众清晰了解办事所需资料和办理流程。通过线上线下方式，让数据流动，整合服务资源，让办事群众从提出申请到获得办理结果一次完成。

（四）构建“五个五”立体化智慧政务模式

为实现政务服务品质最优化、服务形式多样化、办事流程透明化、办事渠道便利化，开封市按照“六个一”开封政务服务新标准，打造“五个五”立体化智慧政务服务“开封模式”，实现以数据跑路代替百姓跑路政务服务目标，有效解决了群众和企业办事难、办事慢、办事繁系列问题，创造了优质便民营商环境的同时，夯实了当地基层社会治理基础。

建设五大平台。运用互联网“+政务服务”“+大数据云计算”“+监察监督”“+信息公开”“+公共资源交易”等新一代信息技术手段，开封政府建立了互联网电子政务服务五大平台，实现线上线下同步、跨层级办理、跨部门协同的新型政府服务体验。五大平台分别是：网上政府信息公开平台，是探索“互联网+信息公开”的渠道，在充分发挥政府网站、政府信息公开主渠道的基础上，充分运用新闻发布报道、政务微博、微信、微客户端等平台的作用，拓展政府信息公开的深度和广度；政务服务数据共享平台，是实现政务信息共享的数据库，包括各类政务服务事项库和证照库，可以多渠道地帮助地方政务实现不同部门、不同行业、不同区域信息的互认共享；政务服务受理平台，通过运用大数据技术，能保留所有网上审批办事数据信息，实现信息重复提取与全过程留痕，建立内部征询机制，有利于促进各部门资源共享、业务协同；行政审批电子监察平台，能实现“一链监管”，推进网上政务服务智能监察，提升网上政务服务质量和效率；公共资源交易平台，有助于推进公共资源交易全流程透明化管理，通过覆盖开封全市 3 县 6 区交易中心，与政务服务、信用信息、行业监管等平台互联互通，创新公共资源交易电子化监督管理模式，实现公共资源阳光合法交易。

采取五大举措。为了全方位助力开封“互联网 + 政务服务”纵深发展，建设全国领先的政务服务环境，开封市采取创新升级政务服务平台、促进线上线下政务服务深度融合、创建“六个一”开封政务服务新标准、拓展网上政务服务功能和全面公开政务服务信息五大举措，以此推动开封“互联网 + 政务服务”常态化发展。

定位五个锚点。开封市为实现“互联网 + 基层治理”，借助各级政府建设“互联网 + 政务服务”的平台资源，构建“一中心四平台”基层社会治理体系，提升当地基层社会治理能力。“一中心”指综合信息指挥中心，它不仅能对网格事项数据信息进行收集调度，而且具有提取相关考核数据、开展大数据分析研判和对重点区域进行实时监督的功能，是“一中心四平台”的控制中枢，对整体工作的有效运行发挥着承上启下的作用。目前开封市、县、乡三级已同步建立了各级综合指挥中心。“四平台”分别指聚集公安、司法等部门力量，推进平安基层治理的社会治安平台。依托综合执法局，提高日常巡查质量的综合执法平台。依托食药监局，维护市场生态秩序的市场监管平台。统筹社会救助、医疗卫生、社会保障等民生职能部门，通过政务服务网延伸，提供高效公共政务服务的便民服务平台。“一中心四平台”重铸了“市县乡 + 网格”四级联动基层治理体系，打造了上下协调，扁平一体、优质便民的“互联网 + 社会治理”新模式，让群众身边问题在基层就能得到快速解决。

开通五个渠道。为最大限度方便群众办事，开封各级政府开通了四级政务服务便民网上办事大厅、市统一受理政务服务平台、“12345”一号对外各级单位服务热线、24小时市民之窗自助终端、手机移动APP与微信公众服务平台五个办事渠道，通过政务服务线上线下一体化融合，打通开封政务服务办理多种路径，增强政府服务能力和办事效率。

打造“五最”政务服务。开封市多措并举，致力打造“环节最少、时限最短、流程最优、材料最简、效率最佳”的政务服务最佳品牌，让高效率、精细化、个性化政务服务体验引领“互联网+政务服务”创新发展。

三　开封政务服务模式的启示

“互联网+政务服务”有助于推动政府治理转型，但我国各级地方政府仍面临着“信息孤岛”的困境，地方政府各部门数据无法兼容，彼此分散，这大大影响了政府公共服务能力。因而，要坚持理念创新、机制创新、技术创新，借助互联网信息、大数据技术、人工智能等新一代信息技术手段，积极探索“互联网+政务服务”常态化、高质化发展路径，打通数据信息链条，打破层级部门信息壁垒，优化政务行为。这就要求各级政府、各职能部门进一步开放共享政务数据资源，简化烦琐服务流程，升级网络政务服务平台，创造适合地方需求的“互联网+政务服务”模式，实现简政放权，提高政府服务效能，从而推动智慧政府建设和提升社会治理综合能力。

（一）健全“互联网+政务服务”制度标准体系

“仁圣之本，在乎制度而已”，制度标准建设是连接规划与落地实施的重要中间环节，是“互联网+政务服务”改革发展的坚实保障，要紧跟时代需要不断完善制度标准，做好顶层设计。开封市始终把制度建设放在互联网智慧政务建设前面，制定了信息资源目录体系规范、“互联网+政务服务工作方案”、数据共享交换标准、电子政务行政审批制度、政务服务多元评价制度等制度体系，保障了互联网政务服务改革的长效发展。因而，在建设

“互联网+政务服务”过程中，要不断加强“互联网+政务服务”的制度体系建设，确保政务数据运行安全，行政审批服务流程规范。同时，要制定统一的电子政务数据交换标准、电子政务数据共享技术标准，实现“互联网+政务服务”标准统一，并按照统一的标准和规范开展电子政务数据交换和信息共享工作。

（二）促进“互联网+政务服务”数据开放共享

政务数据开放共享是实现“互联网+政务服务”的前提条件，要建立统一的大数据共享及大数据处理平台，打破信息孤岛和数据壁垒，加速实现政务服务数据信息共享融合。一方面，各地方政府要积极引进人才，引进新一代信息技术，建设好本地政务云计算中心，实现政务服务网络全覆盖，政务数据互通互联。另一方面，依托已投入使用的政务服务平台，不断推进政府公共服务部门间数据的开放共享，统筹政务服务数据资源。另外，以政府公共服务类别为基础，构建四级便民服务体系①，打造各级政务服务网络平台，科学整合各地区公共服务数据资源，推进公共服务数据共享融合，扩大互联网政务服务受众范围。

（三）推进“互联网+政务服务”平台创新升级

互联网政务服务平台是“互联网+政务服务”的重要载体，要顺应“互联网+”的大趋势，不断升级互联网政务服务平台。一方面要加强技术创新，不断引进最新技术手段，优化平台功能架构，提升平台基础功能，实现各类政务服务平台融合对接。另一方面要借鉴开封“一门集中、一网通办”政务服务建设经验，引进专业的平台建设管理人才，打造具有本地特色的互联网政务服务平台，全力推动政务服务事项“应上尽上、全程在线”。此外，要不断完善政务服务事项，根据新事项变动情况，调整互联网

① 四级便民服务体系指以市、县两级审批联动为主导，乡镇（办事处）、村（社区）两级网上代办为基础的四级便民服务体系。

政务服务平台内容，优化改善移动互联网平台的界面模块和操作流程，提升互联网政务服务平台功能。

（四）探索“以用户为中心”的智慧政务服务模式

“以人为本、服务群众”，是发展“互联网+政务服务”的核心目标。在互联网大数据时代，广大民众对政务服务的需求正朝着实用化、人性化和智能化方向发展，各级政府部门要顺应时代潮流，运用现代高新技术手段，“以用户为中心”，构建现代智慧政务服务模式，让广大民众通过“互联网+政务服务”方式，成为智慧政务服务的受益者、参与者和推动者。坚持以“为民服务”为出发点，从用户需求着眼、倾听用户反馈，优化服务质量，为办事企业和公众创造全方位立体化的智慧政务服务新体验。

（五）建立多元主体共建共享共治的社会治理体系

社会治理重心在基层，要发挥社会组织作用，形成政府治理和社会民众自治的良性互动。“互联网+政务服务”为基层社会治理提供了有效经验。开封市以“一中心四平台”为抓手，提升了地方基层社会治理能力，为基层社会治理提供了有效的经验借鉴。要建立多元主体参与政务服务的社会治理体系，不仅要靠政府创建市、县、乡、村四级+网格化的联动管理机制，而且要依靠各类互联网平台、移动客户端等大数据信息手段，通过政务公开、政民互动、媒体宣传等方式，带动各类社会组织、市场主体和公民个人共同参与政务管理、基层治理等社会公共服务，齐心打造扁平一体、社会协同、优质高效、共建共享的社会治理新格局。

参考文献

［1］陈新河：《赢在大数据——中国大数据发展蓝皮书》，电子工业出版社，2017。

［2］张志安：《互联网与国家治理发展报告》，社会科学文献出版社，2018。

[3] 张志安：《互联网与国家治理发展报告》，社会科学文献出版社，2017。

[4] 新玉言，李克：《大数据——政府治理新时代》，台海出版社，2016。

[5] 张克平，陈曙东：《大数据与智慧社会》，人民邮电出版社，2017。

[6] 李光亚，孙景乐：《智慧城市——大数据》，上海科学技术出版社，2015。

[7]〔美〕达雷尔·韦斯特：《数字政府——技术与公共领域绩效》，科学出版社，2011。

[8] 开封市人民政府：《开封市人民政府办公室关于印发开封市 2018 年“互联网 + 政务服务”工作方案的通知》（汴政办〔2018〕45 号），中国电子政务网站，2018。

[9] 刘双良，秦玉莹：《“放管服”改革背景下地方治理能力的提升——基于“互联网 +”的分析视角》，《江淮论坛》2018 年第 6 期。

[10] 魏东柱：《开封政务服务地方标准“领跑”河南》，《开封日报》2018 年 8 月 27 日。

B.18

北京朝阳创出“全网通办”政务新品牌

摘　要： 互联网、大数据、人工智能等新一代信息技术的迅速发展为创新政务服务模式提供了新思路，各地纷纷积极探索大数据在城市政务服务方面的应用。针对各地仍存在困扰企业群众的“办证多、办事难”等问题，北京市朝阳区率先提出了致力于构建方便快捷、公平普惠、优质高效的“全网通办”政务服务模式构想。本文运用理论研究与创新实践相结合的方法，探讨“全网通办”创办的背景和意义，梳理北京市朝阳区构建“全网通办”政务服务模式的基本思路和创新做法，总结经验以期为其他地区提供借鉴。

关键词： 北京市朝阳区　“全网通办”　政务服务

2017 年 12 月，习近平总书记在主持实施国家大数据战略集体学习时强调，要建立健全大数据辅助科学决策和社会治理的机制，推进政府管理和社会治理模式创新，实现政府决策科学化、社会治理精准化、公共服务高效化。2018 年 7 月，国务院发布《关于加快推进全国一体化在线政务服务平台建设的指导意见》，要求加快推动“互联网 + 政务服务”，并对建设全国一体化在线政务服务平台以及推进政务服务“一网通办”等工作作出全面部署。朝阳区作为北京市政务服务创新的核心区域，在大数据应用方面先行先试，2014 年率先提出“全网通办”政务服务新构想。“全网通办”是运用互联网、大数据等新一代信息技术，深度开发数据资源，构建“五全六通一张网”的全新政务服务模式。“全”是条块全联通、业务全覆盖、服务全过程、评价全方位、考核全部门。“网”是通过线上线下、节点联通、条块融合，形成一种大政务的网状治理结构。“通”是渠道通、数据通、服务通、流程通、监管通、机制通。

一　北京朝阳提出“全网通办”的背景与意义

大数据不仅是一场技术革命、一场经济变革，也是一场政府自身的全方位变革。2018 年 6 月，国务院办公厅出台《进一步深化“互联网 + 政务服务”推进政务服务“一网、一门、一次”改革实施方案》，明确提出要运用新一代信息技术推动政务服务“一网通办”，让企业和群众办理的事项力争“只进一扇门”“最多跑一次”等“六个一”要求。同年 7 月，北京市出台《北京市推进政务服务“一网通办”工作实施方案》，明确 2020 年底前将建成覆盖全市的整体联动、部门协同的“互联网 + 政务服务”体系的决策部署[①]。朝阳区立足新时代服务型政府建设实际，强化顶层设计，主动运用互联网、大数据等新一代信息技术，以“全网通办”为基础，创新“互联网 + 大数据 + 政务服务”社会治理模式，不断提高朝阳区政务服务质量和效率。

“全网通办”是提升政府治理能力与城市治理水平的重要内容。习近平总书记在党的十九大报告中指出：“转变政府职能，深化简政放权，创新监管方式，增强政府公信力和执行力，建设人民满意的服务型政府。”建设服务型政府的首要前提是推动政府职能科学化。朝阳区以推进行政审批制度改革为主要抓手，规范政府行政决策和行政执法行为。2018 年，朝阳区立足政务服务办的“全网通”信息化平台建设基础，以区域通办一体化改革为重要着眼点，统筹布局区政务服务改革工作，不断提升政府治理能力和城市治理水平。所谓的区域通办是指在朝阳区行政辖区内，政务服务中心依

① 《北京：推进便捷、高效、智能的政务服务一体化建设》，《中国经济日报》2018 年 12 月 10 日。

靠互联网、大数据、云计算等新一代信息技术，通过信息集中共享，使被服务人不受行政辖区限制，在本区均可以办理多项政务事宜的一种工作模式。

“全网通办”是贯彻落实政务改革重点任务的主要抓手。2018 年，国务院印发《进一步深化“互联网 + 政务服务”推进政务服务“一网、一门、一次”改革实施方案》，就进一步推进“互联网 + 政务服务”、深化“放管服”改革作出全面部署[①]。朝阳区深入贯彻落实文件精神，以政务服务办的区域通办一体化改革为主要抓手，继续打造“全网通办”政务新品牌，不断完善全区线上线下一体化政务服务体系，加强跨区域、跨部门、跨系统的协作服务机制，加快实现政务服务“全网通办”。

“全网通办”是深化和创新朝阳区政务服务模式的关键步骤。“全网通办”是以新一代信息技术为内核构建起来的政务服务模式，其核心价值在于打破数据壁垒和体制壁垒，实现渠道通、信息通、服务通、流程通、消息通、监管通，切实做到条块全联通、业务全覆盖、服务全过程、评价全方位、考核全部门，让企业和群众获得更加便捷高效的政务服务体验成为可能。为此，朝阳区推动实施政务服务办的区域通办一体化改革项目，依托区级、街乡、社区（村）三级联动体系，推行权力清单、责任清单、负面清单制度，着力打造一张“线上线下、节点联通、条块融合”的大政务网。

“全网通办”是探索“大政务、大数据”政府治理模式的新尝试。围绕政府在行政审批、执法监管、城市运行和公共服务四个方面的职责，梳理和形成条与块的责任清单，做到职权法定、权责一致，以需求为导向的服务清单，聚焦企业、群众最关心最直接最现实的利益问题，明确服务事项。借助大数据技术推动流程再造，打破部门之间的数据隔离，将原来分散在不同主体、部门、行业的数据进行细化、分类和整合，为实现条块结合、一窗受理、集成服务提供技术支撑。

---

① 翟云：《重塑政府治理模式：以“互联网 + 政务服务”为中心》，《国家行政学院学报》2018 年第 6 期。

二　北京朝阳“全网通办”政务服务的创新实践

（一）“全网通办”的创办思路

自 2014 年 1 月朝阳区行政服务中心正式成立以来，其每年的办理业务量居北京市各区首位。为解决办理事项量和提升满意率的双重压力，进一步规范行政权力运行、优化政务服务供给，朝阳区行政服务中心在当年就提出了应以优化政务服务为主线，以公众需求为导向，以体制机制创新为关键，以信息技术为支撑，打造朝阳区政务服务信息化平台，推进全区政务服务标准化体系建设，提升政务服务整体效能。这是最早的“全网通办”政务服务模式创办的思路萌芽。

2016 年 1 月，按照北京市政务体系建设基本原则和工作思路，朝阳区人民政府研究制定《朝阳区政务服务体系总体规划》《朝阳区政务服务体系建设指导意见》等政策文本，科学合理地部署区域政务服务工作内容，具体包括明确政务服务事项的规范化管理、加快推进“互联网 + 政务服务”、不断优化服务办理方式等十项具体工作任务，依托区级、街乡、社区（村）三级联动体系，分阶段扎实组织工作实施。另外，朝阳区还成立了政务服务体系建设领导小组，由朝阳区区长担任组长，成员包括朝阳区政务服务管理办公室、朝阳区法制办、朝阳区信息办、朝阳区审改办、朝阳区财政局等部门的主要领导。

2017 年 10 月，北京市人民政府办公厅发布《北京市人民政府关于加强政务服务体系建设的意见》（京政发〔2016〕62 号），将朝阳区行政服务中心更名为朝阳区政务服务管理办公室，统筹加快推进“互联网 + 大数据 + 政务服务”等工作。在此期间，北京市朝阳区人民政府又先后出台了《朝阳区政务服务体系标准化建设实施方案》《关于全面推进公共服务事项梳理工作的通知》《政务服务体系建设及满意度评价实施细则》等政策文本，明确了全区开展政务服务标准化体系建设工作任务，助推政务服务全业务覆盖、全流程监控、全过程服务、全方位评价、全部门考核。

2018 年，朝阳区政务服务管理办公室以“全网通”信息化平台为基础，站在进一步提高政务服务水平、打造一流政务环境的高度，继续深化项目实施，推行区域通办一体化改革。政务服务管理办公室系统推行权力清单、责任清单、负面清单制度，依托区级、街乡、社区（村）三级联动体系，积极打造线上线下闭环式服务模式，全面构建具有朝阳特色的“五全六通一张网”的“全网通办”政务服务模式。

（二）“全网通办”的特色做法

“全网通办”的主要特色体现在建立互联互通的闭环式“全网通”信息化平台，并以平台为延伸载体、以事项目录库为业务核心、以公众办事服务为需求导向、以效能考核为工作抓手，通过标准化与信息化的结合，促进了全区服务资源整合。

1. 以标准为先导完善政务服务标准化体系

朝阳区在全区范围内统一政务服务标准，制定了通用基础标准、服务保障标准、服务提供标准以及服务评价与改进标准等 46 项标准，打造“统一政务名称、统一服务环境、统一业务流程、统一服务标准、统一管理机制”“五统一”的政务服务“朝阳标准”。其中，针对服务的事项管理、人员岗位管理等，形成“事事有标准、人人有标准、时时抓标准”的机制，同时通过“全网通”信息化平台建设将业务标准转化为数据标准，利用数据考评规范和改进服务的全过程，加强对全区各级各类服务大厅的监督考核。

2. 以服务为根本深化互联闭环式“全网通”信息化平台

朝阳区全面推进“全网通办”政务服务模式，逐渐形成区级、街乡、社区（村）三级联动体系，深化互联闭环式“全网通”信息化平台，健全重大行政决策运行机制，加强深化行政审批制度改革，推行“三个清单”动态管理，推进政务服务标准化工作，提升了政务服务的工作效率，具体体现在以下几个方面。

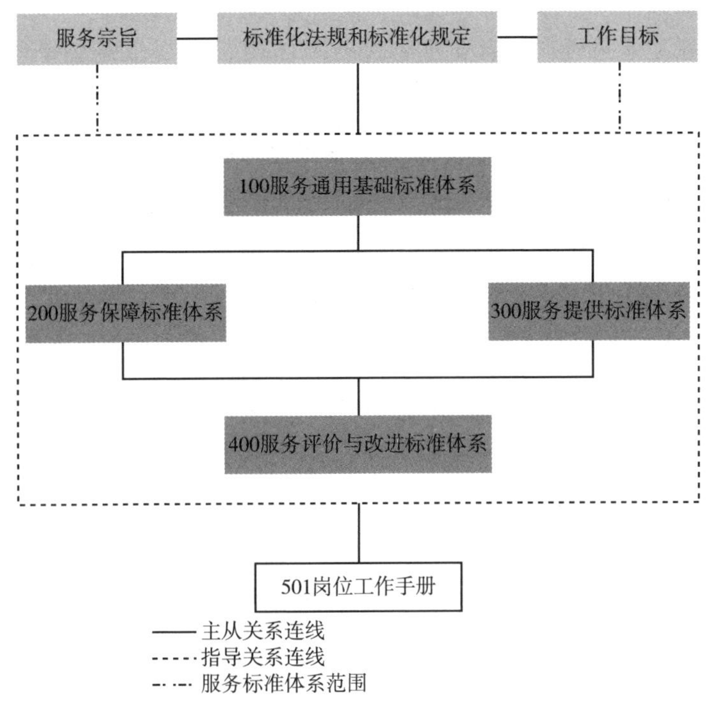

图 1　朝阳区政务服务标准化体系总体框架

一是完善设施，汇集数据。政务服务“全网通”信息化平台建设以来，面向群众提供智能办事引导、政务信息公开查询和大厅基础运行数据的信息采集管理，汇集数据资源，拓宽服务渠道，提升政务服务效能。

二是丰富系统，优化服务。“全网通”信息化平台开发了公众服务系统、业务办理服务系统、效能管理服务系统、应用支撑系统四大系统，建立健全了电子范例展示系统、政务服务多媒体查询系统、智慧网上办事大厅、满意度双屏交互系统、巡查系统、短信评价系统、事务管理信息系统、大厅实时运行感知系统、效能监督管理系统、基础信息管理系统（驻厅人员、大厅场所、设备设施等相关信息管理）、政务云构建支撑系统（报表引擎管理、工作流管理、基础数据管理）等 15 个子系统，将实体大厅的引导服务和办事服务搬上网，形成线上线下一张网的服务模式。

三是全域管理，强化考评。对业务办理全过程进行跟踪监督，依托朝阳区政务服务“全网通”信息化平台进行一体化管理。以绩效考核为抓手，通过基础人员库、环境设施库、服务过程库、办事业务库的建设，将区、街乡服务大厅纳入统一考核管理，通过数据量化工作效果提升服务效能。完善评价机制，建立了包括办事人评价、第三方评价、特约监督员评价、中心评价、窗口人员自评价的“五评价”体系。

四是创新融合，服务决策。从部门业务融合、市区两级联动、数据共享服务和管理手段创新等方面对朝阳区政务服务信息化平台进行优化升级，在满足市级标准的基础上展现朝阳区域特色，推动政务体制改革。深化政务大数据分析应用，为提升服务主动性、优化政府管理机构效能和城市经济社会发展规划提供数据决策支撑。

3. 以数据为支撑形成“1 +3 +N”模式

朝阳区“全网通办”政务服务模式以朝阳区事项目录动态管理系统为基础，通过对政务服务的申请、受理、审批、审核、送达、评价、监督等环节进行标准化规范，形成闭环式平台，在此基础上构建“1 +3 + N”模式，即 1 个平台、3 级服务、N 个应用系统协同。其中，“1”是政务服务大数据平台，通过一个平台整合全区应用、数据、评价和服务渠道；“3”是区级、街（乡）、社区（村）三级联动体系；“N”是各业务部门、各业务场景及各专项应用所使用的各类应用子系统，子系统通过平台进行统一用户、统一入口、统一交换、统一管理、统一评价。也就是说，“全网通办”政务服务模式是在政务服务业务数据、服务数据和决策数据汇集的基础上，逐渐打通数据壁垒，最终实现政务服务公平公正公开的目标。

（三）“全网通办”取得的初步成效

“全网通办”政务服务模式推进实施以来，朝阳区的政务服务水平不断优化，重点表现在逐步解决了应进必进、就近办理、全程网办等方面的难题。

1. 借助“一站式”互联网破解应进必进的难题

从企业和群众的实际需求出发，朝阳区政务服务管理办公室借助“一站式”互联网技术汇集政务服务数据，为办事群众提供线上线下全流程、全方位的服务。具体通过“全网通”信息化平台，整合与企业和群众生产生活息息相关的各类行政许可、行政给付、社会保障等事项，推动高频事项逐步进驻区级综合大厅和部门专业大厅，为企业和群众提供“集成式”和“一站式”服务。

一是区级政务服务中心建立“前台综合受理、后台分类审批、统一窗口出件”运行机制，简化和优化行政审批流程，取消不必要的证明材料，减少群众跑路时间，提升行政审批效能。朝阳区政务服务管理办公室数据显示，截至2018年10月底，朝阳区级政务服务中心已入驻部门40个，进驻率达89%，朝阳区“一门办理”已进驻46个部门1553个事项，进驻率为90.5%。水、气、热、电、通信，以及住建、规划国土等部门窗口已实现集体入驻，并设置了新设企业一窗式服务区，取号量764件，办件量718件，让企业和群众办事从“跑多门”变为“进 门”、从“一事跑多窗”变为“一窗办多事”。

二是部门专业大厅强化部门分工协作与融合，设置“窗口登记、暂予登记处理、补证件处理、网上预审”等快速通道，逐步实现事项办理“一口受理、一表申请”，切实精简群众办事流程。朝阳区政务服务管理办公室数据显示，截至2018年10月底，区级政务服务中心、旅游委、教委、科委等20个试点部门198个高频事项已建立了综合受理窗口制。

另外，朝阳区新设企业一窗式服务区①，进一步提高企业的相关审批效率。朝阳区政务服务管理办公室数据显示，截至2018年10月底，总咨询量达36689人次，取号量25224人次，累计新设内资企业20154户，现场核发执照5887户，发放印章19595套，领购发票1884户。

2. 依托数据交换平台破解就近办理难题

朝阳区运用大数据技术对政务服务“全网通”信息化平台进行实时动态监督并实时优化升级，提升政务服务的主动性、优化政府管理机构的效

---

① 《朝阳区为新设企业设“一窗式”服务区》，《北京青年报》2018年3月28日。

能，进一步为城市经济社会发展规划提供数据决策支撑。

在部门业务融合方面，朝阳区按照北京市政务服务事项管理规范标准，协调面向企业和群众办事的主要部门，朝阳区政务服务管理办公室系统全面推行权力清单、责任清单、负面清单制度。

在市、区两级联动方面，朝阳区政务服务管理办公室选取了13个办理频度高、办理难度大、群众诉求集中的事项开展区域通办试点工作，按照“属地管理”与“就近办理”相结合的原则，推进“多点受理、受办分离、窗口接件、科室审批”机制建设，逐步实现“本地审批、结果互认”，让企业和个人事项在区内任何街乡、任何社区（村）都可办理。

在数据共享服务方面，朝阳区借助“全网通”信息化平台，整合细化全区的数据信息资源和线上服务端入口，推进政务服务中心成为全区线上政务服务终端总入口，为全程网办提供数据共享基础。同时，探索建立全区统一的身份认证体系，推动各部门和单位依托统一身份认证体系，开展网上办事及相关服务，逐步实现区级网上政务服务大厅与市级大厅的“单点登录、一网通办”。

在管理手段创新方面，依托政务服务“全网通”信息化平台进行一体化管理。以绩效考核为抓手，将区、街、乡服务大厅纳入统一考核管理。完善评价机制，在建立“五评价”体系的基础上，注重评价数据在政务服务“全网通”信息化平台实时汇集、分析与统计，其结果作为政务服务“红旗窗口”“服务之星”评选依据，以数据量化工作成效助推政务服务效能提升，进一步疏解了区域通办一体化改革中的堵点、难点和痛点。

3. 利用“互联网 + 大数据”破解全程网办难题

朝阳区主动顺应大数据时代发展趋势，充分发挥网络信息技术的政务辅助功能，积极拓宽政务服务渠道，建设多元化的政务服务模式。

一是朝阳区政务服务中心推动网上大厅与实体大厅、线上与线下的融合发展。主要依托网上大厅申报系统、政务微信服务系统、公众消息推送系统、自助办事申报系统、网上客服中心系统，开放行政审批、公共服务、信息查询、在线预约、在线取号、网上预审等功能，逐步实现事项办理全程网办。

二是朝阳区政务服务中心完善了“窗口办理 + 网上办理 + 自助服务 + 预约服务”的线上线下一体化运行机制。朝阳区目前已有自助登记、自助办税、自助查询等“自助式”服务配套设施，并建成智慧大厅引导板块，引入智能信息采集系统、满意度双屏交互系统、多媒体查询系统、综合发布系统等专项应用系统。朝阳区政务服务管理办公室数据显示，截至 2018 年 10 月底，区级政务服务大厅自助服务专区设备配备完善，设有自助发票机 2 台、自助办税机 4 台、自助登记机 4 台、自助查询机 9 台、企业信息查询机 14 台。

三是朝阳区政务服务大厅开展了“错峰”与“延时”服务①，错峰服务采取网上预约方式，保证群众“随时来、随时办”，逐步实现政务服务“全天候、全覆盖”。朝阳区政务服务管理办公室数据显示，截至 2018 年 10 月底，朝阳区政务服务大厅延时服务咨询量为 839 人次，错峰服务咨询量 93 人次。值得一提的是，北京市朝阳区旅游委、北京市朝阳区质量技术监督局、北京市朝阳区卫生和计划生育委员会、北京市工商局朝阳分局、北京朝阳区食药局等 6 个委办局及三间房街道均已实现网上统一接件，合计 31 个事项已实现网上预约、线上咨询、线上申报等功能。另外，“朝阳区政务服务”微信公众号也已上线，同时可实现在线预约、在线查询、网上查询事项办理进度等功能。

三　北京朝阳“全网通办”政务服务存在的问题

经过多年的探索实践，北京市朝阳区已初步形成三级联动的政务服务标准化体系和互联闭环式的政务服务“全网通”信息化平台。但随着“互联网 + 政务服务”的迅速发展，以及企业和群众的需求日益提高，目前朝阳区“全网通办”政务服务模式还面临着一些问题和挑战。

（一）跨行政区的平台对接是瓶颈

统一的平台建设能够打破条块分割，理清部门职权，实现资源整合，提

① 《北京朝阳率先试行错峰、延时办公服务工作日延长 2 小时》，人民网，2018 年 7 月 10 日。

高政务服务效能。企业和群众对进一步打破地区管辖限制，推动政务服务实现跨地区办理的需求也日益提高。推动区域通办一体化改革，在三级联动政务服务体系基础上，进一步推动区级平台与市级平台对接，构建市、区、街乡、社区（村）四级联动的政务服务体系，还面临着跨行政区的平台对接的问题。目前，实现区域通一体化的平台建设亟待拓展和完善，跨行政区的部门沟通协调机制不健全，跨行政区域的联合审批、事项流转、协同办理难度较大。此外，跨行政区域在审批权下放、事项办理流程和事项标准方面存在差异，以上这些都是区域通办一体化改革需要破解的问题。

（二）跨部门的数据融合是难点

数据共享难是“互联网+政务服务”模式的共性问题，政府部门尤为突出，与政府权力运行强调边界不同，数据强调的是跨界。目前，在“全网通”信息化平台的基础上，已经实现了一些部门的数据融合，但想要进一步扩大区域通办事项范围，实现政府数据开放共享和跨部门数据的融、汇、通是关键。从深层次上讲依然是体制机制的问题。分散化、条块式的数据管理体制，导致跨部门数据共享缺乏有效协调，尤其体现在市、区层级政务信息系统与国家政务信息系统之间的对接上。数据共享的权责界定不清，其归属权、使用权、共享管理权缺乏明确的法律界定，纵向问责机制、横向协商机制、第三方评估机制还不健全。缺乏统一的政务数据交换共享标准体系，少数部门信息共享意识淡薄，数据共享的技术能力不足、共享数据的质量得不到保证，导致部门之间数据共享程度较低，影响政府宏观决策能力、治理水平和服务品质的提高。

（三）“全网通”信息化平台的服务覆盖范围不足

朝阳区是首都的人口大区、经济大区，常住人口385.6万人，拥有市场经济主体42.22万户，具有总部型企业多、外来常住人口多的区情特征，政务服务业务量居北京市首位，并保持快速增长态势。面临着繁重的政务服务事项办理任务，虽然朝阳区“全网通办”政务服务模式已取得初步成效，解决了部分政务服务区域“就近办理”问题，但实现区域通办的服务事项有待进一步丰富，服务覆盖范围有待进一步拓展延伸，与建成覆盖和统筹城乡发展的普惠式、全域式区域通办一体化政务服务格局还存在很大差距。

四 北京朝阳“全网通办”政务服务下一步应把握的重点

朝阳区政务服务管理办公室推进“全网通办”政务服务模式以来，在平台建设、事项梳理、标准化建设方面取得了显著成效。对标国务院《进一步深化“互联网+政务服务”推进政务服务“一网、一门、一次”改革实施方案》，下一步，朝阳区推动区域通办一体化改革，应重点在打破数据壁垒和服务内容创新等方面下功夫，推动企业、群众办事零成本、零跑腿、零差别。

（一）统筹推进政务大数据平台建设

加强顶层设计，开展朝阳区政务服务大数据平台建设的研究工作，探索建立数据汇集、数据分析、数据应用、数据决策“四位一体”的闭环式体系，就平台、网络和数据库建设做好前期统筹规划和风险评估。充分依托朝阳区“全网通”信息化平台，运行好一张网，建设好一个库，加快形成数据汇集，不断拓展数据联通的广度和深度，构建用数据思考、数据分析、数据决策的闭环式服务体系，推进统一身份认证体系与统一行政审批管理平台以及电子证照共享服务系统等基础平台的对接，形成覆盖全区的一体化应用模式。进一步完善政务服务网上办事平台功能，拓展网上办事广度和深度，延长网上办事链条。

（二）加快促进跨部门数据协同共享

加强与各部门的沟通与协调，推动分散隔离的政务信息系统加快整合，实现“内外联动、点面结合、上下协同”，打破“各自为政、条块分割、烟囱林立、信息孤岛”问题。统筹管理全区政务服务数据系统，制定各部门政务信息系统整合共享清单，建立多元数据联通渠道，打破信息盲区，进一步在技术统一、事项统一上与市级平台积极对接，把原来分散在不同主体、不同部门和不同行业的多样化数据进行整合和分类，逐步推动公共信息资源共享。

（三）不断扩大“全网通办”的试点范围

总结“全网通办”政务模式的实践经验，合理增添可实行、可推广的试点项目，进一步扩大“全网通办”试点范围。一方面，进一步拓展“全网通办”事项覆盖范围，从事项办理量、办理难度、办理频率等因素综合考虑，重新梳理“全网通办”事项目录和办理流程，形成一套清单、一套流程，进一步统一和规范服务流程，实现一套材料、一张表格、一个窗口、办成一件事；另一方面，立足朝阳区“流动人口多、国际型企业多”的“两多”情况进行研究，助推在本行政区域范围内，垂直管理部门的行政服务事项逐步纳入全区综合型服务大厅集中办理，打破管辖区圈定服务对象的原有模式，逐步实现“电子预审、物理流转”“电子预审、电子流转”向“本地审批、结果互认”转变，“办一事跑多地”向“在线提交、在线审核、在线办理”转变。

（四）全面提升“互联网+大数据+政务服务”整体效能

以朝阳区政务服务“全网通”信息化平台整合全区政务服务数据，建设朝阳区政务服务数据库平台，对全区的政务服务数据通过信息化手段进行共享、利用并进行数据挖掘，将被动政务服务变为主动政务服务，解决政务服务的“最后一公里”。依托政务服务数据库平台，加强条块协调联动，尽快实现区级事项办理全贯通，让百姓少跑路、不出门，即可享受政务服务信息化带来的便利，同时提升窗口工作人员工作效率，全面提高“互联网+大数据+政务服务”的效能和水平。

参考文献

[1] 国务院：《关于加快推进全国一体化在线政务服务平台建设的指导意见》，中国政府网，2018。

[2] 国务院办公厅：《进一步深化“互联网 + 政务服务”推进政务服务“一网、一门、一次”改革实施方案》，中国政府网，2018。

[3] 北京市委、市政府：《北京市“十三五”时期社会治理规划》，北京社会建设网，2016。

[4] 北京市人民政府：《关于加强政务服务体系建设的意见》，首都之窗，2016。

[5] 北京市人民政府：《北京市推进政务服务“一网通办”工作实施方案》，首都之窗，2018。

[6] 朝阳区行政服务中心：《北京市朝阳区政务服务标准汇编》，朝阳区行政服务中心，2015。

[7] 北京市朝阳区人民政府办公室：《北京市朝阳区关于加强政务服务体系建设的实施意见》，北京市朝阳区人民政府，2016。

[8] 王浦劬：《重塑政府：“互联网 + 政务服务”行动路线图》（实务篇），中信出版社，2016。

[9] 许跃军：《互联网 + 政务服务：新形势、新趋势、新未来》，电子工业出版社，2018。

附　　录

Appendix

B.19
大数据发展总览

本文对近一年来大数据发展情况进行梳理和完善，为研究分析大数据提供相应的参考依据。

一　国家战略

随着数据的与日俱增及其背后所蕴藏巨大价值的逐渐显现，大数据已成为重塑世界格局、创造人类未来的主导力量之一。各国近几年纷纷根据自身战略格局、产业发展基础、市场环境、数据文化氛围，谋划制订相应的大数据发展规划及相关政策（见表1、表2）。

表 1　世界各国大数据战略事件总览

地区	时间	战略事件
中国	2012 年 5 月	召开以“网络数据科学与工程——一门新兴的交叉学科?”为主题的第 424 次香山科学会议
	2012 年 10 月	中国计算机学会大数据专家委员会成立
	2012 年 12 月	中关村大数据产业联盟成立
	2015 年 6 月	国务院办公厅印发《关于运用大数据加强对市场主体服务和监管的若干意见》
	2015 年 9 月	国务院印发《关于促进大数据发展的规划纲要》
	2016 年 4 月	促进大数据发展部际联席会议召开第一次会议
	2016 年 11 月	中华人民共和国第十二届全国人民代表大会常务委员会第二十四次会议通过《中华人民共和国网络安全法》
	2017 年 12 月	中央政治局就实施国家大数据战略进行第二次集体学习
	2018 年 3 月	国务院颁布《科学数据管理办法》
	2019 年 1 月	《电子商务法》正式实施
欧盟	2010 年 7 月	德国发布《思想・创新・增长—德国 2020 高技术战略》
	2010 年 11 月	德国发布《德国 ICT 战略:数字德国 2015》
	2012 年 6 月	英国发布《开放数据白皮书》
	2013 年 2 月	法国发布《数字化路线图》
	2013 年 7 月	欧盟推出《数据价值链战略计划》
	2013 年 10 月	英国发布《英国数据能力发展战略规划》
	2013 年 11 月	法国出台《八国集团开放数据宪章行动计划》
	2014 年 3 月	欧盟议会通过《个人数据保护规定》
	2014 年 5 月	法国公布《开放数据发布指南》
	2014 年 8 月	德国推出《数字议程 2014 ~ 2017》
	2016 年 3 月	英国设立政府数字服务咨询委员会
	2016 年 4 月	欧盟议会通过《一般数据保护条例》
	2017 年 3 月	英国正式出台《英国数字化战略》
	2017 年 11 月	英国发布《工业战略:建设适应未来的英国》白皮书
	2018 年 1 月	英国发布《数字宪章》
	2018 年 3 月	法国发布《法国人工智能发展战略》
	2018 年 4 月	英国发布《工业战略:人工智能》报告
	2018 年 4 月	欧盟发布《欧盟人工智能战略》
	2018 年 5 月	欧盟的数据保护法规《一般数据保护条例》正式生效
	2018 年 5 月	欧盟发布《地平线欧洲》
	2018 年 6 月	英国发布《国家计量战略实施计划》
	2018 年 7 月	法国发布《5G 发展路线图》
	2018 年 9 月	德国发布《高技术战略 2025》

续表

地区	时间	战略事件
美国	2009 年	美国启动 Data. gov 网站
	2010 年 11 月	美国发布《受控非密信息》13556 号总统令
	2012 年 3 月	美国发布《大数据研究和发展计划》
	2013 年 3 月	美国发布《2012 年美国信息共享与安全保证国家战略》
	2014 年 5 月	美国总统行政办公室公布《大数据:把握机遇,守护价值》白皮书
	2015 年 6 月	美国发布《受控非密信息保护指南》
	2016 年 2 月	美国成立网络安全促进委员会
	2016 年 5 月	美国发布《联邦大数据研究与开发战略计划》
	2017 年 4 月	美国能源部与退伍军人事务部联合发起“百万退伍军人项目(MVP)”
	2017 年 9 月	医疗保健研究与质量局发布美国首个可公开使用的数据库,其中包括全美 600 多个卫生系统
	2018 年 6 月	美国国立卫生研究院(NIH)发布了《数据科学战略计划》
	2018 年 9 月	美国发布《美国国家网络战略》
	2018 年 12 月	美国众议院投票通过《开放政府数据法案》
日本	2013 年 6 月	日本公布“创建最尖端 IT 国家宣言”
	2016 年 4 月	日本发布利用人工智能(AI)和机器人等最新技术促进经济增长的“新产业结构蓝图”中期方案
	2018 年 6 月	日本发布《日本制造业白皮书》《综合创新战略》《集成创新战略》
	2018 年 7 月	日本公布《第 2 期战略性创新推进计划(SIP)》
澳大利亚	2013 年 5 月	澳大利亚政府发布《国家云计算战略》
	2013 年 8 月	澳大利亚信息管理办公室发布《公共服务大数据战略》
新加坡	2014 年	新加坡发布《智慧国家 2025 计划》
	2015 年 8 月	新加坡发布《2025 资讯通信媒体发展蓝图》

注：以上为不完全统计。统计截止时间为 2019 年 2 月。

资料来源：根据政府公开资料整理。

表 2　2018 年以来中国新公布的大数据及相关领域政策文件

发文日期	发文单位	文件名称
2018 年 1 月 5 日	中央网信办、国家发改委、工信部	公共信息资源开放试点工作方案
2018 年 1 月 22 日	教育部办公厅	教育部机关及直属事业单位教育数据管理办法
2018 年 1 月 31 日	国务院	关于全面加强基础科学研究的若干意见
2018 年 3 月 15 日	交通运输部办公厅、国家旅游局办公室	关于加快推进交通旅游服务大数据应用试点工作的通知
2018 年 3 月 27 日	工信部	全国数据中心应用发展指引(2017)
2018 年 4 月 13 日	教育部	教育信息化 2.0 行动计划
2018 年 4 月 23 日	工信部、财政部	国家新材料产业资源共享平台建设方案
2018 年 5 月 21 日	中国银行保险监督管理委员会	银行业金融机构数据治理指引
2018 年 7 月 4 日	国家发展改革委办公厅、国家市场监管总局办公厅	关于更新调整行政许可和行政处罚等信用信息数据归集公示标准的通知
2018 年 7 月 12 日	国家卫生健康委员会	关于印发国家健康医疗大数据标准、安全和服务管理办法(试行)的通知
2018 年 9 月 18 日	国家发改委、教育部、科技部、工信部、公安部等 19 个部门	关于发展数字经济稳定并扩大就业的指导意见
2018 年 9 月 22 日	生态环境部	生态环境信息基本数据集编制规范
2018 年 9 月 25 日	国家发展改革委办公厅、财政部办公厅、自然资源部办公厅、国资委办公厅	关于印发《公共资源交易平台系统数据规范(V2.0)》的通知
2018 年 10 月 27 日	工业和信息化部办公厅	关于公布 2018 年大数据产业发展试点示范项目的通知
2018 年 12 月 7 日	交通运输部办公厅	关于公布首批交通运输大数据融合应用试点项目名单的通知
2019 年 1 月 2 日	公安部	公安机关办理刑事案件电子数据取证规则
2019 年 2 月 11 日	中国科学院	中国科学院科学数据管理与开放共享办法(试行)

注：以上为不完全统计。统计时间为 2018 年 1 月至 2019 年 2 月。

资料来源：根据政府公开资料整理。

二　大数据发展

2018 年，中国大数据发展在政策、技术、产业、应用等多个层面都取得了显著进展。从监测事件的统计情况来看，北京、贵州、上海、浙江等地的大数据发展处于领先位置，各省份之间的大数据发展水平存在一定的差距（见图 1）。

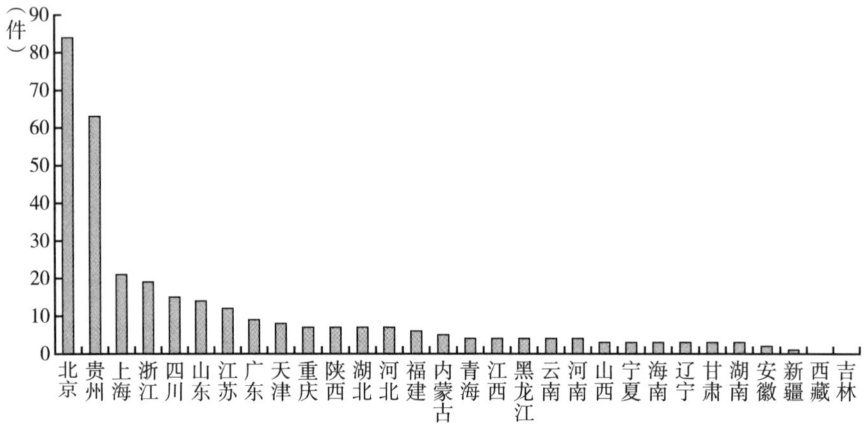

图 1　中国大数据事件数量统计

注：选取具有一定影响力事件进行统计。统计截止时间为 2019 年 2 月。

资料来源：根据公开资料整理。

三　政策体系

通过梳理有关大数据的政策法规发现，中央、各部委以及各省份对于大数据的政策指导范围已经逐渐从全面、总体规划向各大行业、细分领域延伸，进一步加快了物联网、云计算、人工智能、5G 技术与大数据的融合发展（见图 2、表 3、表 4）。

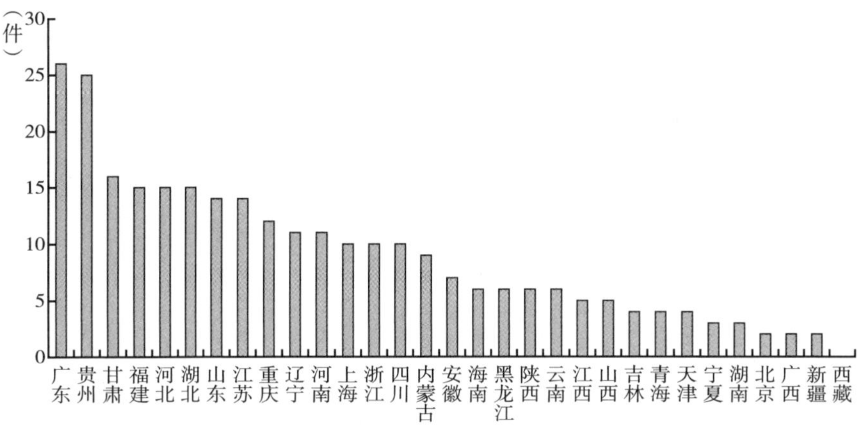

图 2　中国各地区大数据政策发布数量统计

注：以上为不完全统计。统计截止时间为 2019 年 2 月。

资料来源：根据公开资料整理。

表 3　中国各地区大数据法律法规发布概况

地区	是否发布大数据法律法规（是：√，否：×）
浙江省	√
上海市	√
山西省	√
山东省	√
青海省	√
江苏省	√
湖北省	√
贵州省	√
福建省	√
安徽省	√
天津市	√
吉林省	√
重庆市	×
云南省	×
新疆维吾尔自治区	×
西藏自治区	×
四川省	×

续表

地区	是否发布大数据法律法规(是:√,否:×)
陕西省	×
宁夏回族自治区	×
内蒙古自治区	×
辽宁省	×
江西省	×
湖南省	×
黑龙江省	×
河南省	×
河北省	×
海南省	×
广西壮族自治区	×
广东省	×
甘肃省	×
北京市	×

注：以上为不完全统计。统计截止时间为 2019 年 2 月。

资料来源：根据公开资料整理。

表 4　2018 年以来各地区公布的大数据政策文本

发布时间	文件名称
2018 年 1 月 4 日	四川省促进大数据发展工作方案
2018 年 2 月 7 日	贵州省人民政府关于印发贵州省实施“万企融合”大行动　打好“数字经济”攻坚战方案的通知
2018 年 3 月 1 日	成都市推进数字经济发展实施方案
2018 年 3 月 1 日	成都市推进智能经济发展实施方案
2018 年 3 月 6 日	内蒙古自治区大数据发展管理局关于印发《2018 年自治区大数据发展工作要点》的通知
2018 年 3 月 22 日	2018 年贵州省大数据发展工作要点
2018 年 4 月 9 日	《广东省数字经济发展规划(2018～2025 年)》(征求意见稿)
2018 年 4 月 11 日	2018 年数字福建工作要点
2018 年 4 月 12 日	山西省促进大数据发展应用 2018 年行动计划
2018 年 4 月 29 日	内蒙古自治区大数据与产业深度融合行动计划(2018～2020 年)
2018 年 5 月 9 日	河南省大数据产业发展三年行动计划(2018～2020 年)
2018 年 6 月 3 日	甘肃省数据信息产业发展专项行动计划
2018 年 6 月 11 日	关于促进大数据云计算人工智能创新发展　加快建设数字贵州的意见

续表

发布时间	文件名称
2018 年 6 月 25 日	全力推动数字贵州建设　打好数字融合攻坚战相关工作方案
2018 年 6 月 26 日	江苏省强化大数据引领　推动融合发展专项行动计划
2018 年 7 月	福建省 2018 ~ 2020 年大数据审计工作指导意见
2018 年 8 月 8 日	贵州省推动大数据与工业深度融合发展工业互联网实施方案
2018 年 9 月 4 日	重庆市以大数据智能化为引领的创新驱动发展战略行动计划(2018 ~ 2020 年)
2018 年 10 月 23 日	安徽省人民政府关于印发《支持数字经济发展若干政策》的通知
2018 年 12 月 20 日	广州市人民政府办公厅关于推进健康医疗大数据应用的实施意见
2018 年 9 月 26 日	河南省促进大数据产业发展若干政策
2019 年 1 月 24 日	湖南省大数据产业发展三年行动计划(2019 ~ 2021 年)

注：以上为不完全统计。统计时间为 2018 年 1 月至 2019 年 2 月。
资料来源：根据公开资料整理。

四　管理机制

大数据越来越多地被应用到政府日常管理中，全国多地已成立专门的大数据管理机构，负责研究拟订并组织实施大数据战略、规划和政策措施，引导和推动大数据研究和应用等方面工作。从全国范围来看，据不完全统计，2018 年机构改革后，多个地区先后成立了大数据管理机构（见表 5、表 6）。

表 5　中国各地区大数据管理机构成立概况

地区	是否成立大数据管理机构(是:√,否:×)
内蒙古自治区	√
辽宁省	√
江苏省	√
浙江省	√
安徽省	√
山东省	√
河南省	√
湖北省	√

续表

地区	是否成立大数据管理机构（是：√，否：×）
广东省	√
四川省	√
贵州省	√
云南省	√
陕西省	√
甘肃省	√
宁夏回族自治区	√
吉林省	√
福建省	√
广西壮族自治区	√
重庆市	√
北京市	×
天津市	×
河北省	×
山西省	×
黑龙江省	×
上海市	×
江西省	×
湖南省	×
海南省	×
西藏自治区	×
青海省	×
新疆维吾尔自治区	×

注：以上为不完全统计。统计截止时间为 2019 年 2 月。
资料来源：根据公开资料整理。

表 6　2018 年以来各地区新成立的大数据管理机构

地区	大数据管理机构	成立时间
江西省	江西省大数据中心	2018 年 1 月
江苏省	徐州市大数据管理局	2018 年 1 月
广东省	深圳市龙岗区大数据管理局	2018 年 1 月
上海市	上海市大数据中心	2018 年 4 月
广西壮族自治区	南宁市信息网络管理中心（南宁大数据统筹管理中心）	2018 年 7 月
福建省	福建省大数据管理局	2018 年 10 月

续表

地区	大数据管理机构	成立时间
山东省	山东省大数据管理局	2018 年 10 月
浙江省	浙江省大数据发展管理局	2018 年 10 月
广东省	广东省政务服务数据管理局	2018 年 10 月
吉林省	吉林省政务服务和数字化建设管理局	2018 年 10 月
广西壮族自治区	广西壮族自治区大数据发展局	2018 年 11 月
河南省	河南省大数据管理局	2018 年 11 月
重庆市	重庆市大数据应用发展管理局	2018 年 11 月
福建省	福州市大数据发展管理委员会	2018 年 12 月
武汉	武汉市互联网信息办公室(武汉市大数据管理局)	2019 年 1 月
西安	西安市大数据资源管理局	2019 年 2 月

注：以上为不完全统计。统计时间为 2018 年 1 月至 2019 年 2 月。
资料来源：根据公开资料整理。

五　开放平台

2018 年是我国政府公共数据开放建设的高速发展期，自 2012 年上半年上海市推出全国第一个政府数据开放平台起，我国已陆续上线多个政府数据开放基本特征的地级市及以上平台（见表 7）。

表 7　各地区政府数据开放平台

地区	政府数据开放平台	成立时间
上海市	上海市政府数据服务网	2012 年上半年
北京市	北京市政务数据资源网	2012 年 10 月
浙江省	浙江政务服务网	2014 年 6 月
江苏省	无锡政府数据服务网	2014 年 7 月
湖北省	武汉市政务公开数据服务网	2015 年 4 月
浙江省	宁波市海曙区数据开放平台	2015 年 6 月
山东省	青岛市政府数据开放网	2015 年 9 月
重庆市	重庆市政府大数据平台	2015 年 9 月

续表

地区	政府数据开放平台	成立时间
宁夏回族自治区	宁夏电子政务公共云平台	2015 年 12 月
贵州省	贵州省政府数据开放平台	2016 年 9 月
广东省	广州市政府数据统一开放平台	2016 年 10 月
广东省	开放广东	2016 年 10 月
广东省	深圳市政府数据开放平台	2016 年 11 月
黑龙江省	哈尔滨市政府数据开放平台	2016 年 12 月
广东省	数据东莞	2016 年
贵州省	贵阳市政府数据开放平台	2017 年 1 月
广东省	佛山政府数据开放平台	2017 年 3 月
广东省	深圳市福田数据开放平台	2017 年 8 月
江苏省	苏州市政府数据开放平台	2017 年 11 月
江西省	江西省政府数据开放网站	2018 年 1 月
山东省	济南市政府数据开放平台	2018 年 1 月
山东省	山东公共数据开放网	2018 年 1 月
湖南省	长沙数据开放平台	2018 年 3 月
广东省	开放惠州	2018 年 4 月
广东省	开放江门	2018 年 6 月
江苏省	扬州市政务数据服务网	2018 年 7 月
山东省	德州市公共数据开放网站	2018 年 8 月
广东省	湛江数据服务网	2018 年 10 月

注：以上为不完全统计。统计截止时间为 2019 年 2 月。

资料来源：根据公开资料整理。

六　交易平台

数据交易平台是数据交易行为的重要载体，可以促进数据资源整合、规范交易行为、降低交易成本、增强数据流动性，成为当前各地促进数据要素流通的主要举措之一。从全国范围来看，截至 2019 年 2 月底，我国已有包括广东、北京、贵州等在内的地区建设了大数据交易平台（见表 8、表 9）。

表 8　中国各地区大数据交易平台成立概况

地区	是否成立大数据交易平台(是:√,否:×)
北京市	√
河北省	√
吉林省	√
上海市	√
江苏省	√
浙江省	√
河南省	√
湖北省	√
广东省	√
重庆市	√
贵州省	√
陕西省	√
黑龙江省	√
安徽省	√
天津市	×
山西省	×
内蒙古自治区	×
辽宁省	×
福建省	×
江西省	×
山东省	×
湖南省	×
广西壮族自治区	×
海南省	×
四川省	×
云南省	×
西藏自治区	×
甘肃省	×
青海省	×
宁夏回族自治区	×
新疆维吾尔自治区	×

注：以上为不完全统计。统计截止时间为 2019 年 2 月。
资料来源：根据公开资料整理。

表9 各地区大数据交易平台

地区	大数据交易平台	成立时间
北京市	中关村数海大数据交易平台	2014 年 6 月
北京市	北京大数据交易服务平台	2014 年 12 月
贵州省	贵阳大数据交易所	2015 年 4 月
贵州省	贵阳现代农业大数据交易中心	2015 年 5 月
湖北省	东湖大数据交易所	2015 年 7 月
湖北省	长江大数据交易所	2015 年 7 月
陕西省	陕西省大数据交易所	2015 年 8 月
陕西省	陕西“西咸新区大数据交易所”	2015 年 8 月
重庆市	重庆大数据交易平台	2015 年 10 月
湖北省	华中大数据交易所	2015 年 11 月
江苏省	华东江苏大数据交易平台	2015 年 12 月
河北省	河北京津冀数据交易中心	2015 年 12 月
上海市	上海大数据交易中心	2016 年 1 月
吉林省	浪潮四平大数据交易所	2016 年 4 月
广东省	广州数据交易平台“广数 Data hub”	2016 年 6 月
浙江省	杭州钱塘大数据交易中心	2016 年 6 月
黑龙江省	哈尔滨数据交易中心	2016 年 6 月
河南省	汝州市大数据交易所	2016 年 7 月
山东省	青岛大数据交易中心	2017 年 4 月
云南省	云南省物流联盟大数据交易中心	2017 年 7 月
河南省	河南平原大数据交易中心	2017 年 11 月
安徽省	安徽大数据交易平台	2019 年 1 月

注：以上为不完全统计。统计截止时间为 2019 年 2 月。

资料来源：根据公开资料整理。

七 产业联盟

各地区积极引导建设以企业为主体，科研机构、高等院校等共同参与的大数据产业联盟（见表 10）。

表 10　2018 年以来新成立的大数据产业联盟

地区	大数据产业联盟	成立时间
江西省	上饶市大数据技术与产业联盟	2018 年 3 月
贵州省	贵州省大数据产业技术创新战略联盟	2018 年 5 月
山东省	健康医疗大数据产业生态战略联盟	2018 年 5 月
西藏自治区	西藏交通旅游大数据产业联盟	2018 年 6 月
天津市	天津市大数据产业联盟	2019 年 1 月
河南省	河南省大数据产业技术联盟	2019 年 1 月

注：以上为不完全统计。统计时间为 2018 年 1 月至 2019 年 2 月。

资料来源：根据公开资料整理。

B.20
大数据大事记

2018年

2018 年 2 月 22 日 中国人民银行正式下发银征信许准予字〔2018〕第 1 号许可文件，披露首张设立经营个人征信业务的机构许可信息公示表。公示表显示，百行征信有限公司申请设立个人征信机构已获得许可，标志着国内首张个人征信牌照获批。

2018 年 3 月 22 日 河北省"大智移云"发展领导小组办公室印发《河北省大数据产业创新发展三年行动计划（2018～2020 年）》，提出将从加强组织协调保障、加大政策支持力度、健全市场培育机制、强化招商引资、加强人才培养与引进、建立产业发展评估体系等方面入手，多措并举、多方施力，加快大数据产业创新发展。

2018 年 3 月 29 日 全国首批《数据管理能力成熟度评估模型》国家标准推广应用试点机构签约。《数据管理能力成熟度评估模型》是我国数据管理领域首个正式发布的国家标准。此次签约旨在满足各地方、各行业日益增长的数据管理能力建设和提升的需求。

2018 年 4 月 2 日 教育部印发《高等学校人工智能创新行动计划》，是引导、支持高校提升人工智能领域自主创新、人才培养和服务国家需求等能力的指导性文件。该计划提出，要加强人工智能领域专业建设，推进"新工科"建设，形成"人工智能 + X"复合专业培养新模式。

2018 年 4 月 17 日 国家标准委复函批准，同意贵州省建设国家技术标准（贵州大数据）创新基地，标志着贵州成为全国首个获批建设大数据国家技术标准创新基地的省份。该基地计划建成大数据产业技术标准联盟和大数据技术标准创新研发中心、试验论证评估中心、学术交流中心、人才培养中心。

2018 年 4 月 19 日 中国信息通信研究院发布国内首个以“数据流通技术”为主题的白皮书——《数据流通关键技术白皮书》，聚焦数据流通的最新技术原理和应用场景。

2018 年 4 月 22 日 首届数字中国建设峰会在福州举行。峰会期间集中展示了 30 个代表中国电子政务最高水平的最佳案例。国家网信办、最高人民检察院等发布了《数字中国建设发展报告（2017）》《全国医院信息化建设标准与规范》等一系列政策报告。

2018 年 4 月 28 日 我国第一本面向中学生的人工智能教材——《人工智能基础（高中版）》正式发布，这是国内中等教育体系首次引入的 AI 教材，该教材的发布意味着人工智能教育在中国正式迈入基础教育阶段。

2018 年 5 月 3 日 工业和信息化部印发《关于推进网络扶贫的实施方案（2018 ~2020 年）》，进一步聚焦深度贫困地区，发挥宽带网络优势，助力打好精准脱贫攻坚战。这也是工信部首次发布以网络扶贫为主题的行动方案。

2018 年 5 月 3 日 中国科学院发布国内首款云端人工智能芯片，理论峰值速度达每秒 128 万亿次定点运算，达到世界先进水平，将广泛应用于智能手机、智能音箱、智能摄像头、智能驾驶等不同领域。

2018 年 5 月 9 日 河南省人民政府印发《河南省大数据产业发展三年行动计划（2018 ~2020 年）》，提出经过三年左右时间，河南省大数据产业生态系统初步形成，大数据创新应用水平走在全国前列，产业竞争力居全国第一方阵，成为全国一流的大数据产业中心。

2018 年 5 月 20 日 沈阳市人民政府印发《沈阳市国家大数据综合试验区建设三年行动计划（2018 ~2020 年）》，提出沈阳将探索大数据发展的沈阳模式，到 2020 年，政府各部门行政审批和公共服务事项 100% 实现网上办理。

2018 年 5 月 25 日 欧盟《一般数据保护条例》（GDPR）正式生效，该

条例不仅适用于欧盟企业，也适用欧盟以外所有正在处理个人数据来提供货物和服务，或者监测欧盟内部数据主体的行为，意味着欧盟对个人信息保护及其监管达到了前所未有的高度。

2018 年 5 月 28 日　贵州乌当“智汇云锦”医疗大数据专家工作站正式启动。作为全国首个医疗大数据专家工作站，该工作站将辐射西南，服务全国，专家入驻后可共享包括覆盖多地域多中心的全科医疗数据，以及电子病历、医院信息等数据在内的医疗数据样本资源。

2018 年 5 月 30 日　河南省洛阳市政府出台《洛阳市支持大数据及电子信息产业发展若干政策》，支持洛阳大数据及电子信息产业发展，计划把洛阳打造成为中西部地区重要的大数据产业与应用示范基地。

2018 年 5 月 31 日　工信部发布《工业互联网发展行动计划（2018 ~ 2020 年）》，提出到 2020 年底实现“初步建成工业互联网基础设施和产业体系”的发展目标，包括建成 5 个左右标识解析国家顶级节点、遴选 10 个左右跨行业跨领域平台、推动 30 万家以上工业企业上云、培育超过 30 万个工业 APP 等内容。

2018 年 6 月 14 日　国际标准组织“第三代合作伙伴计划”（3GPP）全体会议批准第五代移动通信技术 5GNR 的独立组网标准，标志着首个真正完整的国际 5G 标准正式获批，5G 完成第一阶段全功能标准化工作，也标志着 5G 产业链已正式进入商用阶段。

2018 年 6 月 21 日　贵州省人民政府发布《关于促进大数据云计算人工智能创新发展加快建设数字贵州的意见》，提出了建设“数字贵州”的发展目标，并结合贵州实施大数据战略行动实践，提出一系列有贵州特色的创新举措。

2018 年 6 月 22 日　国家标准化管理委员会下达《信息技术　工业大数据　术语》国家标准计划，是继《信息技术　大数据　工业应用参考架构》（20173819 - T - 469）和《信息技术　大数据　产品要素基本要求》（20173820 - T - 469）之后国标委下达的第二批工业大数据国家标准计划。

2018 年 6 月 22 日　国务院办公厅印发《进一步深化“互联网 + 政务服

务” 推进政务服务“一网、一门、一次”改革实施方案》，就加快推进政务服务“一网通办”和企业群众办事“只进一扇门”“最多跑一次”等作出部署。

2018年6月26日 江苏省大数据发展办和省经信委发布《江苏省强化大数据引领推动融合发展专项行动计划》，提出以大数据为核心、智能应用为方向、云计算和互联网为支撑，充分运用数（大数据）、智（人工智能）、云（云计算）、网（互联网）等新技术新模式，加快全省数字经济和实体经济深度融合。

2018年6月27日 公安部发布关于《网络安全等级保护条例（征求意见稿）》公开征求意见的公告，旨在深入推进实施国家网络安全等级保护制度。征求意见稿拟将网络分为五个安全保护等级，拟规定未经允许或授权，网络运营者不得收集与其提供的服务无关的数据和个人信息，不得泄露、篡改、损毁其收集的数据和个人信息。

2018年6月27日 《贵阳市政府数据共享开放考核暂行办法》公布，该《办法》以政府数据共享开放为考核重点，主要考核组织管理、基础保障、数据共享和数据开放等内容。该《办法》经2018年5月21日贵阳市人民政府常务会议通过，自2018年9月1日起施行。

2018年6月28日 杭州互联网法院对一起侵害作品信息网络传播权纠纷案进行公开宣判，首次对采用区块链技术存证的电子数据的法律效力予以确认，这是我国司法实践中法院首次认可区块链电子存证。

2018年7月3日 青岛海洋科学与技术试点国家实验室发布海洋天然产物三维结构数据库，这是我国发布的首个海洋天然产物三维结构数据库。同时，该数据库3.1万个海洋天然产物的准确三维结构等重要数据将向全球开放共享。

2018年7月12日 联合国秘书长古特雷斯启动秘书长数字合作高级别小组，旨在推动各项相关建议，加强各国政府、私营部门、民间社会、国际组织、技术和学术界以及其他相关利益攸关方在数字空间的合作。

2018年7月16日 江苏省无锡市中级人民法院举行“智慧执行系统”

发布会，标志全国法院首个“智慧执行系统”上线。该系统集“执行办案、执行指挥、执行监督、执行公开、智能服务”于一体，堪称法院“执行大脑”，这也是大数据、人工智能技术在我国法院执行领域的首次系统化运用。

2018年7月18日 德国联邦政府内阁通过《联邦政府人工智能战略要点》，确立德国政府发展人工智能的目标以及在研究、转化、人才培养、数据使用、法律保障、标准、合作等优先行动领域的措施。

2018年7月31日 国家知识产权局印发《“互联网+”知识产权保护工作方案》，提出将“互联网+”作为深化知识产权保护方式改革的重要手段，发挥大数据、人工智能等信息技术在知识产权侵权假冒的在线识别、实时监测、源头追溯中的作用，建设侵权假冒线索智能检测等系统，为互联网知识产权保护明确发展路径。

2018年8月14日 国家认证认可监督管理委员会发复函，同意贵阳经济技术开发区创建“大数据安全认证示范区”。该示范区系全国首个大数据安全认证示范区，标志着贵阳大数据安全产业进入标准指引、认证创新新阶段。

2018年8月15日 主题为“共创智慧新动能，共享开放新时代”的2018世界机器人大会在北京举行。会上发布了《中国机器人产业发展报告2018》《新一代人工智能领域十大最具成长性技术展望（2018～2019年）》《机器人十大新兴应用领域（2018～2019年）》等一系列重要的研究成果。

2018年8月16日 贵阳市人民代表大会常务委员会公布全国首部大数据安全管理地方性法规——《贵阳市大数据安全管理条例》，该条例经第十四届人民代表大会常务委员会第十三次会议通过，贵阳市大数据安全管理工作将有法可依。

2018年8月18日 全国首张绿色能源资产区块链证书在贵州“第二届2018中国电力工程EPC总承包大会暨一带一路电力发展论坛”上正式发布。这次发布是全国范围内首个“区块链+清洁能源”在绿色低碳生态体系中的应用研究和落地成果。

2018 年 8 月 24 日 中国电子信息产业发展研究院发布《中国大数据发展指数报告（2018 年）》，为我国找准大数据行业发展重点、优化行业发展环境、调整行业管理体制机制等提供了有力支撑。

2018 年 8 月 26 日 由长沙经开区、长沙县主办的“‘链’上星沙领航未来”——区块链院士高峰论坛暨星沙区块链产业园项目签约仪式举行，标志着中部首个区块链产业园——星沙区块链产业园正式成立。同时，长沙经开区、长沙县成立了区块链工作领导小组，并出台了《关于支持区块链产业发展的政策（试行）》。

2018 年 8 月 28 日 由上海浦东新区环保市容局、上海城建城市运营（集团）有限公司、上海仙途智能科技有限公司共同研发试点的城市智能环卫清扫车在政府相关部门的见证下，按照既定路线完成了城市道路的清扫测试，标志着中国第一支智能环卫清洁车队完成“大路考”。

2018 年 8 月 29 日 甘肃省人民政府办公厅印发《甘肃省科学数据管理实施细则》，提出科研院所、高等院校等法人单位对于政府决策、公共安全、国防建设、环境保护、防灾减灾、公益性科学研究等需要使用科学数据的，应当无偿提供。

2018 年 8 月 31 日 十三届全国人大常委会第五次会议表决通过《中华人民共和国电子商务法》。作为中国电商领域首部综合性法律，该法律主要对电子商务经营者、电子商务合同的订立与履行、电子商务争议解决与电子商务促进和法律责任五部分做了相应规定。

2018 年 9 月 3 日 教育部成立“人工智能科技创新专家组”，对推动高校人工智能创新行动计划开展研究、咨询和指导。

2018 年 9 月 6 日 中国科学院大学健康医疗大数据遂宁研究中心在四川省遂宁市举行揭牌仪式，至此，遂宁成为目前全国首个健康医疗大数据地级市试点。

2018 年 9 月 7 日 最高人民法院发布《关于互联网法院审理案件若干问题的规定》，首次对互联网法院的案件审理给出具体司法解释，标志着电子固证存证技术在司法层面的应用迎来重要突破。

2018 年 9 月 13 日 国家卫生健康委员会正式印发《关于印发国家健康医疗大数据标准、安全和服务管理办法（试行）的通知》，进一步明确各级卫生健康行政部门、各级各类医疗卫生机构、相关应用单位及个人在健康医疗大数据标准管理、安全管理、服务管理中的责权利。

2018 年 9 月 18 日 国内首个人工智能安全发展倡议——《人工智能安全发展上海倡议》在沪发布。该倡议强调，人工智能安全发展要遵循“面向未来、以人为本、责任明晰、隐私保护、算法公正、透明监管、和平利用、开放合作”八大理念。

2018 年 9 月 18 日 中国信息通信研究院发布《人工智能安全白皮书》，首次归纳提出人工智能安全体系架构，并研究提出我国人工智能安全风险应对与未来发展建议。

2018 年 9 月 18 日 国家标准《信息安全技术　数据安全能力成熟度模型》（报批稿）首批试点工作启动会在四川省成都市召开。首批试点工作选择包含互联网医疗、金融、物流、旅游、人工智能及航空、政务等行业在内的 10 家单位。

2018 年 9 月 20 日 中国互联网络信息中心（CNNIC）在京启动国家互联网基础资源大数据（服务）平台，并发布“网域”DNS 系列产品，为国家互联网基础资源和互联网发展研究提供数据和平台支撑。

2018 年 9 月 21 日 杭州市江干区法院五楼大法庭召开杭州大世界五金城有限公司第一次债权人大会。此次会议的在线投票数据均写入由中钞区块链技术研究院自主研发的络谱区块链登记开放平台，标志着杭州江干区法院完成全国首例司法区块链投票。

2018 年 9 月 28 日 云南省政府办公厅印发《云南省科学数据管理实施细则》，对云南省科学数据管理工作进行部署与安排。

2018 年 9 月 29 日 欧盟《电子身份识别和信托服务条例》（eIDAS）正式生效。该条例在欧盟范围内承认电子身份证的合法地位，欧盟居民和企业可在成员国内跨境进行网上纳税申报、跨境建立银行账户、登记企业、申请学校、读取个人电子病历等。

2018 年 10 月 8 日 国家发改委、财政部等四部门联合公开发布《公共资源交易平台系统数据规范（V2.0）》，定义了公共资源交易的统一交易标识码编码规则，明确了公共资源交易的分类原则与类目，规定了工程建设项目招标投标、政府采购、土地使用权出让、矿业权出让、国有产权交易等领域交换共享数据的数据格式要求。

2018 年 10 月 9 日 贵阳市人民代表大会常务委员会公布《贵阳市健康医疗大数据应用发展条例》。该条例是健康医疗大数据应用发展方面的全国首部地方性法规。条例适用范围为贵阳市行政区域内所有的医疗卫生机构和健康服务企业，包括市及市以下公办医疗机构、省级医疗机构和民营医疗机构。

2018 年 10 月 17 日 全国首家区块链智慧公益平台——“区块链智慧公益平台”正式上线。该平台运用区块链技术的可溯源、不可篡改、数据加密安全等特征，实现公益活动过程中信息与行为的全流程存证、全周期追溯与审计。

2018 年 10 月 19 日 全国首个市场监管互联网执法办案平台——浙江省市场监管互联网执法办案平台正式启用。该平台的建成使用，标志着全国市场监管互联网执法办案创新试点工作取得重大突破，成为全国市场监管部门深化监管机制创新的一件标志性大事。

2018 年 10 月 19 日 京津冀大数据教育区块链试验区在河北省廊坊市正式启动，标志着全国首家大数据教育区块链试验区成立。试验区成立后，京津冀三地教育部门将搭建一个大数据平台，采集并记录学生的学习成长轨迹数据，同时通过区块链的特有功能，建立学生的个人学习成长档案。

2018 年 10 月 23 日 国内首家虚拟现实产业生态平台——崂山 VR 众智平台在青岛成立。该平台将汇集全球虚拟现实技术开发者和创新创业团队，发布各领域技术需求，创造优质 VR 产品和解决方案，建设从产业机会到实施交付一站式解决的虚拟现实“众智、众创”平台。

2018 年 10 月 27 日 国内首批眼科人工智能问诊系统在青岛眼科医院正式上线。患者或患者家属挂号后，只需打开手机微信，扫描二维码，即可通过选择题和简答题的方式，将自己的症状、病史输入系统，系统将自动采

集并进行整理，直接连接HIS系统并导入门诊电子病历内。

2018年10月30日 上海市发布《上海市公共数据和一网通办管理办法》，将于2018年11月1日起正式施行，这是上海第一部关于公共数据管理与“一网通办”改革的地方政府规章。

2018年10月31日 由无锡物联网产业研究院、无锡物联网金融研究院联合中国电子技术标准化研究院主导，面向动产质押物监管的物联网金融服务系统国际标准提案顺利通过国际标准组织投票，标志着全球首个物联网金融标准正式立项，也标志着物联网金融受到国内外的认可。

2018年11月2日 贵州省遵义市红花岗区政府与中国语言智能研究中心进行智能教育实验应用战略合作签约，红花岗区成为全国区县首个“智能教育实验单位”。双方在智能教育开启合作，将助推红花岗区深化教育体制机制改革，迈步教育智能化发展道路，建设高水平智能教育平台。

2018年11月7日 第五届世界互联网大会上发布全球首个合成新闻主播——“AI合成主播”，不仅在全球AI合成领域实现了技术创新和突破，也开创了新闻领域实时音视频与AI真人形象合成的先河。

2018年11月8日 中国移动湖北公司与武汉大学在武汉签署合作协议，成立全国首家“5G北斗精准定位联合创新实验室”，共同在5G北斗高精定位技术测试及应用、智慧校区、远程教育、智慧医疗等领域开展大量创新性研究。

2018年11月14日 以国家数字交换系统工程技术研究中心领衔的科研团队研制的通用拟态大数据平台，成功入选年度大数据产业发展试点示范项目，标志着我国首次将拟态大数据平台纳入示范项目予以支持。

2018年11月23日 全国首个海洋科技大数据平台“海上云——国家海洋科技大数据综合平台”正式发布，标志着我国第一个专注于海洋科技成果转化和海洋数据资产运营的大数据平台正式诞生。

2018年11月27日 中国航天科工集团三院35所发布新型探地雷达“鹰眼-A”。这是我国首个全阵列式三维体制的探地雷达，标志着我国无损探地技术完成了从“二维”到“三维”的跨越。

2018 年 11 月 28 日 中国信息通信研究院发布国内首份全面系统研究电信和互联网用户个人信息保护的白皮书——《电信和互联网用户个人信息保护白皮书》，系统研究用户个人信息保护相关议题。

2018 年 11 月 29 日 广东省人民政府办公厅印发《广东省政务数据资源共享管理办法（试行）》，进一步规范政务数据资源编目、采集、共享、应用和安全管理，促进政务数据资源深度开发利用。

2018 年 11 月 30 日 平潭综合实验区自然资源与空间信息时空云项目预验收会举行，标志着福建省首个智慧城市时空大数据与云平台项目基本建设完成。

2018 年 12 月 5 日 第三届“数字丝路”国际会议发布“数字丝路地球大数据平台”，该平台已具备千万亿字节级的软硬件平台环境，在国际上率先研发了通用大数据平台下地球大数据提取、转换与加载工具集，实现了 6 大类数据的检索、共享、产品可视化展现，并通过中文、英文、法文等多语言版本，支撑 8 个“数字丝路”国际卓越中心的在线标准化数据共享。

2018 年 12 月 7 日 交通运输部办公厅发布《关于公布首批交通运输大数据融合应用试点项目名单的通知》，公布 18 个首批交通运输大数据融合应用试点项目。

2018 年 12 月 21 日 美众议院投票决定启用《公共、公开、电子与必要性政府数据法案》（Foundations for Evidence-Based Policymaking Act of 2017，H. R. 4174），又称《开放政府数据法案》，它将确保联邦政府发布有价值的数据集，遵循数据管理的最佳实践，并承诺以非专有的电子格式向公众提供数据。

2018 年 12 月 21 日 贵阳市发布全国首个 5G 实验网综合应用示范项目，十二项 5G 应用示范项目成果正式发布并在数博大道启动建设。

2019年

2019 年 1 月 6 日 国内首个基于区块链的石油销售项目——国通油滴

落地，这一项目的启动标志着我国石油经销开始由传统模式向“区块链+石油”金融创新转变。

2019年1月8日 合肥市蜀山区人民法院上线“区块链电子证据平台”，开创了安徽省利用区块链技术进行电子证据存证、取证的先河。

2019年1月10日 国家互联网信息办公室出台《区块链信息服务管理规定》，旨在明确区块链信息服务提供者的信息安全管理责任，规范和促进区块链技术及相关服务健康发展，规避区块链信息服务安全风险，为区块链信息服务的提供、使用、管理等提供有效的法律依据。

2019年1月15日 中国科学院正式发布地球大数据共享服务平台。这一平台以共享方式为全球用户提供系统、多元、动态、连续并具有全球唯一标识规范化的地球大数据，通过建立数据、计算与服务为一体的数据共享系统，推动形成地球科学数据共享新模式。

2019年1月24日 湖南省工业和信息化厅发布《湖南省大数据产业发展三年行动计划（2019～2021年）》，提出到2021年，湖南大数据产业规模突破1000亿元，年均复合增长率保持30%以上，以工业大数据为代表的大数据应用水平走在全国前列，产业竞争力显著增强，成为全国大数据产业高地。

2019年1月28日 贵州省方志云项目建设启动会在贵阳召开，标志着全国第一个立项建设的省级方志云项目——贵州省方志云项目正式进入实施阶段。

2019年1月28日 由大数据战略重点实验室研究编撰的《块数据2.0：大数据时代的范式革命》韩文版——《块数据革命（BLOCK DATA 2.0）》在筑首发，并在美国、日本、韩国同步出版发行。该书作为全球探讨“以人类为中心的数据技术时代”的首部著作，让块数据理论从贵阳走向世界，在全球范围内引起热烈反响。与此同时，块数据系列正被翻译成英文、日文等多种语言。

2019年1月31日 我国新一代海洋综合科考船“科学”号在完成2018年第6次西太平洋综合考察航次后返回母港。本航次首次实现了深海潜标大容量数据的北斗卫星实时传输，也是科学号首航以来离开国内航程最长、时间最长的一个航次。

2019 年 2 月 12 日 工业和信息化部、国家机关事务管理局、国家能源局联合印发《关于加强绿色数据中心建设的指导意见》，明确提出要建立健全绿色数据中心标准评价体系和能源资源监管体系，打造一批绿色数据中心先进典型，形成一批具有创新性的绿色技术产品、解决方案，培育一批专业第三方绿色服务机构。

2019 年 2 月 18 日 上海移动在虹桥火车站启动 5G 网络建设，这是全球首个采用 5G 室内数字系统建设的火车站，将于 2019 年 9 月完成 5G 网络深度覆盖。

2019 年 2 月 18 日 一家来自广东的天猫商城商户为消费者李小姐开出电商行业首张区块链电子发票。这标志着广东省税务局的“税链”区块链电子发票应用范围首次扩展到大型电商领域。

2019 年 2 月 20 日 从北京市科委获悉，全国首个人工智能创新发展试验区—北京国家新一代人工智能创新发展试验区在北京成立。该试验区将完善和建立有利于人工智能健康发展的政策措施、安全伦理和法律法规，并率先开展先行先试，推动人工智能标准制定。

2019 年 5 月 26 ~ 29 日 大数据战略重点实验室发布《数权法 1.0：数权的理论基础》（中文、英文、繁体版）、《块数据 5.0：数据社会学的理论与方法》《大数据蓝皮书：中国大数据发展报告 No. 3》等研究成果。其中，《数权法 1.0：数权的理论基础》是中国乃至世界第一本以数权法命名、以数权为研究对象、具有划时代意义的数权理论著作。

Abstract

"It's time" for digital government construction. In the era of big data, the construction of national governing systems and capabilities is driven by the new generation of information technologies, like the Internet, Big Data, and Artificial Intelligence, which are pushing the transformation of national governing pattern to be networked, digitized, and intelligent, that means, a law-based, fictitious and intelligent government will be developed in the future. To promote and implement the national big data strategy, accelerate the construction of a digital China, *Annual Report on Development of Big Data in China NO. 3* has taken hold in the concept of digital government and further investigated and reviewed its theoretical basis, index evaluation, policies and regulations, comprehensive problems and practical experience, with the summary of a renewed governing pattern of modernized countries for achieving rule of law and virtue, co-governance, autonomy, and good governance, in hope of providing support for prosperity in digital economy and society, and further improving China's competitiveness and involvement in global governance.

Part I of this book is the general report, which argues that technologies for governing is a vital drive force in the next-step government transformation, and it has become a strategy chosen by countries around the world to push governments' organization rebuilding and government-society restructuring relationship, optimize decision-making mechanism, and simplify the government work flow. Digital governance theories like Block Data theory believes that, the digital government in the true sense is to innovate the governing model on the basis of digital governance and governance data, which is the key route to realize the modernization of national governing systems and capabilities. In the following practice, government should accelerate the application of new technologies to boost a digitalized, networked and intelligent transformation in governance, and solve problems with the market and society in governing conception, industrial systems, laws and regulations etc. , so as to embrace the new era of digital civilization.

Part II is the evaluation of indexes chapter. By considering the implementation of national big data strategy, the chapter has innovated and improved the Big Data Development Index 3. 0 on the basis of past two index systems. This book has made the evaluation on local data development situation comprehensively, deeply and continuously for the third year in a row. In addition, this book has tried to construct local financial stability index to identify and alert potential local financial crisis.

Besides, the chapter for policies and regulations analyzes the setting of big data management organizations and functions, the construction of big data sharing system, health & medical big data standard system, and the GDPR from European Union, whose values are referential to China. The *Surveys* have studied and discussed the significance of data rights law for pushing forward the global Internet governance, including the logic starting point of the "data person" hypothesis, comparison of international data rights systems, language feature and technological criteria for Big Data Encyclopedia. At last, the case selectively sorted out some typical governance samples, such as the "Run at Most Once" reform in Zhejiang province, "Approval Without On-Site Examination" Initiative in Jiangsu province, the Exploration and Practice of Big Data Public Service in Guiyang, a model of "Internet + public service" in Kaifeng, and "Unified Networks for Public Service" in Chaoyang district of Beijing, all these cases are rewarding to local governments' construction.

Keywords: National Big Data Strategy; Digital Government; Data Rights Law; Big Data Standard System

Contents

I General Report

Abstract: Since the third plenary session of the 18th central committee of Communist Party of China, China has begun to push the comprehensively deepening reform with the target of "modernization of the country's governing systems and capabilities", and started a new national governing model with the Chinese characteristics. In the new era, new-generation information technologies develop at a high speed, upgrade the conception, model and measures of national governance, and bring up new demand for government governing to make breakthroughs in its limitation, orderliness and effectiveness. The core of digital government construction is to apply governing technologies, like Big Data, the Internet, and the Artificial Intelligence, to transform government governing to be digitalized, networked, and intelligent. At the same time, development and optimization of management, research, financing, and legislation systems are significant to provide a thorough institutional backup for the modernization of national governance.

Keywords: Modernization of the Country's Governing; Governing System; Governing Capability; Technologies for Governing

Ⅱ Evaluation of Indexes

Abstract: When China is deeply implementing the National Big Data Strategy, factors affecting the development of big data become increasingly complex, thus the evaluation system of it is perfecting accordingly. Abiding by constructing principals of the indicator system, the Big Data Development Index 3. 0 introduces indexes and data reflecting the new features of big data development to enrich the evaluation system. In addition, Big Data Indexes in government purpose, commercial purpose and civil purpose have added three essential indicators respectively to strengthen stability of the indicator system's structure. In terms of the indicator choice and data accession, the chapter chooses the indicator resources carefully and ensure the representativeness and authoritativeness. It also keep the consistency between provinces and key cities to the greatest extent.

Keywords: Big Data Development Index; Government Purpose; Commercial Purpose; Civil Purpose

Abstract: This report has focused on the big data application in governmental purpose, civil purpose, and commercial purpose, which continued the research direction and emphasis in 2016 and 2017. This report also calculated and evaluated indexes on the basis of revision of the Big Data Development 3. 0, and made a dynamic comparison of big data development indexes in 2016, 2017, and 2018. The results have found an increase in local big data application development in governmental, civil and commercial purposes to varying degrees. The development research on regions is as follows: the eastern region has displayed outstanding advantages in big data development, the central region has showed a balanced development, the western region has presented a significant internal disparity, and the northeast region overall scores at medium to low level. The low-and-balance big data development presents a decrease in certain regions, but the single-aspect dominant big data development presents an increase in certain regions, it also presents that a majority of districts have find the breakthrough point and the overall trend of big data development continue to improve.

Keywords: Provincial; Big Data Development Index; Governmental Purpose; Commercial Purpose; Civil Purpose

Abstract: This chapter continues to research the direction and emphasis of the big data development indexes in 2016 and 2017, and focuses on big data application in governmental purpose, commercial purpose and civil purpose. By revising the calculation index in the indicator system, this report has made a dynamic comparison and deep analysis on the big data development indexes in 2016, 2017 and 2018, and has formed a comprehensive evaluation about the big data development level in Chinese major cities in 2018. The results have found that Shenzhen, Guangzhou, Hangzhou, Nanjing and Guiyang remain a stable big data development and a relatively leading status than other cities. In 2018, Chinese big data application in governmental purpose stayed at an important status, but in terms of the development type, the proportion of cities developing in a comprehensive and balance way have increased, while the combined proportion of cities developing the governmental, commercial, and civil application of one-aspect dominance have declined, the whole development trend is promising. Further more, this report gives specific suggestions for Chinese cities developing at different stages, so as to give reference for decision-making in Chinese cities' big data development.

Keywords: Major Cities; Big Data Development Index; Governmental Purpose; Commercial Purpose; Civil Purpose

B. 5 Theoretical Systems and Calculating Methods for Local Financial Stability Index / 065

Abstract: Financial security as a vital assurance for high-level development, is a significant part in national security. In February 2019, the 13th collective study of the political bureau of the central committee of the Communist Party of China emphasized that we should commit to predict and settle serious risks including financial crisis, further promote the healthy development of finance industry in China. In recent years, local unconventional financial industry develop well, frequent financial crises transfer from central to local areas, where have become important battlefields of predicting and controlling financial crises. To increase efforts to prevent and control local financial crisis, create a healthy financial ecosystem, promote a stable and healthy local economy development, have become the priorities of financial work for local governments. This chapter has established a preliminary financial stability index on the basis of analysis on the current situation of local financial crisis, and parallel comparison on references about local financial stability index systems written by domestic and foreign scholars. Hoping this index can give classified and targeted precaution for financial crisis in local areas, and graded crises to prevent small risks transform into systemic risks.

Keywords: Financial Stability; Local Finance; Financial Stability Index in Local Areas; Calculation Method

Ⅲ Policies and Regulations

Abstract: It has become an important measure to set up big data management organization for all countries around the world. Since China implemented the National Big Data Strategy, local areas have begun to establish big data management organizations to explore innovative governing model. From the exploring route, The chapter can conclude that China sets up big data management organizations in a top-down manner. This chapter sorted out the establishment process, function disposition, institutional size of management organizations in each local areas, and analyzed the dimensions of function. It further studied problems happened in the process of big data management organization establishment, in order to provide reference for future establishment of big data organization.

Keywords: Big Data Management Organizations; Institutional Reform; Function Disposition; Institutional Size

Abstract: Data have been included as fundamental and strategic national resource. The data opening and sharing level in a country is a decisive factor to the national competitiveness of digital economy. Nowadays, the national big data opening and sharing platform is under establishment, while local-established platforms featuring non-uniform standard, lack of metadata, incomprehensive description of data sets, lack of machine readable format, and low-level of interoperability, which are impediments to data value mining and using. The key to push data opening and sharing, and improve data application is that we should establish and perfect the standards and regulations. This chapter has taken empirical research and comparative analysis methods to emphatically study the main fields and local practices of big data opening and sharing standard establishment. The chapter also objectively analyzed the current development situation of big data opening and sharing standard, so as to give thinking and suggestions in hope that giving references for the standard's top-level design and giving full play to the role of standard in regulating the market, strengthening the management and conducting development.

Keywords: Big Data; Opening and Sharing; Standard System

Abstract: In the Report of the 19th national congress of the Communist Party of China, Healthy China Strategy is important to the national development strategies. It is an issue relating to the comprehensive development of human beings, the comprehensive progress of society, and the most direct and practical livelihood issue that the people are most concerned about. New technologies and healthy medicals are integrating in a high speed, particularly the new type medical patterns that are represented by the healthy care big data, which is reshaping the reform mechanism of medical and health system, and is continuously satisfying diversified and personalized demands from the people, The healthy care big data system construction is beneficial to boost and regulate the health care industry development in the digital era, and continue to release health dividends. This chapter introduced some achievements in the construction of current healthy care big data standard system, including the meaning of standard construction, innovative practices, main framework etc.. It also analyzed disadvantages in the current standard system and give suggestions.

Keywords: Healthy China; Healthy Care Big Data; Standard System

Abstract: As a key production factor for the development of the digital economy, the value of big data is increasingly prominent with personal data protection problem becoming the primary problem facing all countries in the world. In the mean time, the traditional framework for personal data protection falls behind the time, thus it urgently requires the construction of legal framework for personal data protection in the new era, and reasonable and effective solutions that are compatible to personal data protection, social economic development and national security. To this end, the EU has been actively making efforts. It launched the General Data Protection Regulations in 2016, setting a new benchmark for global personal data protection in the era of big data. By analyzing GDPR's legislative concept, mode, highlights and international influence, the report aims to provide a reference for building China's legal protection system of civil data privacy and maintaining national data sovereignty

Keywords: The EU; Data Protection; GDPR; Data Rights

Ⅳ Surveys

Abstract: Internet governance is a time issue that has been constraining us for a long time. At present, there are flaws lying in the rules of Internet global governance, such as imperfect regulations, unreasonable order and uneven development. At the same time, it faces a realistic dilemma of structural abnormality, hegemonic domination, and rule of law insufficiency. On the surface, technical community seems to set up rules spontaneously, but actually it is controlled by the hegemony of the technological powers at the source, which forms a power monopoly under the "pseudo-decentralization" of the Internet. Internet is not beyond the arm of law and the international community needs a fair Internet rule of law system. For this purpose, the report, based on the legal framework of "data rights-data rights system-data rights law", further explains the construction of the "community of shared future in cyberspace" and explores deeper into the special significance of data rights law to promote Internet global governance, so as to provide Internet global governance the means of rule of law, and offer a Chinese solution.

Keywords: Data Rights Law; Internet Global Governance; The Community of Shared Future in Cyberspace; Chinese Solution

Abstract: Law is the external form of human demand for rules, and its starting point and destination are human beings. Law originates from humanity, without which any jurisprudential study will lose its theoretical prerequisite. Behind any system design, there is a premise of Humanity which is the basis for judging the legitimacy of law and the construction of legal system. We are now entering into a new civilization with data economy, data government and data social structures, whose beginning requires the arrangement of data rights system, design of data rights rules and the clarification of data rights law. The legislation of data rights law is an inevitable trend of the development of human society. The hypothesis of humanity is the logical starting point and the value core of data rights law. We preset the humanity of data rights law as "data person" with its core as "altruism". It is because altruism is possible that the claim of data rights becomes possible and justifiable.

Keywords: Humanity Hypothesis; Data Person; Altruism; Data Rights Law

B.12 International Comparative Study of Data Rights Law System / 185

Abstract: In the era of big data, data has become the basic strategical resource and key market factor. Nevertheless, disputes over data increase as it brings us convenience and economic benefits. Therefore, how to balance data security and data protection has become a focus issue facing in worldwide countries. In order to follow the time trend of big data boom, the urgency and significance of confirming data resource factors, designing relevant system and mechanism are becoming increasingly prominent. However, data features like virtuality and diversity make it extremely difficult to design the system in terms of economic value, legal relations and subjects of rights. By comparing international legal systems and reforms in relate to data rights, this chapter not only provides references for the design of data rights system in theory but also for the framework construction of legal system of data protection in China in practice.

Keywords: Big Data; Data Security; Digital Economy; Data Rights; Data Rights System

B.13 The Language Features and Technical Norms of *Big Data Encyclopedia* / 205

Abstract: *Big Data Encyclopedia* is both the guide and tool to understand big data. As a significant carrier for spreading big data knowledge, the desirable features of *Big Data Encyclopedia* are not only having practical and novel knowledge contents, but also having professional expressions with precision that matches encyclopedic nature. This chapter deeply analyzed the unique expression features of *Big Data Encyclopedia*. Besides, it points out the technical difficulties requires breakthroughs, and concludes technical standards which need to be firmly obeyed during the drafting process. All this provides reference and guidance for drafting *Big Data Encyclopedia.*

Keywords: Big Data; *Big Data Encyclopedia*; Language; Standards

V Case Studies

Abstract: Since the 18th national congress of the communist party of China, with Comrade Xi Jinping at its core, the party central committee firmly grasps the reform to streamline administration, delegate powers, and improve regulation and services. Under this background, it is of far-reaching significance of local government to promote "streamlining administration and delegating power". In recent years, Zhejiang province has been innovating ideas and pioneering in new ways to integrate the reform of streamlining administration and delegating power and modern technological application, by making full use of "Internet + Public Service" and big data technologies to take the lead in the country to implement the reform of "Run at Most Once", which provides a practical sample for promoting the modernization of governing systems and capabilities. This chapter has analyzed the reform of "Run at Most Once" in Zhejiang province by combining the theoretical and empirical study. On this basis, it tries to conclude the experience and raise scientific and reasonable suggestions to problems finding in practices.

Keywords: Zhejiang Province Run at Most Once; Data-driven; Governance Transformation; Local Practices

B. 15 Jiangsu Province Initiate a New Model of "Approval Without On-Site Examination" / 239

Abstract: The reform of "Approval Without On-Site Examination" taken by Jiangsu province is an innovative practice of deepening reform by utilizing the emerging technologies such as Internet, big data and cloud computing. By constructing a new type management system of "approval without on-site examination + enhancing supervising service + integrating administration and law enforcement", the reform streamlines administration, improve the quality and efficiency of service and further optimize business environment. The report focus on the thought and methodology of the reform, in order to conclude the experience and provide references for other local governments in implementing reforms of administrative approval systems.

Keywords: Approval Without On-site Examination; The Reform of Streamlining Administration and Delegate Power; Big Data; The Internet

B. 16 The Exploration and Practice of Big Data Public Service in Guiyang / 249

Abstract: Big data public service is the major innovation in transforming and upgrading government services by means of big data. In recent years, Guiyang has given full play to its leading demonstration advantages as the country's first comprehensive big data pilot zone, and explored a "new road of development different from other provinces in the east and west" led by big data. Remarkable achievements have been made in applying big data to enhance governance, optimize digital services and create a first-class business environment, which has played a leading and exemplary role in big data government services across the country. Through empirical research and practical exploration of big data public service in Guiyang, this report analyzes the main approach of big data public service in Guiyang, summarizes the experience of Guiyang solutions, and provides a practical and promotable reference for the exploration of big data public service.

Keywords: Guiyang; Big Data Public Service; Smart Governance

B. 17 Kaifeng Forges a Model of Local Public Service / 265

Abstract: "Internet +" has integrated into all aspects of economic and political life in the spirit of sharing, co-governance and innovation, directly challenging the current public service management model. The publishing of "Guidance on Accelerating 'the Internet + Public Service' Work by State Council of China" raised strategic arrangement requirements for "Internet + public service" work. Under this background, the municipal government of Kaifeng city actively explored into practical approach for "Internet + public service", resulting in fruitful achievements. Based on enormous references and empirical researches, the report summarizes the practical experience by analyzing the special method, local standard and platform building of public service in Kaifeng city, aiming to provide nation-wide provinces and regions with long-tern development of references for "Internet + public service" practice.

Keywords: Kaifeng City; Internet Public Service; Innovative Practice Mode

B. 18 "Unified Networks for Public Service": A New Brand in Chaoyang District of Beijing / 278

Abstract: The booming information technologies such as the Internet, Big Data and Artificial Intelligence provide us with fresh ideas in building up new mode of public service. And local governments are actively exploring the application of big data in urban government services. In view of the problems of "too many licenses and too difficult to handle affairs" that still exist in many places, Chaoyang district of Beijing takes the lead in proposing to construct a convenient, fast, fair, inclusive, high-quality and efficient government service model of "Unified Networks for Public Service". The report discusses the background and significance of "Unified Networks for Public Service", demonstrates the basic ideas and innovative ways in constructing "Unified Networks for Public Service" of Chaoyang district of Beijing, and summarizes experience as references for other districts by combining theoretical study and practices.

Keywords: Chaoyang District of Beijing; "Unified Networks for Public Service"; Public Service

Ⅵ Appendix

中国社会发展数据库（下设 12 个子库）

全面整合国内外中国社会发展研究成果，汇聚独家统计数据、深度分析报告，涉及社会、人口、政治、教育、法律等 12 个领域，为了解中国社会发展动态、跟踪社会核心热点、分析社会发展趋势提供一站式资源搜索和数据分析与挖掘服务。

中国经济发展数据库（下设 12 个子库）

基于"皮书系列"中涉及中国经济发展的研究资料构建，内容涵盖宏观经济、农业经济、工业经济、产业经济等 12 个重点经济领域，为实时掌控经济运行态势、把握经济发展规律、洞察经济形势、进行经济决策提供参考和依据。

中国行业发展数据库（下设 17 个子库）

以中国国民经济行业分类为依据，覆盖金融业、旅游、医疗卫生、交通运输、能源矿产等 100 多个行业，跟踪分析国民经济相关行业市场运行状况和政策导向，汇集行业发展前沿资讯，为投资、从业及各种经济决策提供理论基础和实践指导。

中国区域发展数据库（下设 6 个子库）

对中国特定区域内的经济、社会、文化等领域现状与发展情况进行深度分析和预测，研究层级至县及县以下行政区，涉及地区、区域经济体、城市、农村等不同维度。为地方经济社会宏观态势研究、发展经验研究、案例分析提供数据服务。

中国文化传媒数据库（下设 18 个子库）

汇聚文化传媒领域专家观点、热点资讯，梳理国内外中国文化发展相关学术研究成果、一手统计数据，涵盖文化产业、新闻传播、电影娱乐、文学艺术、群众文化等 18 个重点研究领域。为文化传媒研究提供相关数据、研究报告和综合分析服务。

世界经济与国际关系数据库（下设 6 个子库）

立足"皮书系列"世界经济、国际关系相关学术资源，整合世界经济、国际政治、世界文化与科技、全球性问题、国际组织与国际法、区域研究 6 大领域研究成果，为世界经济与国际关系研究提供全方位数据分析，为决策和形势研判提供参考。

法律声明